Das Kunstpublikum

Das Kunstpublikum
Eine kurze Geschichte

Oskar Bätschmann

HATJE
CANTZ

Für MTh

G & K & L

Inhalt

Seine vollendeten Werke stellte er [Apelles] im Vorbau seines Hauses für die Vorübergehenden aus und hörte, hinter der Tafel verborgen, die Fehler, die man anführte, wobei er das Volk als einen sorgfältigeren Richter betrachtete als sich selbst.
Plinius d.Ä., 1. Jh. n. Chr

Schließlich kommt es darauf an, dass alles – sowohl das Zusammenspiel dieser Personen mit den Zuschauern als auch dasjenige der gemalten Personen untereinander – übereinstimmt zum Zwecke der Darstellung und der Vermittlung der Historia.
L. B. Alberti, 1435/36

Endlich fertigte er einen Karton über Unsere Frau und die Hl. Anna mit dem Christus, der nicht nur alle Künstler zur Bewunderung brachte, sondern auch nach der Fertigstellung während zwei Tagen im Zimmer ein Kommen und Gehen von Männern und Frauen, Jungen und Alten andauerte, wie an einem feierlichen Fest, um die Wunder Leonardos zu sehen, die all dies Volk in Erstaunen versetzten.
Giorgio Vasari über Leonardo da Vinci, 1550

Dieses hervorragende Werk [der Genter Altar] wurde nur hier und da für hohe Herren geöffnet und gezeigt oder wenn jemand dem Schließer ein gutes Trinkgeld gab. Auch wurde sie manchmal an gewissen hohen Festtagen gezeigt. Da drängten sich die Leute dann dermaßen, dass man kaum herankommen konnte; denn die Kapelle, in der sie zu sehen war, war den ganzen Tag voll von allerlei Volk.
Carel van Mander, 1606

Annibale Carracci, wiederholte er [Bernini], wollte ein Gemälde sofort nach der Herstellung der öffentlichen Kritik ausgesetzt wissen; denn das Publikum irre sich nicht und schmeichle nie, sondern halte sich nicht zurück zu sagen: ‚Das ist trocken, das ist hart‘ und so weiter.
Gian Lorenzo Bernini, 1665

Denn nicht nur die gebildeten und die vornehmen Leute, die höchstwahrscheinlich immer die vernünftigsten sind, setzen ihren Stolz darauf, sich in der Malerei auszukennen, sondern auch das gemeine Volk mischt sich ein, um seine Empfindung zu äußern: so dass es scheint, sie sei gewissermaßen die Angelegenheit von allen.
Roland Fréart de Chambray, 1662

Die Dafne des Bernini, zu der ich nur sage, dass als sie fertiggestellt und zu sehen war, sich sofort ein derartiges Geschrei erhob, dass ganz Rom herbeieilte, um dieses Wunder zu sehen.
Filippo Baldinucci, 1682

Der Begriff Publikum schließt hier nur die Personen ein, die sich Bildung erworben haben, sei es durch die Lektüre, sei es durch die Weltkenntnis.
Jean-Baptiste Dubos, 1733

Wie der Beifall des aufgeklärten Publikums jeder Art von Arbeit den richtigen Wert zuerkennt, so formt sich sein [des Künstlers] Ansehen durch die Bündelung des Beifalls.
Anonym, *Explication des Peintures, Sculptures, et autres Ouvrages de Messieurs de l'Academie Royale*, Paris 1742

Oder verlangt man, dass das Publikum so gelehrt seyn soll, als der Kenner aus seinen Büchern ist? Dass ihm alle Scenen der Geschichte und der Fabel, die ein schönes Gemälde geben können, bekannt und geläufig seyn sollen?
Gotthold Ephraim Lessing, 1766

Wenn je ein Bild Aufsehen gemacht hat, so war es dieses. Es war viele Tage hindurch wie eine Prozession! Fürsten und Fürstinnen fuhren hin, um es zu sehen; Kardinäle und Prälaten, Monsignori und Pfaffen, Bürger und Arbeitsleute, alle eilten hin.
Johann Heinrich Tischbein, 1786

Ich selbst kenne keine größere Ehre als die, das Publikum zum Richter zu haben. Ich fürchte von seiner Seite weder Leidenschaft noch Parteilichkeit, Seine Belohnungen sind freiwillige Spenden, die seinen Geschmack für die Kunst beweisen. Sein Lob ist ein freier Ausdruck des Vergnügens, das es erlebt, und solche Belohnungen wiegen ohne Zweifel die aus der Zeit der Akademie auf.
Jacques-Louis David, 1800

Ohne das Geschrei der Gegenpartei zu beachten, werde ich dem Publikum mit Offenheit und Einfachheit das mitteilen, was ich bei jedem der Werke empfinde, die von ihm mit Aufmerksamkeit beehrt werden.
Stendhal, 1824

Dieses chaotische Wesen [das Publikum] recht ins Auge zu fassen, ist nicht unwichtig, denn es steht der ganzen Kunstwelt gegenüber als ein Chor von Stimmen, Meinungen, Urtheilen, Entscheidungen, und übt den bedeutendsten Einfluss auf die vorhandene wie auf die werdende Kunst aus.
Anonym, ‚Das kunstliebende Publikum', 1830

In Bezug auf die Festlichkeit einer Gemäldeausstellung verhält es sich gleich wie bei einer Theatervorstellung: es ist das Publikum, das der einen wie der andern die Seele, das Leben einhaucht. Ohne das Publikum ist alles tot! Wenn das Drama vor leerem Haus gespielt wird, erhalten auch die schönsten Stücke keinen Applaus.
Hilaire Sazerac, 1834

Die Kunstvereine sind gegenwärtig unleugbar die wesentlichsten materiellen Träger der Malerei; sie zuerst haben ihr wieder ein größeres Publicum gewonnen und somit bei aller Einseitigkeit, die sich zuweilen hineinmischt, mit dem schwierigen Werke, die Kunst von neuem mit dem Leben zu vermitteln, einen kühnen und erfolgreichen Anfang gemacht.
Jacob Burckhardt, 1845

Die wissenschaftliche Betrachtung der Kunst hat mit der producierenden Kunst des Tages in directem Verkehr gar nichts zu schaffen. Nicht an die Künstler, sondern an das Publikum wendet sie sich. Dieses will sie belehren und dadurch allein der Kunst nützen.
Herman Grimm, 1865

Setzen Sie zehn Personen von ausreichender Intelligenz vor ein Gemälde, das neu und originell aussieht, und alle diese zehn Personen werden sich wie ein großes Kind verhalten; sie werden sich mit den Ellbogen stupsen, sie werden das Werk auf die komischste Art der Welt kommentieren. Die Schaulustigen werden in Reih und Glied kommen und die Gruppe vergrößern, bald wird daraus ein wirklicher Trubel, ein Anfall von einfältigem Wahnsinn.
Emile Zola, 1867

Das Plakat in seiner neuen Form ist vielleicht der mächtigste Agent in der Erziehung des Volkes zum Kunstempfinden und zum Kunstbedürfnis.
Jean Louis Sponsel, 1897

Seltsames und verrücktes Publikum, das vom Maler die größtmögliche Originalität verlangt, aber ihn nur dann akzeptiert, wenn er den anderen gleicht.
Paul Gauguin, 1900

Die Täuschung des Publikums gelingt dem Künstler leichter als irgend einem anderen Beruf, weil ihm, abgesehen von der leichten Empfänglichkeit des Volkes für alles Seichte, der Nimbus zu Hilfe kommt und eine Fülle von gerade die Mittelmäßigkeit begünstigenden Einrichtungen, die dem Stand als solchem eine scheinbare Bedeutung erhalten, und die der Geschickte auszunutzen versteht.
Julius Meier-Graefe, 1904

Wir betrachten ja bekanntlich die Ausstellung keineswegs als die ideale Form zur Herstellung des Kontaktes zwischen Künstler und Publikum; die Lösung großer öffentlicher Kunstaufgaben z. B. wäre uns für diesen Zweck ungleich erwünschter.
Gustav Klimt, 1908

Die Zeit der Entfremdung zwischen Künstler und Publikum sollte ihr Ende finden. Das innere unzertrennbare Band zwischen diesen beiden Elementen muss auch eine Form finden, in welcher es sich verkünden kann.
Wassily Kandinsky, 1910

Wir haben noch nicht diese letzte Kraft, denn: uns trägt kein Volk. Aber wir suchen ein Volk, wir begannen damit, drüben am staatlichen Bauhaus.
Paul Klee, 1924

Es ist unerlässlich, das Publikum daran zu erinnern, dass es nicht zum Beurteilen taugt, und ihm beizubringen, dass weder die Malerei noch die Bildhauerei oder die Architektur ‚Vergnügungskünste' sind, sondern Quellen unendlicher Qualen und bedeutender Widerwärtigkeiten.
André Lhote, 1944

Das Publikum wollte mehr. Das Stadion war ausgefüllt von einem Bild, aber sie wollten noch mehr. Sie wünschten neue Wünsche. Sie hatten eine neue Angst. Eine neue Sehnsucht. Der Maler musste von vorn beginnen. Neue Farbfässer wurden herbeigerollt. Die Farbe spritzte in den Himmel hinauf, die Leute jubelten.
Martin Disler, 1983

In einem Bereich, der so rammelvoll ist mit Taschenspielertricks wie die Kunstwelt, zählt am Ende des Tages nur, dass das Publikum die Show genossen hat. Mit seinem Starauftritt bei Sotheby's hat Banksy uns allen eine souveräne Vorstellung geboten.
Lenny Schachter, 2018

Prolog

Die Kunstgeschichte hat die Entdeckung des Kunstpublikums noch vor sich. Meist gilt dieses als passiver und stummer Empfänger, dem nach Belieben eine Meinung zugeteilt werden kann. In der Kunstgeschichte ist die Rezeption nach Produktion und Distribution das dritte wichtige Forschungsgebiet. Vom Rezipienten wird fast ausschließlich in der männlichen Form gesprochen, vom Betrachter (analog spectator, beholder, viewer, spettatore, spectateur usw.), und man hält ihn für ein Kollektivsingular, in das die Betrachterinnen eingeschlossen sind. Ein Unterschied zum Publikum wird kaum je erwogen.[1] Im Bereich Produktion bleibt das Publikum weitgehend unbeachtet, da Künstlerinnen, Künstler und Auftraggeber alle Aufmerksamkeit für sich beanspruchen und ihre Antizipation allfälliger Publikumsvorgaben vernachlässigbar scheint. Der Forschungsbereich Distribution, der sich mit dem Kunstmarkt und den Sammlungseinrichtungen beschäftigt, kommt meist ohne Bezug auf das Publikum aus und weiß allenfalls von Statistiken für Museen, Ausstellungen und Auktionen.[2]

Die Kunstgeschichte überlässt die Analyse des Publikums gerne der Kunstsoziologie, die sich dem Thema Kunst und Gesellschaft widmet und Befragungen veranstaltet. In den 1950er Jahren lieferte Arnold Hauser die Muster für die Kunstsoziologie, und in den 1960er Jahren wurden die Analysen von Pierre Bourdieu und Alain Darbel zum Vorbild für die Publikumsforschung.[3] 1997 erschien ein repräsentativer Querschnitt unter dem Titel *Soziologie der Kunst*, der Aufsätze zu den Kunstproduzenten, den Vermittlern und den Rezipienten enthält.[4] In Deutschland wurde 1984 bis 1989 eine Befragung der Museumsbesucher durchgeführt, die Alter, Herkunft, Geschlecht, Gruppenzugehörigkeit usw. erfasste und statistisch auswertete.[5] Die Besucherforschung von Museen und Ausstellungen erhebt Daten zu Herkunft, Bildung, Verhalten und Besuchsverlauf. Die Evaluation erfasst die Beurteilung des Museums- und Ausstellungsangebots durch Besucherinnen und Besucher.[6] Die inzwischen erreichte Dichte der Befragungen wird bereits als enge »Vermessung« des Publikums empfunden.[7] Die Kenntnis von »(potenziellen) Nutzerinnen und Nutzer der Kulturangebote« ist für die Kulturpolitik und das Kulturmanagement notwendig, um den »Legitimationsbedarf« abzuschätzen und »zielgruppengerechte« Angebote zu entwickeln.[8] Im Anschluss an Bourdieu publizierte eine Forschergruppe der Universität St. Gallen 2015 eine eingehende soziologische Analyse der Art Basel.[9]

Soll und kann die Kunstgeschichte gegenüber den soziologischen Untersuchungen und statistischen Erhebungen eigene Fragestellungen zum Kunstpublikum ausarbeiten? Im Kunstbetrieb war das Publikum immer präsent, verschaffte sich Aufmerksamkeit, beobachtete und wurde umworben, bewundert, gemalt, verspottet und von den Ausgeschlossenen verachtet. Die Einstellung gegenüber dem Publikum ist ambivalent: die Künstlerinnen und Künstler berücksichtigen es im Schaffensprozess oder glauben, es zu ignorieren zu können, stellen es respektvoll dar, loben oder verhöhnen es, stoßen es zurück oder verbünden sich mit ihm. Die Kunstliebhaber sind irritiert vom massenhaften Auftreten des Publikums in Museen und Ausstellungen oder sie begrüßen es als Popularisierung des Kunstinteresses.[10] In der Mitte des 18. Jahrhunderts störte das Auftreten des erweiterten Publikums die Kunstliebhaber, die sich einen privilegierten Zugang zur Kunst durch Kennerschaft gesichert zu haben glaubten. Der große Maler Charles-Antoine Coypel wollte 1747 das exklusive Publikum mit seinem sicheren Urteil von der schwankenden Menge separieren.[11] Doch das Publikum ist weder einheitlich noch organisiert, und sein Verhalten erscheint vielfach als erratisch, wie es etwa im Brief von Paul Gauguin an den Prinzen Emmanuel Bibesco von 1900 zum Ausdruck kommt:

> Seltsames und verrücktes Publikum, das vom Maler die größtmögliche Originalität verlangt, aber ihn nur dann akzeptiert, wenn er den anderen gleicht.[12]

Zu erwarten wäre, dass eine Arbeit wie Umberto Ecos *Opera aperta – Das offene Kunstwerk* von 1962 wenigstens in den visuellen Künsten den Beitrag des Publikums nicht übersehen hätte, doch auch hier sind primär die Objekte und ihre Urheber interessant und die Betrachterinnen und Betrachter sekundär.[13] In der kunstgeschichtliche Literatur wird das Publikum häufig, aber meist flüchtig gestreift, und die eingehenderen Bearbeitungen gehen nicht über ein Jahrhundert und ein begrenztes Territorium hinaus.[14] Beispielsweise widmeten Ernst Kris und Otto Kurz in *Die Legende vom Künstler* von 1934 dem Publikum einen Abschnitt, begnügten sich aber mit Hinweisen auf die Überlegenheit des Künstlers.[15] Einige bildliche und literarische Materialien zum Kunstpublikum sind bekannt, ebenso Beziehungen anderer Akteure zum Publikum.

2009 publizierte Charlotte Klonk ihre große Untersuchung zur Organisation und zum Publikum der Galerien und Museen, die sich insbesondere mit der ästhetischen Erfahrung von Frauen und Männern und mit den Zusammenhängen zwischen den Besucherinnen und Besuchern und dem Display der Werke beschäftigt. Der geographische Raum ist Westeuropa und Nordamerika, und der Zeitraum der Untersuchungen erstreckt sich von 1800 bis 2000.[16]

Der hier vorgelegte Versuch zu einer Geschichte des Kunstpublikums konzentriert sich im Wesentlichen – gemäß gängigen Verabredungsbegriffen – auf Neuzeit und Moderne. Es wird einer Verdichtung in materieller und methodologischer Hinsicht bedürfen, um aus dem aktuellen Stand einer »histoire anecdotique« mehr als eine kurze Geschichte des Kunstpublikums zu erreichen. Die Sammlung von sprachlichen und bildlichen Dokumenten und deren Analyse scheint mir ein dazu geeigneter Einstieg zu sein. Die zeitliche, territoriale und sprachliche Beschränkung hängt selbstverständlich sowohl mit den erreichbaren Texten und Bilddokumenten zusammen als auch mit der Arbeits- und Sprachkapazität.

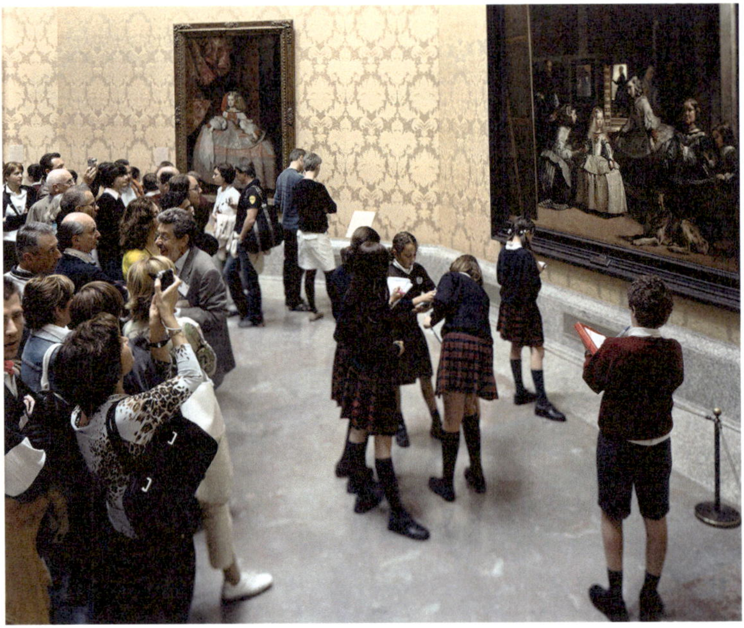

1 Thomas Struth, *Museo del Prado 7*, 2005

Der Anteil des Publikums

1989 entdeckte der Photograph Thomas Struth in Wien das Museumspublikum als Sujet und dokumentierte fortan Besuchergruppen und einzelne Personen vor Gemälden und Skulpturen.[1] 1990 entstanden Aufnahmen in den Vatikanischen Museen, unter anderen die Photographie des Publikums vor Raffaels *Borgobrand*.[2] Der Photograph nimmt einen erhöhten Standpunkt hinter der Gruppe ein, die in Rückenansicht anonym bleibt, allein der Kunstführer und zwei weitere Personen sind im Profil erfasst. Die Besucher sind durch biedere Mäntel einander angeglichen, nur eine Dame trägt ein Pelzcape. Der verhüllte Haufen kontrastiert mit den bewegten nackten Figuren in der gemalten Basis. Der Photograph ist der unbemerkte Beobachter des Publikums, der abwartet, bis sich eine günstige Konstellation für seine Aufnahme einstellt. Indem wir seine Photographie betrachten, treten wir in seine Rolle als Beobachter ein.[3]

Im Museo del Prado in Madrid entstanden 2005 einige Aufnahmen aus schrägem Blickwinkel (Abb. 1), sodass Velázquez' Gemälde *Las Meninas* an den Rand und das Publikum in die Mitte rückt. Wie auf vielen Aufnahmen Struths ist das Publikum gemischt. Vor den *Meninas* bearbeiten und diskutieren Internatsschülerinnen ihre Aufgaben und Notizen zum Gemälde. Ein Mädchen stellt sich allein vorne vor das Gemälde, was zu einem Vergleich mit der Infantin Margarita Teresa und ihren Hofdämchen im Bild einlädt. Links ist zahlreiches Publikum aus Frauen und Männern aufgereiht, darunter sind eine Frau mit Photoapparat, ein Kunstgelehrter und eine Galerieführerin zu erkennen. Weiter hinten hebt ein Mann einen Apparat in die Höhe. Ein Paar studiert die Erläuterung des Museums zum Gemälde. Die Aufmerksamkeit des Publikums gehört ganz den *Meninas*, und auf das Gemälde der Infantin links daneben fällt kein Blick. Wie in vielen Museumsphotographien Struths handelt es sich um interessierte Museumsbesucher, nicht um Touristen, die einem Werk nur zwanzig Sekunden widmen bevor sie weiter schlendern.

Manchmal nimmt Struth eine einzelne Person auf: eine Photographie von 1989 z. B. zeigt einen weißhaarigen Mann als Betrachter im Kunsthistorischen Museum in Wien vor zwei Gemälden von Rembrandt.[4] Der Mann ist bekleidet mit einem dunkelblauen Regenmantel, hält die Hände hinter den Rücken und umfasst mit der Rechten drei Finger seiner linken Hand. Es ist unvermeidlich, bei diesem konzentrierten Betrachter an das alter ego des anderen Thomas zu denken, den keifenden Reger, dem sich im Kunsthistorischen Museum vor Tintorettos Gemälde *Weißbärtiger Mann* all der Ekel über Österreich und die Welt hochwürgt.[5] In der Alten Pinakothek in München stellt sich ein einzelner Mann vor Albrecht Dürers *Selbstbildnis* von 1500, das frontal an der Wand gezeigt ist, während vom Betrachter in der blauen Jacke nur der linke Arm, etwas von der Hose und vom Kinn zu sehen ist.[6] Die Betrachter der Porträts von Rembrandt und Dürer bleiben anonym wie die von hinten aufgenommenen Gruppen. Dagegen wendet sich der Photograph für die Aufnahmen in der Galleria dell' Accademia in Florenz von 2004 dem Publikum zu, das sich staunend vor Michelangelos kolossalem *David* gruppiert.[7] Die Kleidung verrät die Touristen: die Männer in Shorts, die Frauen in Jeans und Shirts.

Zuweilen platziert Struth für seine Aufnahmen auch Statisten, wie etwa im Berliner Pergamonmuseum, wo sie in kleinen Gruppen sitzen, stehen oder eine Gesprächssituation vorspielen. In einer Aufnahme vom Art Institute in Chicago stehen sieben Personen vor der Absperrung der *Grande Jatte* von George Seurat und wiederholen die Beziehungslosigkeit der Figuren im Gemälde. Die Aufnahmen zeigen den gleichartigen Gebrauch der Gemälde und Skulpturen durch das Publikum, das sich ordnungsgemäß verhält. Alle Museen und Ausstellungshallen versuchen das Verhalten der Besucherinnen und Besucher durch Gebote, Verbote und Erlaubnisse zu steuern. In Italien verlangen die Reglemente der Museen noch immer angemessene Bekleidung und schickliches Verhalten.[8] Diese Wünsche sind Relikte aus der Vergangenheit, als die Damen und Herren im Deux-Pièces, Hut und Handschuhen oder mit Anzug und Krawatte in die Museen gingen. Das *Règlement de visite* für den Louvre, erlassen vom Président-Directeur, umfasst 36 Artikel, wovon Nr. 3 detailliert die Verbote aufzählt, wie z. B. Essen und Trinken, Rauchen, Schreien, Rennen, Berühren. In Italien und im Louvre ist das Mitbringen von Waffen untersagt; in großen Häusern wird ein »security check« vorgeschrieben; erlaubt ist das Photographieren ohne Blitz, Stativ oder Stick; auf den Diebstahlalarm und die Videoüberwachung wird aufmerksam gemacht, die Benützung der Garderobe ist vorgeschrieben usw. Überall werden dem Publikum Vorschriften gemacht und Sanktionen angedroht.

Struth deckt weder ein Fehlverhalten auf, noch karikiert er die Besucher. An seinen sachlichen Photographien von Einzelnen und Gruppen können wir zur Frage überleiten, ob wir das Kunstpublikum für eine Vervielfältigung der Betrachterin oder des Betrachters halten: kann der »Anteil des Betrachters« addiert werden zu einem »Anteil des Publikums«, oder müssen wir diesen etwa nach Geschlechtern, Ethnien und Dynamik neu und anders bestimmen? Die Rezeptionsästhetik erkennt den Anteil des Betrachters am Kunstwerk in Wahrnehmung und Empfindung. Sie begreift das Kunstwerk »als Ergebnis einer Interaktion von Werk und Betrachter« und analysiert die Mittel, »die dieses dialogische Verhältnis auslösen«.[9] Ließe sich analog ein Anteil des Publikums annehmen? Könnte man sich ein »dialogisches Verhältnis« einer Menge vorstellen, die sich vor einem Gemälde versammelt, und wie wäre das Ergebnis zu fassen? Wenn man von einer Betrachterin oder einem Betrachter spricht, meint man eine einzelne Person oder ein Kollektivsingular und ist ein kollektiver oder ein privater Gebrauch eines Werkes impliziert? Ein Privatgebrauch kann von einem Auftraggeber intendiert oder vom Besitzer gewollt sein, wie etwa bei erotischen Darstellungen. Bekanntlich erwarb der osmanische Diplomat Khalil Bey in Paris erotische Gemälde und ließ das schamloseste, das Gustave Courbet für ihn malte, mit einer abnehmbaren harmlosen Landschaft verdecken.[10] Im Gegensatz zu diesen privaten Lustobjekten sind die Ausstellungsbilder Courbets für das Publikum bestimmt, für »le public« oder »le grand public« – die breite Öffentlichkeit.[11]

Martin Disler, der als Maler, Plastiker, Schriftsteller und Dichter rastlos tätig war und 1996 im Alter von 47 Jahren an einem Hirnschlag starb, malte 1981 in einer wilden Aktion über Tage und Nächte das Kolossal-Panorama *Die Umgebung der Liebe* im Format von 4,4 × 140 Metern für den Württembergischen Kunstverein in Stuttgart.[12] 1983 schrieb er für sein Buch *Bilder vom Maler* zwei Parabeln über die Beziehung von Publikum und Künstler sowie ein Märchen über das Volk als Künstler. In den Parabeln verhält sich das Kunstpublikum genau wie das Massenpublikum der Sportanlässe.[13] Das Märchen erzählt von einem Maler, der unter dem Druck der Öffentlichkeit und dem Zwang der Farbe steht. Diese hat Gewalt über ihn, der nicht mit dem Malen aufhören darf, weil sonst die Farbe für immer versiegt. Von den Milliarden Bildern, die bald das Land überschwemmen, ist das Volk begeistert, doch König und Minister fühlen sich bedroht und lassen die Bilder von fünftausend Reitern zertrampeln. Die Attacke lenkt den Maler ab, die Farbe versiegt und die Kunst ist am Ende. Der Maler flieht, der König triumphiert, doch das Volk trauert und verwandelt sich selbst in den Maler. Die Verwandlung des Kollektivs Volk in den

Maler folgt der Vorstellung vom Staat als Kompositkörper, wie ihn das Frontispiz von Thomas Hobbes' *Leviathan* von 1651 zeigt: ein Riese der kirchlichen und staatlichen Gewalt, gebildet aus unzähligen gleich ausgerichteten Menschenkörpern.[14]

Die Parabeln handeln vom Künstlerstar: in der einen zieht der Künstler eine Supershow in einem Sportstadion vor fünfzigtausend Zuschauern ab, in der anderen hetzt das blutgierige Publikum den Künstler-Gladiator zu Tode. Der Maler rennt mit fünf riesigen Pinseln im Stadion umher und erfüllt in weltrekordlerischer Geschwindigkeit die Wünsche, Sehnsüchte und Ängste der Zuschauer. Die Menge gerät außer sich, und über achtzig Fernsehstationen ermöglichen es der halben Menschheit, ihre millionenfachen Wünsche und Ängste live zu übermitteln:

> Der Maler verarbeitete Millionen und Abermillionen Wünsche der halben Menschheit. Er lief mit dem roten Pinsel, er lief mit dem schwarzen Pinsel, er lief mit dem gelben, dem blauen, dem weißen. Das Publikum johlte. Die Spannung stieg ins Unerträgliche. Die Wünsche vergifteten die Luft. Die Sehnsucht umnebelte den Maler. Die Angst der Millionen erhellte das Stadion.

Auf den Maler als ein vom johlenden Publikum umtosten Star folgt die Parabel vom Künstler, den das Publikum zum Tod verurteilt und hinrichtet. Der Maler wird an einen Computer angeschlossen, die Augen werden ihm, der wie ein Opfer Kafkas nicht ahnt, dass er getötet wird, mit einer schwarzen Binde verbunden. Dann zappelt er an den Elektroden und stolpert über die Farbfässer, während das Publikum sich in einen Blutrausch steigert und den Maler in der Arena zu Tode hetzt:

> Das Publikum wollte mehr. Das Stadion war ausgefüllt von einem Bild, aber sie wollten noch mehr. Sie wünschten neue Wünsche. Sie hatten eine neue Angst. Eine neue Sehnsucht. Der Maler musste von vorn beginnen. Neue Farbfässer wurden herbeigerollt. Die Farbe spritzte in den Himmel hinauf, die Leute jubelten. Der Maler konnte nicht aufatmen. Die Farbe floss ihm über den ganzen Körper. Die Reporter gestikulierten wild. Ihre Stimmen überschlugen sich. Im Stadion liefen die Farben ineinander. Eine graue Soße machte sich breit. Die Bewegungen des Malers wurden matter. Er blieb an den Farben kleben, er rutschte auf den Pfützen aus. Er sah aus wie ein übergossener Pudel. Ein Buntscheck. Das Publikum schnappte nach Luft, der Maler konnte sich aus der Farbe nicht mehr erheben.

Der Maler im Stadion ist ein Sklave der Masse, die den Künstler-Sportler zu Erhöhung oder Vernichtung treibt. Disler adaptiert aus dem Sport die Masse, die sich bei Boxkämpfen, Football- und Fußballspielen fanatisch zur Gewalttätigkeit aufputscht. Lässt sich das Verhalten des Publikums in Stadien, Musikhallen oder Theatern tatsächlich auf das Kunstpublikum übertragen? Steigert sich das Publikum einer Ausstellung in einen Zustand der Wut, der Raserei und des Jubel ähnlich wie in den Sportstadien, wird es von den Sitzen gerissen, reißt es die Arme in die Höhe, tanzt es wie das Publikum der Pop-Konzerte oder klatscht es Beifall?[15] Niemals wird ein Kunstereignis eine derartige Menge von Fans schaffen wie etwa das Endspiel der Fußball-WM 1998, das 1,7 Milliarden Zuschauer am Fernsehen verfolgt haben sollen, wovon eine Million sich in der Nacht zur frenetischen Titelfeier auf die Champs-Elysées begab.

Dionysische Wirkungen sind von der Musik, aber kaum von Gemälden oder Plastiken bekannt. Natalie Bauer-Lechner überliefert eine Beobachtung:

> [Gustav] Mahler erzählte mir von seiner Aufführung der Siebenten Beethovenschen Symphonie, daß der letzte Satz eine dionysische Wirkung auf alle Hörenden ausgeübt habe; die Leute seien wie betrunken hinausgegangen.[16]

1913 erfuhr das Publikum in Paris eine betäubende und aufrührerische Wirkung von den heidnischen Tänzen, mitreißenden Rhythmen und frechen Dissonanzen des *Sacre du Printemps* von Igor Strawinsky. In *Le coq et l'arlequin* von 1918 schildert Jean Cocteau aus der Erinnerung die zwanghafte Reaktion des Publikums während der Uraufführung am 29. Mai 1913 im Théâtre des Champs-Elysées:

> Der Saal spielte die Rolle, die er spielen musste: er revoltierte von Anfang an. Man lachte, höhnte, pfiff, ahmte die Schreie von Tieren nach, und vielleicht wäre man auf die Dauer ermüdet, wenn die Menge der Ästheten und einige Musiker, mitgerissen von ihrem maßlosen Eifer, nicht das Publikum in den Logen beleidigt, ja bedrängt hätten. Der Tumult artete in eine Schlägerei aus.[17]

Das Publikum reagierte auf die Provokation nach Plan. Cocteau gibt eine Beobachtung über die alte Gräfin de Pourtalès wieder, die in ihrer Loge entrüstet aufsteht, empört ihren Fächer schwingt und mit rotem Gesicht schreit, zum ersten Mal seit sechzig Jahren mache man sich über sie lustig. Dass die Gräfin im Alter von 77 Jahren zur Aufführung von Strawinskys *Sacre du Printemps* kam, nötigt größten Respekt ab.[18]

Es ist kaum möglich, ähnlich tumultuöse Reaktionen des Publikums von Ausstellungen und Museen aufzuspüren wie sie vom Théâtre des Champs-Elysées von 1913 erzählt werden. Es fehlt zwar nicht an Provokationen des Kunstpublikums etwa durch die *Grande Serate* der Futuristen, die in Theatern aufgeführt wurden, oder durch die vielfachen Actions und Performances seit den 1950er Jahren. Nach Meinung der Veranstalter erzielten die Futuristen im Teatro Verdi in Florenz vom 12. Dezember 1913 triumphale Resultate: Irritation des Publikums, Gewinn an Sympathien und Abneigungen, augenblickliche Bekehrungen und nachträglichen Spott über die dumme Feigheit der Zuschauer.[19] Mit den Aktionen und Performances suchten Künstlerinnen und Künstler, aus den Passanten ein interessiertes Publikum für eine zeitlich begrenzte Vorstellung zu gewinnen.

Was ereignet sich in einer Gruppe von Ausstellungs- oder Museumsbesuchern, die sich in ein Gebäude begeben und sich vor Kunstwerken einfinden? Entsteht eine Neugierde, die sich von einer Teilnehmerin oder einem Teilnehmer auf die anderen verbreitet? Will man sich einen Anteil an dem sichern, was die anderen sehen, oder entwickelt sich ein »Gefühl der Teilhabe« an außergewöhnlichen Ereignissen und Dingen?[20] Kann eine ähnliche Begeisterung entstehen wie im Theater- und Konzertsaal, die auf Schauspielerinnen und Schauspieler, auf Musikerinnen und Musiker wie auf das Publikum stimulierend wirkt, oder sind solche Reaktionen auf Performances begrenzt? Reagieren im Kunstpublikum die einzelnen unabhängig oder erfolgt eine Übertragung von einer und einem Beteiligten zu den anderen? Versuche von Antworten gibt es seit mehr als zweitausend Jahren. Der römische Dichter Horaz verlangt von der Dichtung mehr als Formschönheit, nämlich »Mitreißen«, und fügt zur Begründung an, das Menschenantlitz lache mit den Lachenden und weine mit den Weinenden.[21] 1435/36 schreibt Leon Battista Alberti im Traktat *De Pictura – Della Pittura,* die Natur bewirke, »dass wir mit den Trauernden trauern, dass wir die Lächelnden anlächeln, dass wir mit den Leidenden mitleiden.«[22] Weder bei Horaz noch bei Alberti wird die Übertragung der Empfindungen eingeschränkt auf die Wirkung eines Gemäldes, eines Schauspiels oder einer Lesung auf das Publikum. Vielmehr wird eine Übertragung von psychischen Reaktionen sowohl unter Zuhörerinnen und Zuhörern wie unter Betrachterinnen und Betrachtern angenommen, doch wie könnten solche Phänomene erklärt werden? Wollen wir einen unsichtbar sich ausbreitenden Stoff annehmen und ihn metaphorisch »Fluidum« nennen?[23] Oder wollen wir versuchen, mit »Ansteckung« wie

Gustave Le Bon einem Phänomen der Übertragung der Reaktionen auf die Spur zu kommen? Diese Metaphern sind um einiges älter als die »Spiegelneuronen«, mit denen heute eine Erklärung der psychischen Übertragung angestellt wird.[24] Gegenüber den früheren Metaphern hat die neueste den Vorteil, dass die Übertragung von körperlichen und seelischen Bewegungen, Stimmen oder Geruchsempfindungen an Aktivierungen von ähnlichen Regionen des Gehirns gemessen werden können.[25]

Die seit den 1960er Jahren zahlreich entwickelten Formen der »performance art« nutzen die Anwesenheit von Künstlerinnen, Künstlern und Publikum für die Gleichzeitigkeit von Schaffen und Rezipieren.[26] Wie beim Schauspiel kann man bei den Performances annehmen, dass die Reaktionen der Zuschauer durch Stimulation, Empathie, Ergriffenheit, Geräusche oder Langeweile und Unruhe auf die Agierenden zurückwirken. Weltbekannt wurde Marina Abramović, die 1969 dem Kulturzentrum in Belgrad ihre erste Idee zu einer Performance vorschlug, dann in den 1970er Jahren einen Einfall und den Mut zur öffentlichen Selbstverstümmelung hatte, den sie selbst als »vollkommen verrückt« bezeichnete.[27] Am 14. März 2010 begann sie die Performance »The Artist is present« im Museum of Modern Art in New York, für die sie drei lange wollene Röcke in Blau, Rot und Weiß anfertigen ließ, die sie als Hohepriesterin erscheinen ließen und sie warmhielten.[28] Wie immer stellte sie Regeln für das Publikum auf: jede und jeder konnte sich ihr gegenüber setzen, die ganze Zeit wurde Blickkontakt gehalten, und niemand durfte sie ansprechen oder anfassen. Die Künstlerin wurde, wie sie schreibt, in der Ausgesetztheit »extrem empfänglich«, verstand plötzlich den Geisteszustand von van Gogh und spürte, dass von jeder Person, die sich ihr gegenübersetzte und wieder fortging, »eine ganz spezielle Energie« zurückblieb. Sie empfand die unglaubliche seelische Bewegung der Personen, die vor allem Publikum, das sich an den Wänden aufstellte, sich ihr allein aussetzten. Viele waren überrascht von starken Emotionen und begannen zu weinen, was auch die Künstlerin zu Tränen trieb, was wir ähnlich von Alberti kennen. Wissenschaftler wollten an den Gehirnströmen die Wirkung des Blickkontakts messen. Ein einfaches Experiment fand bereits 2011 statt, eine umfangreichere Messung der nonverbalen Kommunikation während des Blickkontakts wurde im November 2018 in Moskau im Laboratory for Neurophysiology and Neuro-Computer Interface mit Abramović und Daria Parkhomeno durchgeführt.[29] In »The Artist is present« isolieren sich Einzelne aus dem Publikum für die unmittelbare Konfrontation mit der Künstlerin und erhalten gegenüber eine unvergleichlich größere Aufwertung als in anderen Performances.

Hierarchische Kategorien

Das »Kunstpublikum« lässt sich umschreiben als jener Teil der Bevölkerung, der während einer begrenzten Zeit sich bei Kunstwerken aufhält oder auf Kunst gerichtete Interessen (z. B. Lektüre, Studium, Autorschaft, Zuhören, Handel usw.) pflegt. Das *Lexikon zur Soziologie* liefert für »Publikum« die folgende Umschreibung:

> Bezeichnung für eine formal nicht organisierte Gruppierung, deren Mitglieder die gleichen Interessen haben, dessen sie sich durch unpersönlichen Verkehr und Kontakt bewusst sind und die aus dieser Interessenlage heraus Informationen auswählen und rezipieren.[1]

Der lange Artikel »publicus« in Georges' Handwörterbuch belegt die Zusammenhänge mit Öffentlichkeit, Volk, Staat, der ganzen Bevölkerung zugehörig, allgemein üblich.[2] In der englischen Sprache umfasst »public« mehr als »Publikum« in der deutschen Sprache: »public« heißt sowohl Öffentlichkeit als auch Gegensatz zu »privat«, und so heißt das Kollektiv, das kulturelle, soziale oder politische Interessen teilt. Ein zuhörendes Publikum wird »audience« genannt, was auch gebraucht wird für »the readers of a book«.[3] In französischer Sprache heißt »public, publique« soviel wie Öffentlichkeit, öffentlich, oder von allen geteilt wie etwa »bruit public« – das Gerücht in der Öffentlichkeit. Unter »le public« wird die Gesamtheit der Personen verstanden, die ein Buch lesen oder einem Spektakel beiwohnen; und ferner wird unterschieden »le grand public« im Gegensatz zu den weniger zahlreichen Eingeweihten und Kennern.[4] Im Italienischen heißt »pubblico« gleicherweise »öffentlich«, es gilt auch für die Gesamtheit der Personen, die aus Interesse einer kulturellen oder politischen Veranstaltung beiwohnen.[5]

Wie andere Publika ist das Kunstpublikum weder eine homogene noch eine geschlossene Einheit. Jürgen Habermas wies schon 1962 auf die »prinzipielle Unabgeschlossenheit« jedes Publikums hin, das sich »niemals ganz abriegeln und zur Clique verfestigen« konnte und sich stets »inmitten eines größeren Publikums« befand.[6] Nahezu alle Museen teilen ihr Publikum in hierarchisch gestaffelte Kategorien ein. Das Museum of Modern Art in New York, das ich hier als erstes Beispiel erwähne, arbeitet mit einer steilen Hierarchie: das allgemeine Publikum, das den Eintritt bezahlt und nur zu ordentlichen Öffnungszeiten Zutritt erhält, macht die Basis aus. Darauf folgt die einfache Mitgliedschaft mit freiem Eintritt und etwas Rabatt im Museum Store bis zum Supporting für einen höheren Betrag, das mit zusätzlichen Vergünstigungen belohnt wird. Darüber angesiedelt ist das Patron Program mit verschiedenen Stufen, deren höchste »Leader« heißt. Für diese Stufe, die 15.000 USD im Jahr kostet, sind Vergünstigungen aller Art bis zu persönlichen Treffen mit dem Direktor vorgesehen. Ein wichtiger Vorteil für die Kategorie »Leader« ist, dass von den 15.000 USD wieder 14.776 von den Steuern abgesetzt werden können, letztlich also die Allgemeinheit die Gönner entschädigt.[7] Auf der Website enden die Kategorien bei »Leader«, in Wirklichkeit kommen darüber die großen Mäzeninnen und Mäzene, deren Vergabungen zu einem Trustee-Sitz und zur gegenseitigen Erhebung zum höchsten gesellschaftlichen Ansehen in Abendkleid und Black Tie an den »Receptions« berechtigen. Als größte Kategorie des Publikums kommen Millionen von anonymen »Followers« im Niemandsland des »Instagram«, die lediglich kostenlosen Internet-Zugang haben.[8] Wenige Kunstmuseum kennen eine derart hohe und steile Stufenpyramide wie das Museum of Modern Art in New York, aber alle unterscheiden zwischen einem allgemeinen Publikum und Mitgliedern oder einem Verein der engeren Unterstützer, und alle belohnen Sponsoren, Mäzene und Donatoren mit gesteigerter Aufmerksamkeit und exklusiven Anerkennungen.

Die National Gallery London etwa offeriert auf ihrer Website nur die »membership« für einen jährlichen Beitrag von 60 GBP. Als Gegenleistungen gelten der freie Eintritt (ohnehin für alle), Veranstaltungen für Mitglieder und Previews bei Ausstellungen usw. Das wichtigste Argument für die Mitgliedschaft ist die Solidarität, denn der Beitrag ermöglicht es der National Gallery, das Museum weiterhin für alle zugänglich zu halten:

> Kunst für alle. Indem Sie uns helfen, unterstützen Sie den freien Zugang für alle zur Kunst. Kunst kann nicht nur Ihrem eigenen Wohlbefinden zugutekommen, Sie helfen auch anderen.[9]

Das dritte Beispiel ist das Van Gogh-Museum in Amsterdam. Es wirbt auf der Website um Förderung durch das Publikum und bietet für Einzelpersonen drei Kategorien an: die niedrigste Stufe ist »The Sunflower Collective« mit einem jährlichen Mindestbeitrag von 1.000 Euro, wofür es eine Jahreskarte gibt, ein Abendessen, Einladungen zu Vernissagen und 10 % Rabatt im Shop. Die nächste Stufe »Theo-van-Gogh-Kreis« liegt beim Betrag von 5.000 Euro, der bestimmt ist für junge Kuratoren und Restauratoren. Der Eintritt in die höchste Kategorie für Sammler und Kunstliebhaber, genannt »Das Gelbe Haus«, kostet 15.000 Euro und bietet zusätzliche Privilegien wie Previews oder Führungen mit der Museumsleitung. Zudem existiert die Gruppe »Vincent's Freunde«, die jährlich eine Spende abliefert. Ein wichtiges Argument für alle Kategorien ist die steuerliche Absetzbarkeit der Förderbeiträge in den Niederlanden.[10]

Museen liefern mit ihren Kategorien des Publikums eine der zahlreichen Hierarchien, die der Kunstbetrieb nach unterschiedlichen Kriterien ausbildet. Die geheime Hierarchie des höflichen Kunsthandels richtet sich nach den letzten Auktionen, nach den künftig zu erwartenden Ergebnissen und nach der Finanzkraft der Kunden, deren Spitze von jenen gebildet wird, die über 100 Millionen USD für ein Werk ausgeben können, während jene, die nur 1 Million jährlich aufzubringen bereit sind, gerade noch ins Fußvolk eingereiht werden.[11] Die Verlagshäuser dürften zu ihren großen Zeiten eine Stufung nach Umsatz und Preisen eingehalten haben.

Eine ausformulierte hierarchische Schichtung des Publikums mit zugehörigen Künstlern legte Wassily Kandinsky 1912 in München vor. Kandinsky, der 1893 in Moskau über die Arbeiterlöhne doktorierte, entwarf eine hierarchische Ordnung des geistigen Lebens in einem mystischen Dreieck. Kriterium ist das »geistige« Kapital:

> Ein großes spitzes Dreieck in ungleiche Teile geteilt, mit der spitzesten, kleinsten Abteilung nach oben gewendet – ist das geistige Leben schematisch richtig dargestellt. Je mehr nach unten, desto größer, breiter, umfangreicher und höher werden die Abteilungen des Dreiecks.[12]

Im mystischen Dreieck sah Kandinsky eine Aufstiegsmöglichkeit von einem niedrigen zu einem höheren Verständnis vor. Mit großem Pathos beschreibt er den einsamen und unverstandenen Seher an der Spitze, von Feinden »Schwindler oder Irrenhauskandidat« genannt. In den vielen Schichten sieht Kandinsky unterschiedliche Künstler mit eigenem Publikum vor: die einen blicken als Propheten in die nächsthöhere Abteilung hinauf und reichen ihren Zeitgenossen das »geistige Brot«; andere schmeicheln den niedrigen Bedürfnissen, betrügen das Publikum und bringen als Künstler des »großen toten *schwarzen Flecks*« das geistige Dreieck zum Verfall.[13]

Neben der hierarchischen Kategorisierung des Publikums durch die Institutionen existierten weltweite Rankings der Kunstmuseen und Ausstellungen gemäß den Besucherzahlen. Die Liste der meistbesuchten Kunstmuseen von Wikipedia führt 2017 den Louvre mit 8,1 Millionen Besuchern an der Spitze, gefolgt vom Chinesischen Nationalmuseum in Peking mit 8,06 und vom Metropolitan Museum of Art (MMA) in New York mit 6,7 Millionen Besuchern. Das Ranking von Statista 2020 führt den Louvre an erster Stelle an, gefolgt vom chinesischen Nationalmuseum mit etwa 8 Millionen und den Vatikanischen Museen, die 2019 auf 6,75 Millionen Besucher kommen, an vierter Stelle steht das Metropolitan Museum of Art in New York, an fünfter das British Museum in London mit 5,86 Millionen.[14] Für alle der rund 6.800 Museen in Deutschland vermeldeten die Staatlichen Museen zu Berlin für das Jahr 2019 die Besucherzahl von 111,6 Millionen.[15] Die Zeitschrift *The Art Newspaper* veröffentlicht ein Ranking der populärsten Ausstellungen und illustriert es mit Photographien von Warteschlangen. Wie die Daten für diese Rankings erhoben werden, und welche Rolle Annahmen, Hochrechnungen und Schätzungen spielen, ist in keinem Fall offengelegt. Alle diese Rankings werden für politische und finanzielle Zwecke und für oder gegen die Institutionen eingesetzt, unter anderem auch zur Motivation von Sponsoren und Donatoren.

Das Apelles-Problem

Plinius der Ältere, der im 1. Jahrhundert nach Christus seine enzyklopädische *Naturgeschichte* erarbeitete, stellte den legendären griechischen Maler Apelles aus dem 4. Jahrhundert v. Chr. als einen Künstler dar, der unablässig nach Perfektion strebte. Er übt täglich das Ziehen einer Linie, wetteifert mit Protogenes um den feinsten Strich und bleibt trotz seines Ruhms ein bescheidener Künstler, der sein eigenes Urteil dem der anderen unterordnet.[1] Das Eindrücklichste war, dass Apelles für seine Werke ein Publikum aus zufälligen Passanten bildete und es zum Urteilen ermunterte:

> Seine vollendeten Werke stellte er im Vorbau seines Hauses für die Vorübergehenden aus und hörte, hinter der Tafel verborgen, die Fehler, die man anführte, wobei er das Volk als einen sorgfältigeren Richter betrachtete als sich selbst.[2]

Plinius nennt das Publikum »volgus« bzw. »vulgus«, wofür das Wörterbuch von Georges die Übersetzungen »Volk, Menge, gemeiner Mann« und auch pejorativ »großer Haufen, Pöbel« wie auch »die große Masse, der gewöhnliche Schlag« anbietet.[3] Nach römischer Vorstellung, die Plinius hier einbringt, muss er die Passanten für Plebejer halten, Diener, Handwerker und Händler. Das Publikum bleibt stumm, außer einem Schuster, der sich nach vorn wagt, einen Fehler an der Sandale bemerkt, und am anderen Tag das Bein bekrittelt, worauf Apelles ihn zurechtweist.[4] Damit kommt bereits in einem der ersten Texte über das Kunstpublikum das Problem der Urteilskonkurrenz zwischen Künstler und Publikum zum Ausdruck. Ich nenne es das Apelles-Problem, das schon unzählige literarische und bildliche Bearbeitungen erfahren hat.

Das Publikum des Apelles zeigt ein anderes Verhalten als etwa das Sportpublikum. Dessen Ekstase beschreibt Philostratos im 2. Jh. n. Chr. in seinem Werk *Die Bilder* anhand eines Gemäldes, das die Zuschauer eines Ringkampfes in Olympia darstellt. Einige schreien, andere springen von den Sitzen auf, viele werfen ihr Gewand empor und mehrere ahmen die Ringer nach und kämpfen mit ihren Sitznachbarn. Bei diesem Ringkampf verliert Arrichion das Leben, was keinen im Publikum fühllos lässt.[5] Ein Mosaik in Gafsa (Abb. 2) in Tunesien zeigt, wie dicht gedrängte Zuschauer des Amphitheaters mit weit geöffneten Augen das Wagenrennen in der Arena verfolgen.[6] Wieder gänzlich anders war das Verhalten zweier Flüchtlinge, die in Carthago neue Kunstwerke bewundern, wie es der römische Dichter Vergil im 1. Buch der *Aeneis* schildert, die gegen Ende des 1. Jh. v. Chr. entstand. Vergil lässt den aus Troja geflohenen Helden Aeneas und seinen Gefährten Achates an einem Tempel Bildwerke betrachten. Aeneas und Achates, die auf die Königin Dido warten, erkennen überrascht die Darstellungen der jüngst ausgefochtenen Schlachten zwischen Griechen und Trojern, die schon zur Legende geworden sind.[7] Unter Tränen und Seufzern erläutert Aeneas seinem Gefährten die Ereignisse und nennt die Götter und Helden. Der Illustrator der Straßburger Ausgabe von 1502 (Abb. 3) zeichnete vermutlich gemäß den Instruktionen des gelehrten Herausgebers Sebastian Brant, wie Aeneas und Achates auf den Stufen des Gebäudes die Kampfszenen mit Hector, Achilles, Penthesilea, ferner die Fürbitte der Frauen vor Pallas Athene erläutern, bewundern und furchtsam nacherleben.[8] Vergil zeichnet an Aeneas und Achates ein typisches Publikumsverhalten: die Erläuterung der Darstellungen durch einen Wissenden und die emotionalen Reaktionen auf die selbst erlebten Geschehnisse. Gezeigt wird ein Verhalten des Kunstpublikums, das stereotypisch wird: von mehreren ist einer zur Unterrichtung derjenigen bereit, denen die Kenntnisse fehlen. Vielfach, meistens sind es Männer, die ihren Begleiterinnen mit Worten die Darstellungen erläutern und mit Gesten auf sie zeigen.

Zum Publikum des Apelles legte Frans Francken d. J. um 1610–1615 eine interessante Version (Abb. 4) vor. Der Schuster in roter Jacke und gelben Hosen steht als Rückenfigur seitlich vor dem Gemälde und zeigt auf das Knie des sitzenden Merkur, der seinen Kopf wendet zum nackten Paar über ihm. Links bilden vier Männer und ein Knabe das Publikum. Einer der Männer ist am roten Barett mit Agraffe, dem pelzbesetzten Mantel und der Amtskette als Bürgermeister erkennbar. Er neigt den Kopf zu einem Mann im Profil, der ihm ins Ohr flüstert, zeigt auf den Knaben vor ihm und hält seine linke Hand auf die Schulter des Schusters. Rechts hinter dem Bürgermeister sind zwei Köpfe sichtbar, von denen einer mit einem Turban bedeckt ist. Auf dem Platz im Hintergrund sind Marktstände und eine Menge von Marktbesuchern

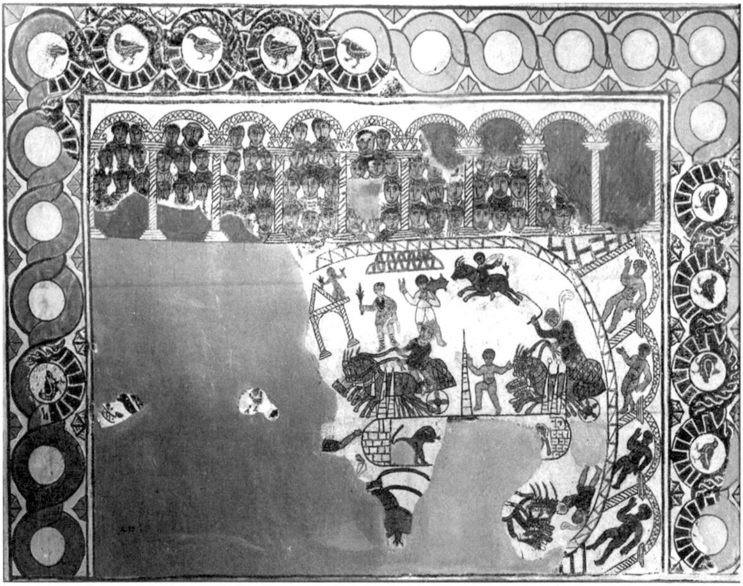

2 *Arena eines Amphitheaters mit Pferderennen und Zuschauern*, 6. Jh. n. Chr.

sichtbar, die den Gegensatz zum Kunstpublikum im Vordergrund bilden. Apelles, der hinter dem Gemälde hervorkommt, zeigt mit der linken Hand auf den Schaft des Stiefels und weist den Schuster zurecht. Die männliche Rückenfigur rechts mit Federbarett und Pelerine macht die Geste des Redens. Francken setzt die Rückenfigur einer jungen Frau mit Kind in den Vordergrund, deren Zeigefinger auf den Schuster gerichtet ist, während sie mit ihrem Lächeln das Publikum vor dem Bild zum Spott animiert. Der Bürgermeister belehrt einen Knaben, der als Rückenfigur dargestellt ist, seine Arme hebt und mit der rechten Hand auf den Schuster weist. Francken versammelt unterschiedliche Personen zu einem diskutierenden Publikum für Apelles.

Im 15. Jahrhundert leitete der gelehrte Leon Battista Alberti in seinem Traktat über die Malkunst von der Apelles-Anekdote einen Ratschlag für die zeitgenössischen Künstler ab. Nach der Unterrichtung in Geometrie und Komposition in den ersten beiden Büchern empfiehlt er den Künstlern im dritten Buch, ihre Freunde um Rat zu fragen und sogar Passanten einzuladen, sich zu einem entstehenden Werk zu äußern. Seine Begründung lautet: »Schließlich legt der Maler es ja darauf an, dass sein Werk bei der Menge Erfolg hat.«[9] Der Ratschlag wird gestützt von der Autorität des Apelles, der das unbefangene Urteil des

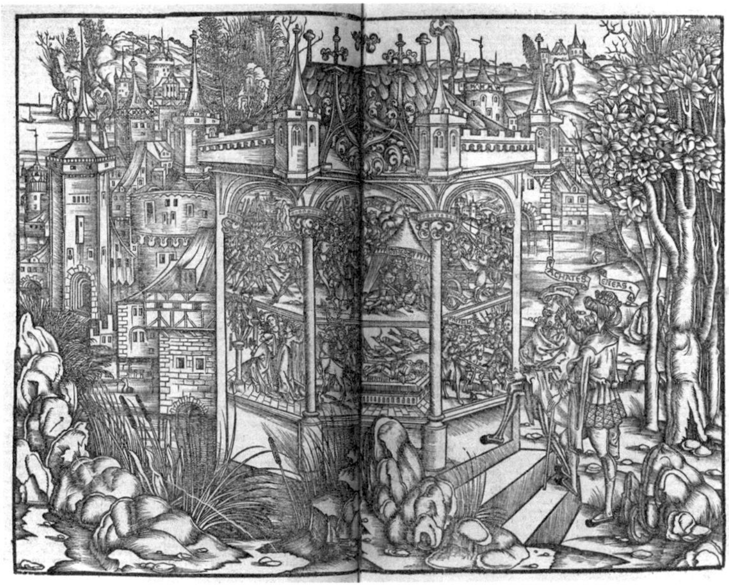

3 Anonym, *Aeneas und Achates in Betrachtung der Darstellungen der trojanischen Schlachten in Carthago*, 1502

Publikums über sein Schaffen vernehmen wollte. Bei Alberti geht es um die Freunde, die Passanten und zuletzt um das zahlreiche Publikum, nicht etwa um einen Ratgeber oder »spectator« im Singular. Der vielfache Gebrauch des Plurals für die Ratgeber und das Publikum – »multitudine« – wurde bisher weder bemerkt noch als wichtig erkannt. Von der Menge schreibt Alberti bereits im zweiten Buch, denn er nennt die Rezipienten im Plural, etwa in der folgenden Wendung: »Ferner wird eine Historia – ein Vorgang – die Seelen der Betrachter dann bewegen« usw. was im gleichen Abschnitt zur Berufung auf das bekannte Diktum von Horaz über die ansteckende Wirkung von Affektdarstellungen führt.[10] In den Abschnitten über den psychischen Ausdruck argumentiert Alberti in der lateinischen Fassung durchgehend mit »spectatores« – »Zuschauern« im Plural. Alberti empfiehlt, im Gemälde einer Historia eine Person darzustellen, die das Publikum auf das Geschehen und auf wichtige Dinge hinweist und ihm die Emotionen vorgibt. Andrea Mantegna hat diese Art der Inszenierung im Kupferstich *Grablegung* von etwa 1470 realisiert.[11]

Der am meisten überraschende Satz Albertis betrifft das Zusammenspiel der im Gemälde dargestellten Personen und dessen Spiegelung bei den »spectatores«:

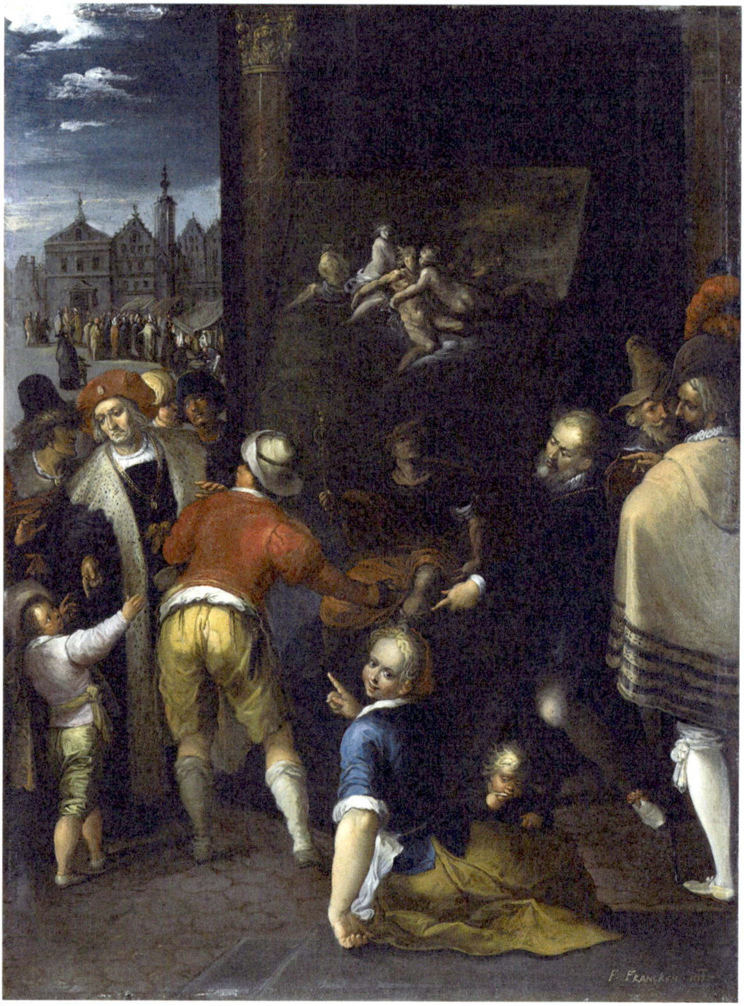

4 Frans Francken d. J.,
Apelles und der Schuster,
um 1610–1615

> Schließlich kommt es darauf an, dass alles – sowohl das Zusammenspiel dieser Personen mit den Zuschauern als auch dasjenige der gemalten Personen untereinander – übereinstimmt zum Zwecke der Darstellung und der Vermittlung der Historia.[12]

Dieser kapitale Satz belegt, dass Alberti das lebendige Zusammenspiel zwischen den dargestellten Personen im Gemälde und deren Spiegelung in den Zuschauern nach dem Vorbild des Schauspiels und seines Publikums konzipiert. Er befasste sich selbst mit dem Theater: 1424 schrieb er die allegorische Komödie *Philodoxeus fabula* in lateinischer Prosa, und um 1434–1437 verfasste er dazu das *Commentarium*.[13] Im 7. Kapitel des 8. Buches über die Baukunst – *De Re aedificatoria* – äußert sich Alberti ausführlich zum Schauspiel und zu den Theaterbauten.[14] In *De Pictura* tadelt er die Maler, die da meinen, am lebendigsten seien die Gestalten, die ihre Glieder verwerfen in der Art von Schauspielern und dabei alle Würde einbüßen, was vielleicht bei Gauklerspielen oder bei der Ars saltandi vorstellbar wäre.[15] Die »spectatores« sind das gedankliche und begriffliche Bindeglied zwischen der Rezeption von Dramen und Gemälden. Für das Zusammenspiel zwischen Darstellenden und Zuschauern sind Körper- und *Gemütsbewegungen* notwendig, doch schreibt Alberti auch hier Mäßigung vor.

Das Streben des Künstlers nach Erfolg und Anerkennung bei der Menge ist für Alberti ebenso selbstverständlich wie das unablässige Bemühen um Perfektion in jeder Tätigkeit. In seiner legendären *Vita* erhebt er die Selbstausbildung von den Leibesübungen zu den Wissenschaften und Künsten zu seiner Maxime.[16] Doch warum legte Alberti den Künstlern nahe, den Erfolg bei der Menge zu suchen und nicht bei den Auftraggebern, obwohl er doch mit der Verbannung seiner Familie erfahren hatte, dass er in einer Stadt der intriganten Bürgerschaft lebt? Alberti kam wahrscheinlich in der zweiten Hälfte der 1420er Jahre erstmals aus dem Exil nach Florenz und sah die staunenswerten Werke der neueren Künstler, die er im Prolog von *Della Pittura* als Entdeckung neuer Künste und Wissenschaften aufs höchste rühmt. Dazu gehören die Fresken der Brancacci-Kapelle von Masolino und Masaccio. In der Darstellung der wundersamen Geschichte *Die Erweckung des Sohnes von Theophilus* (Abb. 5), stellt Masaccio das städtische Publikum von Florenz dem Herrscher von Antiochia gegenüber. Die Komposition ist viergeteilt: links kommentiert eine Gruppe von fünf Männern das Geschehen, in der Mitte schart sich um Petrus und den Jüngling die Menge, rechts geschieht die wundersame Elevatio Petri mit Geistlichen, und den Abschluss bilden drei Florentiner. Für den heidnischen Herrscher wurde ein Porträt des mailändischen Feindes Gian Galeazzo Visconti verwendet, und für die drei Männer rechts hat man die Identifizierung mit Masaccio, Alberti und Brunelleschi vorgeschlagen. Masaccio zeigt eine Menge – »multitudine« mit durchgehender Ähnlichkeit in Bezug auf Stand, Bekleidung, Verhalten und Gesten.

Wie aus Albertis Autobiographie zu erschließen ist, können nur die »in der Art eines freien Mannes Erzogenen«, also jene, die der »Wertschätzung der ehrenwerten Männer« würdig zu sein trachten wie er selbst, das Publikum bilden. Ausdrücklich ausgeschlossen sind die Verleumder, »das größte Übel im Menschenleben«, die den Ruf rechtschaffener Leute schädigen.[17] Nicht wahrgenommen werden diejenigen, die nicht als »ehrenwert« erscheinen; es ist die Lösung des Apelles-Problems durch einen Florentiner Patrizier, der erst vor Kurzem seine Heimatstadt betreten durfte. In einem Passus über die Abfassung der *Intercenales* – der Tischgespräche – versichert Alberti, gleich zu handeln wie Apelles:

> Er dankte denjenigen, die seine Schriften tadelten, solange sie ihm ihre Meinung persönlich mitteilten, und er beglück-

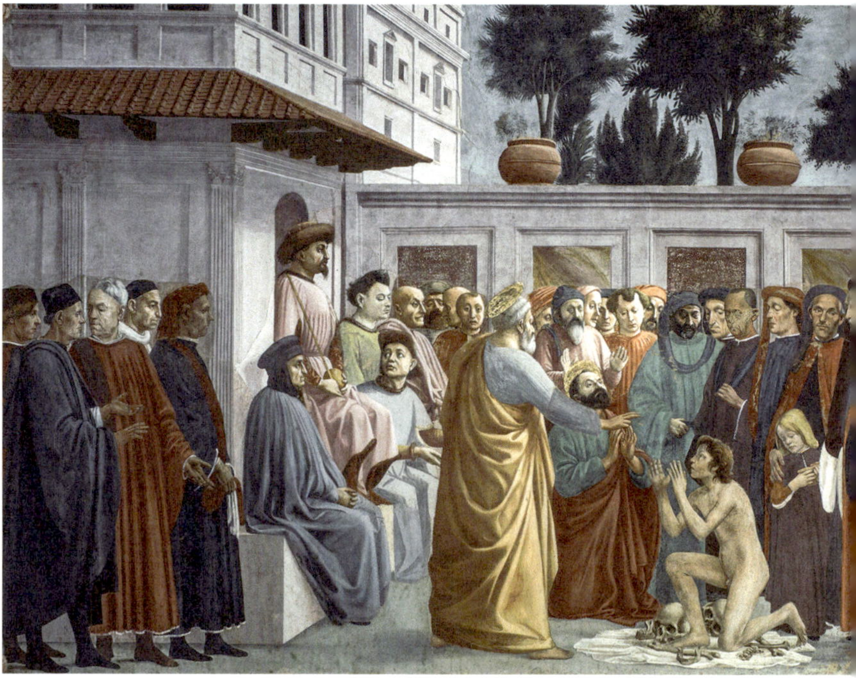

wünschte sich zu mancher Kritik, weil er durch die Ermahnungen der Kritiker besser zu werden glaubte.[18]

Selbstverständlich sollen die Maler alle anhören, aber nur die Einwände jener befolgen, die sich in der Sache auskennen. Alberti will sich als Sachverständiger erweisen, der Künstlern mit Rat beisteht und überdies dazu anleitet, das kompetente Urteil zu unterscheiden von einer Irreführung durch Unwissenheit oder Neid. Da in Florenz Künstler-Konkurrenzen üblich waren, hielt es Alberti für notwendig, die Furcht vor Neidern und Verleumdern zu zerstreuen mit der Beteuerung, das gut ausgeführte Werk werde unbeschadet den Ruhm des Malers sichern. Aber in seiner *Vita* schildert er, wie er unter dem Hass, der Feindschaft, den unerträglichen Beleidigungen und den Verschwörungen vor allem seiner Verwandten zu leiden hatte. Als Belohnung für seinen Künstlerrat erwartet Alberti nur, dass die Maler sein »Porträt in ihre Historien malen«, was kein bescheidener Wunsch ist, denn damit soll sein Anteil am Entstehen des Werks öffentlich dokumentiert werden.[19]

Leonardo da Vinci nahm 1502 in Florenz die Empfehlungen von Apelles und Alberti auf und lud die Einwohner von Florenz ein, seinen

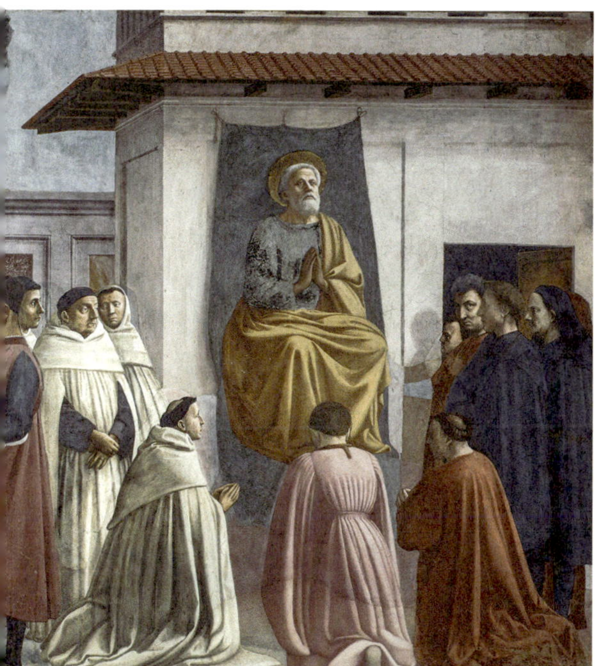

5 Masolino und Masaccio, *Die Erweckung des Sohnes von Theophilus*, 1427/28

Entwurf *Die Jungfrau Marie mit dem Kind, der heiligen Anna und Johannes dem Täufer* in seinem Atelier während zweier Tage zu besichtigen. Heinrich Wölfflin, der mit seinem Buch *Die Klassische Kunst* von 1899 auf den Geschmack des gebildeten Publikums zielt, schreibt zum Aufsehen über Leonardos Karton:

> Und doch erregte der blosse Karton seiner Zeit (1501) in Florenz ein gewaltiges Staunen, so dass es ein allgemeines Wallfahrten nach dem Kloster der Annunziata gab, wo man das neue Wunderwerk Lionardos sehen konnte.[20]

Leonardo zeigte einen Karton, der zur Übertragung auf einen Bildträger vorbereitet ist. Das Sujet ist das gleiche wie beim Karton (Abb. 6) in der National Gallery in London, der etwas früher entstanden ist, aber keine Spuren einer Übertragung aufweist. Von der Ausstellung im Atelier in Florenz berichtet Giorgio Vasari in den *Vite* von 1550 und 1568:

> Schließlich zeichnete er einen Karton, der die Jungfrau und die Heilige Anna mit dem Christusknaben zeigte. Als das Werk fertiggestellt und in einem Raum gezeigt wurde, staunten nicht

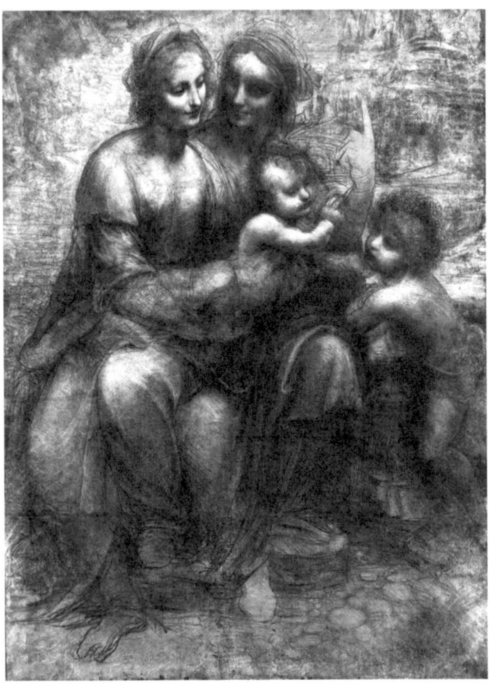

6 Leonardo da Vinci, *Die Jungfrau Maria mit Kind, Hl. Anna und Johannes dem Täufer*, 1499–1500

> nur die Künstler darüber, sondern es kamen auch wie zu einer Feiertagsprozession zwei Tage lang Männer und Frauen, Junge und Alte, um dieses Wunderwerk Leonardos zu sehen, welches all dies Volk zum Staunen brachte.[21]

Vasari, der seinen Text fast fünfzig Jahre nach dem Publikumsereignis niederschrieb, verwendet den Ausdruck »tutto quel popolo« – »all dies Volk«, ähnlich wie Plinius »volgus« bzw. »vulgus« für das Publikum von Apelles brauchte. Der Andrang von ganz Florenz zu Leonardo ist dem Ansturm zum Gnadenbild in SS. Annunziata ähnlich, der sich dann einstellte, wenn etwa ein Kardinal dem Volk den Zugang öffnete.[22] Gemäss einer zeitgenössischen Aufzeichnung herrschte ein derartiges Gedränge, dass eine Frau niederkam und nur mit Mühe herausgeleitet werden konnte.[23] Matteo Bandello, ein Zeitgenosse von Leonardo, überliefert dessen Interesse an der freien Äußerung eines jeden, der seine Bilder anschaut.[24] Ähnlich wie Alberti ermahnt Leonardo die Maler, jedermanns Urteil mit Geduld zu hören, selbst wenn einer nicht Künstler sein sollte. Leonardo rechnet mit der eigenen Selbsttäuschung und empfiehlt deshalb die Kontrolle mittels eines Spiegels, der das Werk als ein fremdes erscheinen lässt, und die Prüfung aus größerem Abstand. Einer Mehrzahl von Menschen traut er ein korrektes Urteil über die Natur zu und folglich auch über deren Nachahmung durch den Maler. Die Tugend, die Leonardo dem Künstler empfiehlt, ist eben die Bescheidenheit, die Apelles nachgesagt wird.[25]

Eine betrübliche Erfahrung vom negativen Urteil des Künstlerpublikums musste Pietro Perugino 1507 machen, als sein Werk *Die Himmelfahrt Mariens* in der Florentiner Kirche SS. Annunziata enthüllt wurde. Vasari, der Perugino nicht schätzte, erzählt gemäß der mündlichen Überlieferung, dass die Künstler die neue Arbeit hart tadelten, weil sie darin Figuren erkannten, die der Maler schon in früheren Werken verwendet hatte. Perugino wurde der Gewinnsucht und der Bequemlichkeit verdächtigt und mit öffentlichen Schmähreden überhäuft. Vergeblich verteidigte sich Perugino, der nicht begriffen hatte, dass Wiederholungen zur vergangenen Zeit gehörten und die moderne nach neuen Erfindungen verlangte:

> ‚Ich habe dieselben Figuren hergestellt', entgegnete Pietro, ‚die sonst Lob und großes Gefallen bei euch erweckten; was kann ich dafür, wenn ihr sie jetzt nicht mögt und rühmt'.[26]

Vorausgegangen waren allerdings Peruginos Neid auf Michelangelo und sein Versuch, dessen Werke öffentlich herabzusetzen, worauf einige Künstler mit Grobheiten antworteten und Michelangelo ihn als Tölpel beschimpfte.

Wo die Künstler nicht über eine ausreichende Bildung zu verfügen scheinen, übernehmen die Gelehrten – »letterati« – für Werke mythologischen, philosophischen und theologischen Inhalts die Funktion von Beratern.[27] Die Instruktion der Zeichner und Holzschneider für die Vergil-Ausgabe von Strassburg 1502 durch Sebastian Brant wurde oben genannt. Ein bekanntes Beispiel für die Tätigkeit eines gelehrten Ratgebers ist Raffaels *Camera della Segnatura* im Vatikan. Jacob Burckhardt äußerte sich 1855 im *Cicerone* über die damaligen Mutmaßungen:

> Abgesehen davon, dass Rafael schwerlich genug Gelehrsamkeit besass, um von sich aus die Personen der Disputa oder gar der Schule von Athen sachlich richtig zu charakterisiren und zu stellen und dass sich hier die Beihülfe irgend eines bedeutenden Menschen aus der Umgebung Julius II. deutlich verrät, – abgesehen hiervon hatte schon lange vorher die Kunst sich an denselben Aufgaben versucht.[28]

Die Annahme eines gelehrten Ratgebers führt die intellektuelle Herabsetzung des Künstlers mit sich. Dem weicht Burckhardt mit dem Hinweis auf die ikonographischen Vorleistungen aus. Doch seine eigene Betätigung als freundschaftlicher Ratgeber von Arnold Böcklin endete in einem schweren Zerwürfnis, weil er sowohl dessen Freund war als auch die Auftraggeber repräsentierte.[29]

Teilung des Publikums

Das Apelles-Problem hält sich durch die Jahrhunderte bei Künstlern, Unwissenden, gebildeten Laien, Gelehrten und Adligen. In der Mitte des 17. Jahrhunderts weist das durch Stand und Bildung privilegierte Publikum, das sich durch Kennerschaft zu qualifizieren trachtet, das Kunsturteil des »niedrigen Volkes« als unqualifiziert ab. Ein Vorfall in Rom von 1646 gibt aber Anlass, die Übereinstimmung des Kunsturteils einer Frau aus dem Volk mit dem eines gelehrten Malers aus Frankreich zu bestaunen. So berichtet Giovan Pietro Bellori über Nicolas Poussins Beurteilung der 1608/09 im Oratorio di Sant'Andrea bei S. Gregorio Magno in Rom gemalten Fresken von Guido Reni und Domenichino: Die Römer sind von Guido Reni begeistert, der das Geschrei für sich hat, und die jungen Künstler beeilen sich, dessen Fresko zu kopieren, einzig Poussin tritt für das Gemälde von Domenichino ein:

> Er verstand derart gut die Teile und die Schönheiten dieses wunderbaren Werkes zu würdigen, dass die andern, überzeugt und überredet von seinem Beispiel, sich auch zum Studium des Domenichino umdrehten.[1]

Mit dieser Anekdote zeigen der römische Biograph Bellori und der französische André Félibien das überlegene Kunsturteil des Malers aus Frankreich auf.[2] 1843 stellt François-Marius Granet die Anhänger von Reni und Domenichino einander gegenüber (Abb. 7): die Geistlichen, die jungen Leute und das übrige Publikum betrachten Guido Renis Fresko. Ein Prälat mit Diener wendet dem Gemälde von Domenichino den Rücken zu und richtet sein Teleskop auf Renis Werk, während Poussin auf das Gemälde von Domenichino weist und seinen Begleiter zu seiner Ansicht bekehrt – diese Art von Unterweisung im Publikum haben wir schon bei Aenas und Achates kennengelernt.

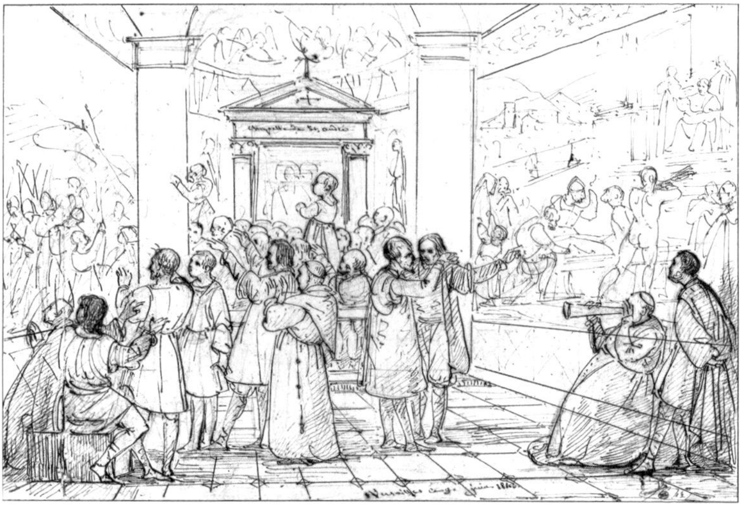

7 François-Marius Granet, *Publikum und Poussin vor den Werken von Reni und Domenichino*, 1843

1646 wird in Rom eine Anekdote populär, die für eine Frau aus dem Volk ein treffendes Kunsturteil beansprucht. Der große Maler Annibale Carracci, der sich nicht entscheiden kann, ob er Reni oder Domenichino den Vorzug geben soll, wird von einer alten Frau belehrt, die vor dem Werk von Reni stumm bleibt, aber bei Domenichino die Figuren, Handlungen und Affekte für ihre Enkelin ausführlich darlegt.[3] Diese Vecchiarella-Anekdote suggeriert, dass erstens eine unverbildete Frau aus dem Volk besser als ein Künstler die Kunstwerke beurteilen kann und zweitens die Qualität eines Werkes sich daran bemisst, ob das Publikum Lust und Verständnis hat, eine Erzählung zu generieren.

1649 erklärte der Kupferstecher Abraham Bosse die Unterscheidung von Original und Kopie sowie die Zuschreibung von Werken zu Angelegenheiten der Kenner. Bosse nennt deren Tätigkeiten *Connaissance & Curiosité*, äußert sich über die notwendige Qualifikation und leitet mit seiner eigenen Beurteilung von Raffael, Leonardo da Vinci, Nicolas Poussin und weiteren Künstlern auch diejenigen zur Kennerschaft an, die nicht die Malkunst praktizieren.[4] Das Apelles-Problem, ob es Laien zusteht, künstlerische Arbeiten zu beurteilen oder ob die Beurteilung den Künstlern vorbehalten sei, wird Künstler, Kenner, Kritiker und Publikum weiterhin entzweien. Das Urteil des Publikums erhielt 1665 eine Nobilitierung durch Gian Lorenzo Bernini, der in Paris am 5. September die Académie royale de peinture et de sculpture besuchte und sich zu Kunstunterricht, Kopieren und Künstlerrat äußerte. Auf die Frage, ob ein Maler sein Werk schon vor der Vollendung dem Publikum zeigen solle, antwortet Bernini:

> Annibale Carracci, wiederholte er, wollte ein Gemälde sofort nach der Herstellung der öffentlichen Kritik ausgesetzt wissen; denn das Publikum irre sich nicht und schmeichle nie, sondern halte sich nicht zurück zu sagen: ‚Das ist trocken, das ist hart' und so weiter.[5]

Carraccis Annahme der Unfehlbarkeit und Unbestechlichkeit des öffentlichen Urteils hat die strittige Sentenz »vox populi vox dei« – »Volkes Stimme ist Gottes Stimme« zum Hintergrund, doch Bernini beschränkt das Urteil des Publikums auf sekundäre Aspekte. Die Auffassung Carraccis, der Zweck der öffentlichen Präsentation sei die Verbesserung von Fehlern, lehnt sich an Apelles an, und Berninis Meinung, Raffael habe für seine unvergleichlichen Kompositionen von seinen gelehrten Freunden Pietro Bembo und Baldessare Castiglione profitiert, bringt den Publikumsanteil ins Spiel.[6]

Die Frage der Urteilskompetenz wurde in Frankreich im 17. Jahrhundert von Kunstliebhabern thematisiert, wie beispielsweise von Paul Fréart de Chantelou, der wie sein Bruder Roland Fréart de Chambray mit ihrem Cousin François Sublet de Noyers, dem Oberaufseher der Königlichen Bauten, im Dienst von Louis XIII. stand. 1639 wurden die beiden Fréart nach Rom geschickt, um den mittlerweile allzu unabhängigen Nicolas Poussin in den königlichen Dienst nach Frankreich zurückzuholen. Nach dem Tod von Kardinal Richelieu 1642 warf Louis XIII. dem Oberaufseher de Noyers finanzielle Unregelmäßigkeiten vor, was seine Demission und den Rückzug (oder die Verbannung?) in die Provinz zur Folge hatte. Man nimmt an, dass es Kardinal Mazarin, Richelieus Nachfolger, gelungen war, de Noyers mit einer Intrige aus dem Weg zu räumen, wodurch auch die Protektion der Brüder Fréart am Hof wegfiel.[7] Roland Fréart verlegte sich auf wissenschaftliche Tätigkeiten, übersetzte die Architekturtheorie des Andrea Palladio, erarbeitete einen Vergleich zwischen der antiken und der modernen Architektur, gab 1651 seine Übersetzung von Leonardos *Trattato della Pittura* in Druck und veröffentlichte 1662 in Le Mans als Laie seine Schrift über die Perfektionierung der Malerei.[8] Diese Schrift erschien in der Normandie, nicht in der Hauptstadt, und trägt die Widmung »Monseigneur Le Duc d'Orléans, frère unique de sa Majesté«, wurde also von Philippe I. de Bourbon, dem Bruder des Königs, unterstützt. Der Autor erwartete, dass die Malerei, die in der Antike als Königin der Künste galt, mit der Vermittlung von Philippe I. de Bourbon am Hof von Louis XIV. würdig empfangen werde.[9]

Das Vorwort der *Idée de la perfection de la peinture* enthält eine kritische Beurteilung der Rede über die Malerei und eine Verklärung ihrer Vergangenheit vor der gegenwärtigen Dekadenz und dem vulgären Urteil:

> Es gibt kaum jemanden, der nicht eine gewisse Neigung zur Malerei hätte und der nicht vorgäbe, selbst ein natürliches Urteilsvermögen und einen gesunden Menschenverstand zu haben, die ihn befähigen, über die Werke, die aus ihr hervorgehen, zu urteilen. Denn nicht nur die gebildeten und die vornehmen Leute, die höchstwahrscheinlich immer die vernünftigsten sind, setzen ihren Stolz darauf, sich darin auszukennen, sondern auch das gemeine Volk mischt sich ein um seine Empfindung zu äußern: so dass es scheint, sie [die Malerei] sei gewissermaßen die Angelegenheit von allen.[10]

Fréart de Chambray macht ein Zugeständnis an das allgemeine Publikum und wertet gleichzeitig angewidert das Interesse des »gemeinen Volkes« – »le vulgaire« – als Einmischung ab, da dieses nur seine Empfindung äußern könne, aber nicht zum Urteilen befähigt sei. Er hatte offenbar keine Kenntnis von der römischen Vecchiarella. Doch seine Verehrung der Antike verunmöglicht es, die Verachtung des gewöhnlichen Volkes generell aufrecht zu halten.

> Diese Anmaßung ist nicht ein spezielles Laster der Franzosen oder unseres Jahrhunderts. Es ist so alt wie die Malerei, & es ist wie diese in Griechenland aufgekommen. Man weiß es, weil Plinius von Apelles berichtete, dass er die Gewohnheit hatte, vor der Fertigstellung seiner Bilder diese öffentlich auszustellen für die Beurteilung durch alle Passanten. Dabei verbarg er sich hinter dem Bild, um zu erlauschen, was die Passanten sagten, und es zu seinem Vorteil zu verwerten: woher denn das Sprichwort kam: Apelles hinter dem Bild *(Apelles post tabulam)*.[11]

Zwar bäten die Maler noch heute die Besucher ihres Ateliers um Kritik, doch hält Fréart de Chambray dies bloß für eine heuchlerische Attitüde, denn würde man ihnen diesen Dienst erweisen, wären sie beleidigt, da sie in Wahrheit nur Komplimente und Schmeicheleien hören wollen.[12] Den Grund macht Fréart de Chambray in der Korruption der zeitgenössischen Maler aus, die nicht nach der Beherrschung der Kunst streben, sondern nach dem Schein von Geschicklichkeit. Der Verdacht auf Falschheit, Bluff und Vortäuschung von Können wird hier von einem ehemaligen Höfling vorgebracht, der die Künstlichkeit des Verhaltens und der Schein-Persönlichkeiten bei Hofe aus eigener Erfahrung kennt. Damit war der Verdacht, ein Künstler täusche sein Publikum, könne falsch und betrügerisch sein, vom Hof in die Kunstwelt übertragen, was fortan zur wohlfeilen Diskreditierung genutzt werden konnte.

Seinen korrupten Zeitgenossen stellte Fréart de Chambray die hehren Künstler der Antike gegenüber, die ihre Werke sowohl den Philosophen und Gelehrten als auch dem gemeinen Volk (»commun peuple«) vorlegten und sogar von Handwerkern Kritik akzeptierten.[13] Die heutigen Maler sind dagegen weder Genies wie die Alten noch streben sie nach Ruhm und Unsterblichkeit, vielmehr huldigen sie mit niedriger Gesinnung der »peinture libertine«, der frivolen Malerei. Eine der Ursachen für die Dekadenz und Korruption der Malerei eruiert Roland Fréart de Chambray in seiner eigenen Klasse – »les gens de lettres & de condition« – »die Gebildeten und die Personen von Rang«:

> Die Malerei, deren Verfall wir bedauern, da sie doch nur für den Frieden geboren zu sein scheint, war vielleicht nie in höherer Wertschätzung als bei uns und nie begehrter als jetzt; und das könnte wohl teilweise die Ursache für ihre Korruption sein.[14]

Denn blinde Liebe und überbordende Schmeicheleien, präzisiert der Autor, vor allem aber die wachsende Nachfrage verderben die Künstler. Zur Heilung empfiehlt Fréart de Chambray die Befolgung seiner Prinzipien, doch Nicolas Poussin, dem der Autor ein Exemplar seines Buches nach Rom schickte, antwortete nur höflich abweisend.[15]

Fréart de Chambray zeigt Respekt vor dem Publikum des Altertums, doch dem zeitgenössischen wirft er Einmischung in die Angelegenheiten der Kunst vor. Der ignorante Dünkel der »gens de lettres & de condition« ist offensichtlich, denn wie hätte das gemeine Volk über die Künste sprechen und wie hätte Fréart de Chambray davon erfahren können? Die von ihm angenommene Beziehung des unwissenden Volkes zur Kunst ist eine freche Fiktion, die ein Provinzadliger im Einverständnis mit Gleichgestellten zur Distinktion einsetzt. Fréart de Chambrays Bruder, Paul Fréart de Chantelou, der eine ansehnliche Gemäldesammlung hatte, führte beim Besuch von Gian Lorenzo Bernini in Paris ein Tagebuch, aus dem einiges über die Zugänglichkeit von Kunstsammlungen zu erfahren ist.[16]

Wie Fréart de Chambray steht Roger de Piles, ebenfalls aus dem Provinzadel, am Beginn des Aufstiegs der Kenner.[17] Er studierte Philosophie und Theologie und besuchte Malkurse. Für seinen Traktat über Kennerschaft stellt er ein fiktives Publikum zusammen, zu dem ein Pamphile gehört, der einige Kenntnisse besitzt, ferner ein Damon, der die Manier der Maler unterscheiden kann und der Autor.[18] An der ersten *Conversation* sind also ein Kenner, ein Liebhaber und ein Gelehrter beteiligt, und für die zweite Unterredung erweitert sich die exklusive Gruppe um drei Personen. Nach längerer Diskussion wird die Sammlung des Duc de Richelieu besichtigt, und die Unterredung vor den Bildern fortgesetzt. De Piles inszeniert zuerst ein exklusives Gespräch und sieht danach ein Galeriegespräch vor. Damon verabredet sich mit Pamphile, bringt die Freunde Caliste und Leonidas mit, und ein Philarque stößt dazu, der eben von England zurückgekehrt ist und mit Caliste und Leonidas schon in Rom und Venedig bekannt war. Die Positionen werden bezogen: der Numismatiker Caliste beharrt auf dem Vorrang der Antike, Leonidas bringt den aktuellen Disput um Farbe und Zeichnung vor, und Pamphile stellt sich gegen die Kritiker der Zeichnung in den Gemälden. Die Gesellschaft von Nichtkünstlern einigte sich auf eine anmaßende Behauptung, auf die sich fortan die Kenner berufen:

> Vom Betrachter wird keineswegs verlangt, das gleiche Wissen zu haben wie der Maler, er muss sich nur seinem gesunden Menschenverstand überlassen, um das zu beurteilen was er sieht.[19]

Der Vergleich von Skulptur und Malerei wird mit den bekannten Argumenten fortgesetzt, bis Damon den Besuch der Sammlung des Duc de Richelieu vorschlägt, dessen Kennerschaft er in den höchsten Tönen lobt. Darauf geht die Gesellschaft zur Place Royale (heute Place des Vosges, wohl Nr. 21), wo ihnen der Zugang zur Sammlung gewährt wird, weil Pamphile dem Herzog mit einer Beschreibung der Gemälde von Peter Paul Rubens dienlich war.[20] Die Diskussion über künstlerische Probleme setzt sich in den Kabinetten nicht weiter fort; die Gruppe ist abgelenkt von der Vita des Hl. Georg und kommt erst bei der anschließenden Réception auf Rubens zurück, den Philarque gekannt hatte.[21] Das diskutierende Publikum findet in den ästhetischen und kunsttheoretischen Fragen keine Einigung. Die Funktion des Dialogs in der Kunsttheorie ist seit jeher die Leugnung einer Autorität und die Suspendierung von Entscheidungen.

In den *Réflexions critiques* gründet der gelehrte Abbé Jean-Baptiste Dubos das Kunstverständnis auf der Empfindung – »sentiment«, mit der alle Menschen ausgestattet sind und ordnet den Werken der Dichtung und der Malerei das entsprechende Vermögen »toucher« – »rühren« oder berühren zu.[22] Das liest sich zuerst wie eine Aufhebung der Teilung des Publikums. So behauptet Dubos, das Publikum urteile gut und ohne Eigeninteresse über die Dichtungen und Gemälde. Unter »Publikum« will Dubos aber nicht das Volk oder die Öffentlichkeit und vor allem nicht »le bas peuple« – »das gemeine Volk« – verstanden wissen, sondern die Gebildeten und Personen von Rang, eben »les gens de lettres & de condition«:

> Der Begriff Publikum schließt hier nur die Personen ein, die sich Bildung erworben haben, sei es durch Lektüre, sei es durch Weltkenntnis. Sie sind die einzigen, die den Rang von Gedichten und Gemälden erkennen, obwohl es vorkommt, dass ausgezeichnete Werke Schönheiten aufweisen, die beim Volk der niedrigsten Stufe Empfindungen und Beifall hervorrufen.[23]

Dieser Standpunkt wird vom Dichter Friedrich Gottlieb Klopstock 1758 in Hamburg übernommen, denn sein Beitrag zum Publikum und zur Urteilsbildung folgt beinahe wörtlich dem Kapitel 22 im zweiten Teil von Dubos' *Réflexions critiques*.[24] Klopstock will das Publikum, »das diesen großen Namen verdient«, vom »großen Haufen« und dessen Anspruch, mit »zum Publico zu gehören«, unterschieden haben. Wieder dient eine erfundene »Anmaßung« des Pöbels zur fraglosen Distinktion des Publikums. Es gehören weniger Personen dazu als man annimmt, und zudem sind die Publika der schönen Künste und Wissenschaften sowie der Gelehrten jeweils andere. Aufschlussreich für die weitere Exklusion ist der Ausdruck das »wahre Publicum«. Dieses setzt sich nach Klopstock aus Richtern (d. h. Kunstrichtern) und Kennern zusammen, während alle übrigen dem »großen Haufen« zugehören, der dadurch gekennzeichnet ist, dass er aus Ignoranz sich immer auf der falschen Seite befindet. »Richter« heißen dagegen diejenigen, die das Schöne durch Grundsätze bestimmen und einen sicheren Geschmack besitzen. Dagegen ist der Kenner »bey der praktischen Ausbildung seiner angebohrnen Fähigkeit zum Geschmacke« stehen geblieben und muss sich dem Urteil der Richter unterordnen. Klopstock skizziert den üblichen Rezeptionsvorgang eines neuen Werks, nach dem zunächst die Richter mit der Beurteilung anfangen und einige Kenner sich erklären, während der ignorante Haufen fast immer das neue Werk verurteilt. Das Publikum bemerkt diese Anmaßung der hundert kleinen Tadler gar nicht, es treten aber vermehrt Richter und Kenner auf, deren Urteile sich »in guten Gesellschaften« ausbreiten. Der Schriftsteller wird belohnt, und die große Menge, die eben noch tadelte, wird zu einem geistig »unbedeutenden Haufen von lobpreisenden Nachsagern.«[25] Dazu muss aber der »Geschmack einer Nation schon voll ausgebildet« sein, andernfalls zieht sich der Vorgang der Anerkennung in die Länge.

Trotz der fortschreitenden Öffnung der Galerien und Sammlungen behielten die Künstler und Kenner in Frankreich die Einstellung zum Publikum bei, dessen Hauptprobleme der Zugang zur Kunst und die Qualifizierung zum Kunsturteil blieben. Charles-Antoine Coypel, »premier Peintre du Roi«, veröffentlichte 1747 einen Dialog zwischen den fiktiven Personen Dorsicour und Celigni über den Salon. Was Dorsicour zuerst beseitigen will, sind die mit Namen und Rang verknüpften Vorurteile. Die Frage nach den Publikationen, die Urteile und Empfindungen verbreiten, veranlasst Dorsicour, sowohl das Publikum zu tadeln wie über jene herzufahren, die in seinem Namen zu sprechen sich anmaßen:

> Ach, Celigni, Sie müssten doch eigentlich zustimmen, dass sich der Schriftsteller in diesen kleinen Werken unter dem Namen des Publikums mit einem bescheidenen, aber falschen Schein als souveräner Richter aufspielt. Der große Corneille fragte immer, wo sich denn das Publikum befinde? Ich behaupte, dass in dem Salon, in dem die Gemälde ausgestellt sind, das Publikum zwanzigmal am Tag wechselt. Was die Öffentlichkeit morgens um zehn Uhr bewundert, wird mittags öffentlich getadelt. Ja, ich sage Ihnen, dieser Ort kann Ihnen im Laufe eines einzigen Tages zwanzig Publika von unterschiedlichem Charakter & verschiedener Stimmung liefern. Ein einfaches Publikum in bestimmten Momenten, & dieses Publikum ist nicht dasjenige, dem man am wenigsten zuhören sollte: ein parteiisches Publikum, ein leichtes Publikum, ein neidisches Publikum, Sklaven der frischen Luft, das, um zu entscheiden, alles sehen will, & nichts untersucht.[26]

Die Skepsis verstärkt sich gegenüber der Menge, denn diese rennt nach Coypels Meinung eifrig in die Ausstellungen und äußert sich lautstark, doch mit der Zeit mäßigt sich das erregte und laute Publikum und das vernünftige gewinnt die Oberhand. So war es mit den Dramen von Jean Racine und Molière, die bei der Menge durchfielen und vom verständigen Publikum gerettet wurden. Die Menge urteilt falsch und ist im Unrecht, und nur die Kenner sind zum Urteilen befähigt. Celigne verteidigt seine Berufung auf die Broschüren mit dem Argument, dass er nur eine exklusive Gruppe von fünf oder sechs »wahren« Kennern als Publikum bezeichne.

Sensationelle Attraktionen

Wenn viele Menschen zu einem Kunstwerk oder einem wundertätigen Gnadenbild zusammenlaufen und dadurch weitere Neugierige anlocken, entsteht eine Attraktion und in der begeisterten Menge fallen die Standesunterschiede. Es sind wenige frühe Berichte über derartige Attraktionen von Kunstwerken bekannt. Ein Beispiel ist das große Retabel der Brüder Hubert und Jan van Eyck in Gent, dem das Publikum sei Jahrhunderten seinen Ruhm bewahrt.[1] Seit 1432 steht das vielteilige Werk in einer Kapelle der Kirche Sint-Jans in Gent, die 1540 mit St. Bavo ein neues Patrozinium erhielt und 1559 in den Rang einer Kathedrale aufstieg. Auf den Rahmen des Genter Altars ist eine lateinische Inschrift angebracht, die Hubert und Jan van Eyck als Urheber und Joos Vijd als Auftraggeber nennt, nicht aber seine Frau Elisabeth Borluut. Beurteilung, Datierung und Interpretation der Inschrift sind strittig: die eine Partei geht von einer Entstehung von 1432 aus und versteht die Inschrift als Aufforderung an das Publikum, das Werk zu betrachten: »Versu sexta Mai vos collocat acta tueri« – »Mit diesem Gedicht fordert er euch auf, die Werke zu betrachten.« Die andere Partei datiert die Inschrift auf das Ende des 16. Jahrhunderts und versteht »tueri« als sorgen, mit dem Argument, dass der Altar im Kirchturm und danach im Rathaus vor den Ikonoklasten in Sicherheit gebracht werden musste.[2] Doch so sind weder das Datum 6. Mai oder die verschlüsselte Jahrzahl 1432 zu erklären.[3] Welcher Auslegung man auch den Vorzug gibt, in jedem Fall wird das Publikum am angezeigten Datum aufgefordert, etwas mit dem Werk zu tun, nämlich »tueri« – »betrachten« oder »für es sorgen.«[4]

Das höfische Publikum der 1430er Jahre sah zuerst auf der Außenseite des Retabels die lebensgroßen Bildnisse der Stifter, dann die kunstvoll gemalten steinernen Statuen, darüber das grau-braun gehaltene Gemach mit der Verkündigung des Engels an Maria, beide in wallenden weißen Gewändern, und im obersten Register die Propheten und Sibyllen. Mit der Öffnung der Flügel strahlt der paradiesische Glanz der Innenseite auf das Publikum, das zugleich Adam und Eva in ihrer erlösten Nacktheit bewundern kann.[5] Nach der Messe wurde das Retabel wieder geschlossen. Zum Einzug von Herzog Philipp dem Guten am 23. April 1458 in Gent wurde es für das Volk an der Straße nachgestellt in einem *Tableau vivant*, wie die *Kronyk van Vlaenderen* mitteilt.[6]

1606 berichtete der Maler und Schriftsteller Carel van Mander im *Schilder-Boeck* vom Zugang zum Retabel. Hohe und freigebige Herren durften zur privaten Besichtigung eintreten, während das Volk nur an hohen Festtagen zugelassen war und dann in großer Zahl in die Kapelle drängte:

> Dieses hervorragende Werk wurde nur hie und da für hohe Herren geöffnet und gezeigt oder wenn jemand dem Schließer ein gutes Trinkgeld gab. Auch wurde es manchmal an gewissen hohen Festtagen gezeigt. Da drängten sich die Leute dann dermassen, dass man kaum herankommen konnte; denn die Kapelle, in der sie zu sehen war, war den ganzen Tag voll von allerlei Volk. Da sah man junge und alte Maler und alle Kunstfreunde das Bild umschwärmen, gleichwie man im Sommer die Bienen und Fliegen süßigkeitslüstern an den Feigen- und Traubenkörben haften und sie umschwärmen sieht.[7]

Die erste Beschreibung des Retabels lieferte der Nürnberger Humanist, Arzt und Geograph Hieronymus Münzer, der auf seiner Reise durch Westeuropa Ende März 1495 nach Gent kam. In seinem Bericht vermerkt er die überaus kostbare Malerei und die dargestellten Personen und Szenen.[8] Albrecht Dürer besuchte Gent im Jahr 1521 und notiert in sein Tagebuch vor allem den ehrenvollen Empfang durch die Malergilde, das gute Essen, die schöne Aussicht vom Turm der Johanneskirche. Schließlich rühmt er das Retabel als »hoch verständig gemähl« – »Gemälde von hohem Verstand«, das »fast gut« – d. h. »sehr gut« sei:

> Darnach sahe ich des Johannes taffel; das ist ein überköstlich, hoch verständig gemähl, und sonderlich die Eva, Maria und Gott der vatter sind fast gut.[9]

Doch wichtiger waren für Dürer die ehrenvollen Empfänge durch Honoratioren, durch viele Kollegen und Leute in Antwerpen, Brügge und Gent und das dabei ausgegebene gute Essen, ferner die peinlich genau notierten Ein- und Ausgaben.[10] 1521 hatte sich der Ruhm der niederländischen Malerei längst über das deutsche Sprachgebiet hinaus nach Ober- und Mittelitalien verbreitet. Geleitet von den Handels-und Bankbeziehungen mit den Niederlanden erhöhte sich das Verlangen der fürstlichen Sammler auch in Italien nach Werken der flämischen Maler. 1456 schreibt der Gelehrte Bartolomeo Facio in *De Viris Illustribus – Über die gepriesenen Männer* – von vier berühmten Malern, den zwei Flamen Jan van Eyck und Rogier van der Weyden und den beiden Italienern Gentile da Fabriano und Pisanello.[11]

Berichte von einem zahlreichen faszinierten Publikum gibt es von Gian Lorenzo Berninis in Rom 1624 entstandener Gruppe *Apoll und Daphne* und von Jacques-Louis Davids Gemälde *Der Schwur der Horatier* in Rom 1786. Die Schilderungen solcher Faszinationen sind wahrscheinlich übertrieben, selbst wenn wir eine große Kunstbegeisterung seit dem 16. Jahrhundert in Städten wie Rom annehmen, die über die Gebildeten und die Adligen hinaus auch weitere Teile der Bevölkerung erfasste.

Massenansammlungen zu verschiedenen Anlässen gab es überall; in Rom etwa zur Erteilung des Papstsegens, in Florenz zu den Medici-Festen und an den europäischen Höfen zu vielen Festlichkeiten, in London, Wien oder Leipzig zu öffentlichen Hinrichtungen.[12] Ambrogio Brambilla schuf 1572 einen Kupferstich zum Papstsegen auf dem Petersplatz zur Feier des Sieges bei Lepanto 1571 (Abb. 8). An den Darstellungen solcher Ereignisse fällt auf, dass es überall für notwendig gehalten wurde, die Menge durch Bewaffnete in Schach zu halten. Brambilla zeigt auf dem Petersplatz lanzenbewehrte Reiter und Gardisten mit Hellebarden. Im Vordergrund stellt er eine Vielzahl von weiblichen und männlichen Rückenfiguren auf, dann deutet er mit kleinen Kreisen die unzähligen Köpfe an. Im Meer der Menge stecken vier Wagen mit Pferden fest. Brambilla vermittelt eine Vorstellung, wie ein Volksauflauf in Rom wahrgenommen wurde.

Die Attraktion von Berninis *Apoll und Daphne* (Abb. 9) ist nicht von einem zeitgenössischen Bericht bezeugt. Den Auftrag für die Gruppe erteilte Kardinal Scipione Borghese unmittelbar nachdem Bernini für ihn die Skulptur *Der Raub der Proserpina* fertiggestellt hatte.[13] Die Verfolgung Daphnes durch Apoll ist durch Ovids *Metamorphosen* und viele bildliche Darstellungen hinlänglich bekannt: Apoll, der eben mit seinem großen Bogen den gewaltigen Python besiegt hatte, verspottet den kleinen Cupido wegen seines winzigen Bogens, worauf dieser dem Spötter einen goldenen Pfeil verpasst, der Nymphe Daphne aber

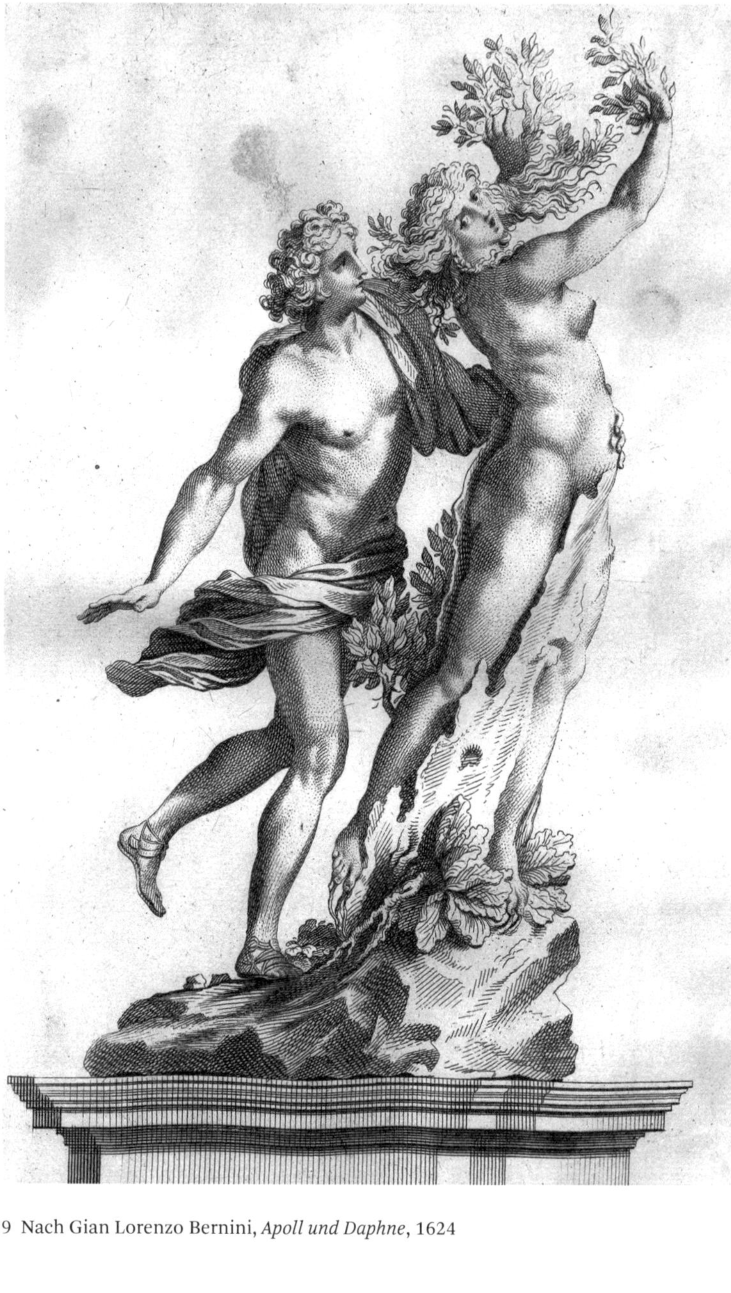

9 Nach Gian Lorenzo Bernini, *Apoll und Daphne*, 1624

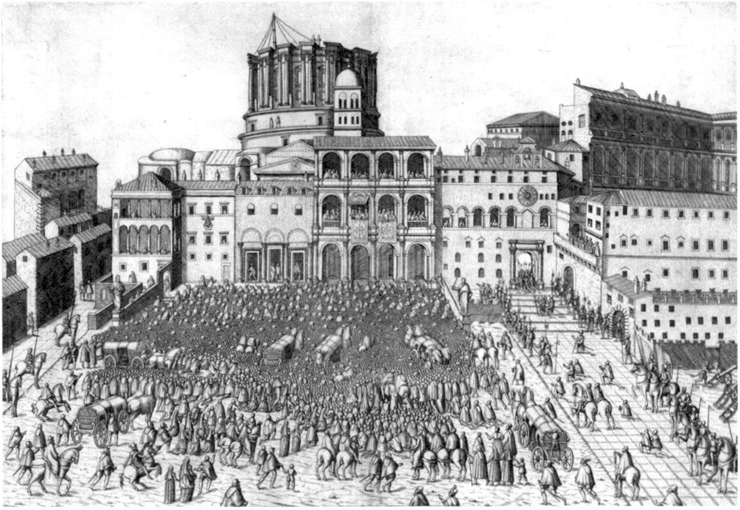

8 Ambrogio Brambilla (zugeschrieben), *Papstsegen auf dem Petersplatz*, 1572

einen bleiernen. Der goldene Pfeil zwingt Apoll, die Nymphe mit Liebe zu verfolgen, während der Bleipfeil diese zur Flucht vor dem Gott treibt. Bevor sie eingeholt wird, verwandelt sie ihr Vater, der Flussgott Penëus, in den Lorbeerbaum, den sich dann Apoll aneignet.[14] Ovid stellt die Verhöhnung des Cupido durch Apoll an den Anfang dieser Geschichte von Eitelkeit, Rache, Verfolgung, Flucht, Verwandlung und Bemächtigung.

Der gelehrte Filippo Baldinucci aus Florenz gibt 1682 in seiner Biographie von Bernini, die der Christina, der ehemaligen Königin von Schweden, gewidmet ist, einen Einblick in die begeisterte Rezeption eines Wunders der Kunst, eines »miracolo dell' arte«:

> Zur Dafne des Bernini sage ich nur, dass sobald sie fertiggestellt und zu sehen war, sich sofort ein derartiges Geschrei erhob, dass ganz Rom herbeieilte, um dieses Wunder zu sehen.[15]

Baldinucci schreibt weiter, der noch nicht achtzehnjährige Bernini (in Wirklichkeit war er 26 Jahre alt) sei auf seinen Gängen durch die Stadt von Jung und Alt mit Blicken verfolgt und als ein Wunder bestaunt worden. Bernini zeigt Apollon zugleich in vollem Lauf wie auch im

Stillstand: das linke Bein ist erhoben, auf dem rechten steht er still, mit der linken Hand umfängt er Daphnes Leib, während der rechte Arm noch im Ausschwingen begriffen ist, gegengleich zum linken Bein. Daphne, die sich nach oben entzieht, ist mit einem Bein bereits in marmornes Holz verwandelt, während das andere parallel zu Apolls erhobenem Bein sich bewegt. Daphne dreht den Oberkörper, um sich Apoll zu entwinden, und reckt ihre Hände, die sich schon in Lorbeerblätter verwandeln, in die Höhe.

Doch hat Berninis Wunderwerk tatsächlich ein solches Geschrei hervorgerufen, dass ganz Rom herbeieilte? Baldinucci kam erst ein Jahr nach dieser römischen Sensation in Florenz zur Welt, und sein Bericht entstand mehr als fünfzig Jahre nach dem Ereignis. Wer ihm von der Sensation und den Auswirkungen auf den jungen Bernini erzählt, wissen wir nicht. Eine gewisse Gleichgültigkeit in Rom gegenüber Berninis *Apoll und Daphne* ist nicht zu übersehen. Beispielsweise wird das Werk von Filippo de' Rossis Romführer, *Ritratto di Roma*, von 1652 mit Stillschweigen übergangen, und Giovan Pietro Bellori streift es zwar in seinem Verzeichnis der römischen Sammlungen von 1664, erwähnt aber Bernini in seinem Hauptwerk *Le Vite* von 1672 mit keinem Wort.[16] Verhalten sich die römischen Zeitgenossen eher gleichgültig gegenüber Berninis Werk, besonders nachdem mit dem Tod Urbans VIII. die Patronage zunächst wegfiel?[17]

Erst nach der Publikation von Baldinuccis Monographie verweist der Romführer von Pier Vincenzo und Michelangelo Rossi von 1708 auf die Qualität aller Werke Berninis in der Villa Borghese, rühmt den »artificio mirabile« – »die wunderbare Kunst« und die »maggior industria« – »das überragende Geschick« des Künstlers bei *Apoll und Daphne*.[18] Die Ansicht der Villa Borghese (Abb. 10) von Johann Wilhelm Baur von 1636 zeigt die Menge, die mit Kutschen und zu Pferd sich einfindet und sich auf dem weiten Platz unterhält. Das rein männliche Publikum ist international zusammengesetzt, und einige Edelleute werden von andern barhäuptig mit Verbeugung begrüßt, es sind, wie leicht zu erraten, »Grand Tourists«, die vor allem aus England und den Niederlanden stammenden begüterten Italien-Touristen, ein gehobenes Publikum des Landes und seiner Kunstschätze.[19] »Volk« gibt es als Kutscher und Pferdebetreuer, die bei den Tieren bleiben. Als Einladung und zur Ermahnung der Besucher hatte der Gartenaufseher ein lateinisches Edikt am Piedestal einer antiken Statue angebracht, das Wölfflin 1888 kopierte:

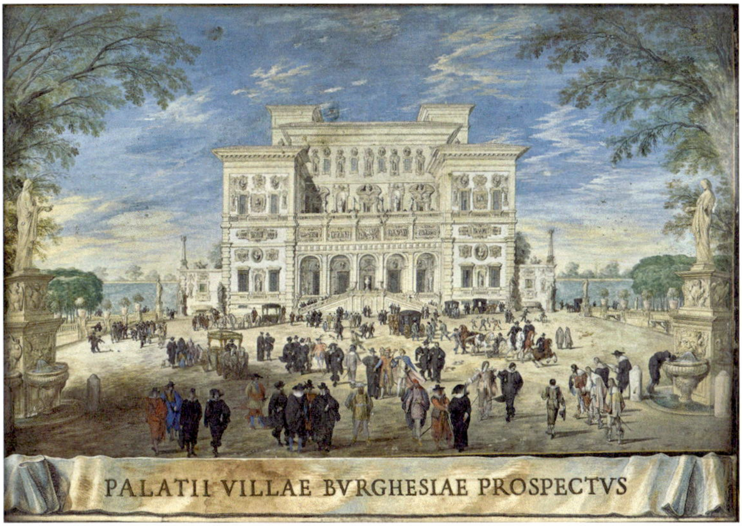

10 Johann Wilhelm Baur, *Prospekt der Villa Borghese*, 1630–1637

> Als der Villa Borghese auf dem Pincio / Wächter verkünde ich folgendes: / Wer auch immer du seist, wenn denn ein Freier: / du sollst die Fesseln von Geboten hier nicht fürchten. / Geh', wohin du willst; pflücke, was du willst; / geh' weg, wann du willst. / Für Fremde wird das hier eher zubereitet als für den Hausherrn. / Im Goldenen Zeitalter, wo alles golden gemacht hat / die Sorglosigkeit der Zeiten, / verbietet der Hausherr, eiserne Gebote am Eingang anzubringen. / Hier gelte für den Freund anstelle des Gebots das ehrenhafte Bestreben. / Wenn aber einer arglistig, / freiwillig und wissentlich, / die goldenen Gebote von Sitte und Anstand bricht, / dann nehme er sich in Acht, dass ihm nicht / das Unterpfand der Freundschaft, empört, der Aufseher / ins Gesicht zerbricht.[20]

Filippo de' Rossis Romführer von 1652 empfiehlt dringend den Besuch in der wunderschönen Villa Borghesia als »una delle maraviglie del Mondo« – »eines der Wunder der Welt«, ohne Berninis Skulpturen zu erwähnen.[21] Vielleicht erfand Bernini, der 1680 hochberühmt im Alter von 82 Jahren starb, für seinen Biographen einen sensationellen Publikumserfolg von 1624. »Grido« – »Geschrei« erinnert an den launischen Ruhm in Dantes *Divina Commedia*, Purgatorio, XI, V. 94–96: Während Cimabue noch meinte, in der Malerei das Feld zu behaupten, war Giotto schon Stadtgespräch, hat also den »grido« für sich, was Gerücht, Rede, Geschrei und Ruhm umfasst. Baldinucci berichtet ausführlich von Berninis Interesse am Publikum, von seinen stupenden Erfindungen für das Theater, die mit künstlichen Vorrichtungen und Maschinen die Zuschauer aufs höchste verblüffen, täuschen oder in Schrecken versetzen. Seine witzigste Erfindung war die Verdoppelung der Zuschauer in einem zweiten Raum, sodass dem wirklichen Publikum ein fiktives als Spiegel gegenüber saß.[22]

Wenige Jahre vor Berninis Auftritt in Rom inszenierte der geniale Kupferstecher Hendrick Goltzius das kolossale Standbild *Hercules Farnese* (Abb. 11), das im Hof des Palazzo Farnese aufgestellt war, in einer Rückenansicht mit zwei Betrachtern zu seinen Füßen, die bewundernd nach oben blicken. Der Torso ohne Kopf und Beine wurde 1546 in den Caracalla-Thermen gefunden und anschließend ergänzt durch den Michelangelo-Gehilfen Guglielmo della Porta.[23] Goltzius zeigt das restaurierte Standbild von hinten im Gegenlicht und in Untersicht, lässt das Haupt in die Wolken ragen und setzt die Augenlinie auf der Höhe des Sockels an, sodass von den beiden Bewunderern gerade

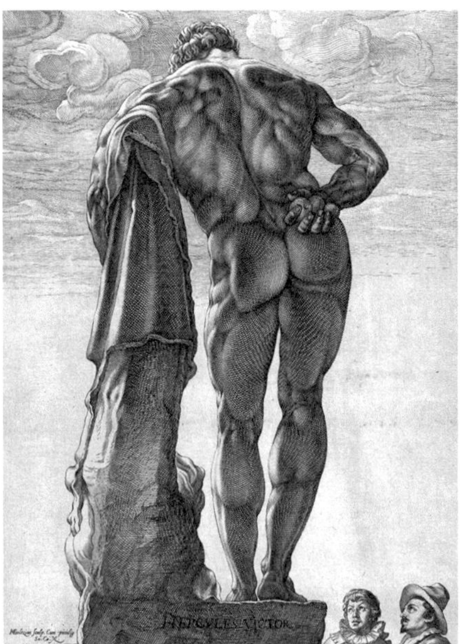

11 Hendrick Goltzius, *Hercules Farnese*, um 1592

noch Brustbilder sichtbar werden.[24] Im Vergleich mit der Statue sind sie geschrumpft, und ihre Kopfhaltung ist wie ihr Blick den Heiligen abgeschaut, die mit Raffaels stadtbekannter *Vision der Heiligen Cäcilia* (1515/16) ihre Augen verzückt zum Himmel drehen.[25] Bei Goltzius schaut die winzige Gegenwart, dargestellt von seinen Begleitern Jan Matthijsz Ban und Philips van Winghe, zur gewaltigen Antike empor.[26]

Goltzius inszeniert die Bewunderung des Kolosses mit zwei Personen aus dem Künstlermilieu; zum Bernini'schen Wunderwerk kam nach dem Bericht von Baldinucci ein Publikum von unbestimmter Zahl und Zusammensetzung, das von Neugier, Nachahmung und eifersüchtiger Präsenz zu *Apoll und Daphne* getrieben war und die Sensation dadurch hervorbrachte, dass ihre Neugier weitere anstachelte und zum Herbeilaufen antrieb. An Baldinucci können wir sehen, dass das Herbeiströmen eines zahlreichen Publikums zu einem Werk als Steigerung seines Ansehens gewertet wird.

Von der erstaunlichen Kunstsensation, die 1785 ein französisches Gemälde beim römischen Publikum auslöste, berichten ein deutscher Künstler nach Deutschland und der Maler nach Frankreich. Der Beitrag von Johann Heinrich Tischbein über die Präsentation von *Der Schwur der Horatier* (Abb. 12) von Jacques-Louis David in seinem

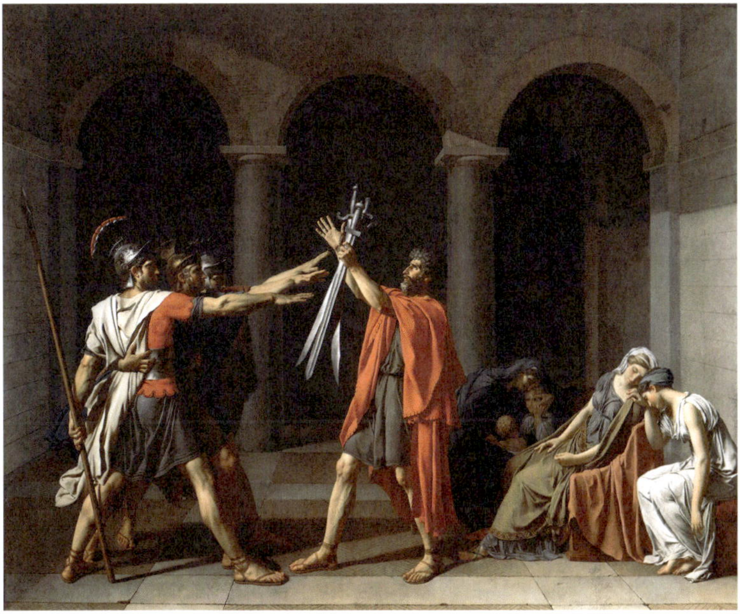

12 Jacques-Louis David, *Der Schwur der Horatier*, 1784

Atelier in Rom erschien im ersten Vierteljahr 1786 in der von Christoph Martin Wieland herausgegebenen Zeitschrift *Der Teutsche Merkur* unter dem Titel: ‚Briefe aus Rom, über neue Kunstwerke jeztlebender Künstler'. Es handelt sich um den dritten Brief einer Serie, die 1785 begann mit einem Beitrag über Angelika Kauffmann und fortgesetzt wurde mit einer Abhandlung über die Landschaftsmalerei in Rom.[27] Der dritte Brief, datiert vom Februar 1786, berichtet vom sensationellen Interesse des Publikums für Davids großes Gemälde, das 1785 in seinem Atelier in der Casa Costanzi unweit der Piazza del Popolo in Rom ausgestellt wurde.[28] Tischbein schildert das allgemeine Interesse am neuen Gemälde und schreibt ausdrücklich, dass sich nicht nur »Künstler, Liebhaber und Kenner« einfänden, sondern auch »das Volk« scharenweise herbeilaufe. Zudem versucht Tischbein, die besonderen kollektiven Verhaltensweisen der verschiedenen Nationalitäten miteinander zu vergleichen.

Tischbein, geboren 1751 als Sohn eines Schreiners in Hessen, gelangte 1779 erstmals nach Rom und lernte während eines weiteren Aufenthalts Jacques-Louis David kennen, der im Oktober 1784 wieder in Rom eintraf, wo er schon von 1775 bis 1780 als Stipendiat war.[29] In den Erinnerungen schreibt Tischbein von seinem Besuch in Davids Atelier und dem »eiskalten Schauer«, den das Gemälde auslöste.[30] Über die Sensation, die in Rom entstand, als David sein Atelier dem Publikum überließ und sich nach dem Beispiel von Apelles entfernte, schrieb der begeisterte Tischbein:

> Wenn je ein Bild Aufsehen gemacht hat, so war es dieses. Es war viele Tage hindurch wie eine Prozession! Fürsten und Fürstinnen fuhren hin, um es zu sehen; Kardinäle und Prälaten, Monsignori und Pfaffen, Bürger und Arbeitsleute, alle eilten hin. Da jeder Römer gewöhnt ist, von Jugend auf Bilder in den Kirchen zu sehen, so bildet sich sein Geschmack. Nun kamen diese Leute in den Wirtshäusern zusammen. Der eine sagte: ‚Das Bild ist besser als Raphael'; der andere: ‚Es ist nichts gegen Raphael!' Bei der Erhitzung durch den Wein kam es zu Schlägereien und Dolchstichen. Und so stritten sich Gebildete und Ungebildete, Gelehrte und Ungelehrte, Kenner und Nichtkenner über den Wert des Bildes.[31]

Tischbein hebt den hitzigen Enthusiasmus des Publikums in Rom hervor, zu dem er auch das Volk zählt, dessen gute Geschmacks- und

Urteilsbildung ausdrücklich erwähnt werden. Der Maler aus Deutschland staunt über die Leidenschaftlichkeit der Parteinahmen:

> Nicht nur die Künstler, Liebhaber und Kenner, sondern selbst das Volk läuft truppweise vom Morgen bis zum Abend herbey, es zu sehen. Der Enthusiasmus ist allgemein; man muss mit oder wider Willen sich zu einer Parthey schlagen, es ist Niemandem erlaubt, seine eigene Meynung dabey zu haben; das bescheidene Urtheil, das Gute gut, und das Mittelmässige mittelmässig zu finden, gilt hier nichts. Im hiesigen Publico wird eine Sache entweder himmelan erhoben, oder mit einem Machtspruch unter das elendeste Zeug herabgeworfen; und eines von beyden hört man, indem man in Gesellschaften, auf Kaffeehäusern, auf den Strassen, von nichts als von David und den Drey Horaziern reden hört.

Tischbein schließt mit einer Bemerkung über die »außerordentliche Gährung«, die das Gemälde im römischen Publikum verursachte und prophezeit, dass es in Paris nicht anders sein werde:

> Die Urtheile des hiesigen Publikums sind sonderbar, und nichts ist so verschieden, als das Urtheil derjenigen, welche als Künstler oder Liebhaber die höchste Stufe des Richterstuhles behaupten. Die Französischen Künstler mit ihrer Parthey werden nicht müde, die drey Horazier über alles zu erheben, was in modernen Zeiten jemals gemacht worden.[32]

In einem Brief vom 8. August 1785 an den Marquis de Bièvre berichtete David vom großen Interesse in Rom für sein Gemälde:

> Ich muss Sie, Herr Marquis, in Kenntnis setzen über den unerwarteten Erfolg meines Gemäldes, da bekanntlich das römische Volk Mühe hat, einem französischen Maler einen Verdienst zuzugestehen. Doch dieses Mal haben sie sich als gutherzig erwiesen, und es gab einen großen Zulauf zu meinem Gemälde, der fast ebenso zahlreich war wie der zur Komödie Le Séducteur – [Der Verführer].[33] Welches Vergnügen wäre es für Sie, die Sie mich lieben, dabei gewesen zu sein, und ich schulde Ihnen wenigstens die Beschreibung. Zuerst haben die fremden Künstler begonnen, danach die Italiener und durch die übertriebenen Lobsprüche, die sie äußerten, hat es der Adel erfahren. Dieser ließ sich in

> Mengen herführen, und man spricht in Rom über nichts anderes mehr als über den französischen Maler und die Horatier. Diesen Morgen bin ich mit dem venezianischen Gesandten verabredet. Die Kardinäle wollen dieses rare Tier sehen und lassen sich alle zu mir fahren, und da man weiß, dass das Gemälde unverzüglich abtransportiert werden muss, beeilt sich jeder es zu sehen.[34]

Der Künstler äußert sich so über das begeisterte Publikum in Rom und hält dabei die gesellschaftliche Distinktion in seiner Beschreibung ein. Die Reihenfolge ist aufsteigend: zuerst kommen die befreundeten französischen Künstler, dann die italienischen Kollegen, darauf der Adel, dann der Gesandte Venedigs, die Kardinäle, und nur der krönende Abschluss fehlt, doch selbstverständlich konnte der Papst nicht einen Künstler im Atelier besuchen (das war erst bei Canova und Thorvaldsen möglich). Die Angaben Davids über das Publikum, das sich für sein Bild interessiert, weichen von Tischbeins Bericht insofern ab, als er die Bürger und Arbeiter nicht berücksichtigt. Tischbein erstellt eine selektive Schilderung für die gebildeten Leser in Deutschland, und David richtet sich auf den Briefempfänger aus, der dem mittleren französischen Adel angehört.

1800 publizierte David anlässlich der Ausstellung seines riesigen Gemäldes *Die Sabinerinnen* im Louvre eine Broschüre, weil er sich gegen den Vorwurf der unverschämten Bereicherung verteidigen musste.[35] Der Maler rechtfertigt sich mit der Tradition der Ausstellungen im Altertum und mit den neueren Beispielen von Benjamin West und John Singleton Copley in England. Eine Ausstellung gegen Entgelt zu veranstalten, stellt David als natürliches Recht des Künstlers und ein für alle Seiten vorteilhaftes Unternehmen dar. Erstens erlangt der Künstler Freiheit und Selbstbestimmtheit, die Unabhängigkeit von einem fürstlichen oder kirchlichen Auftraggeber. Zweitens wiederholt David das Apelles-Alberti-Argument, die Belehrung des Künstlers durch das Publikum. Drittens bewahrt das Eintrittsgeld die Künstler vor Elend und Prostitution und schützt die Kunst vor der Privatisierung und dem Export. Schließlich seien die Einkünfte aus der Ausstellung für einen Künstler ebenso ehrenhaft wie die Tantiemen für Dichter und Musiker. David verbeugt sich vor dem Publikum und versichert es seiner höchsten Ehrerbietung:

> Ich selbst kenne keine größere Ehre als die, das Publikum zum Richter zu haben. Ich fürchte von seiner Seite weder Leidenschaft noch Parteilichkeit, Seine Belohnungen sind freiwillige

Spenden, die seinen Geschmack für die Kunst beweisen. Sein Lob ist ein freier Ausdruck des Vergnügens, das es erlebt, und solche Belohnungen wiegen ohne Zweifel diejenigen aus der Zeit der Akademie auf.[36]

Davids Kniefall vor dem Publikum ist etwas verdächtig, umso mehr als er noch beteuert, die schmeichelhafteste Belohnung für ihn sei, wenn das Publikum sich einstelle, um sein Gemälde zu genießen und er die jungen Künstler zur Nachahmung ermutigen könne für den Fortschritt der Kunst und zur Hebung der Moral. Doch gibt es gleichzeitige Befreiungen vom Fürstendienst und Unterwerfungen unter das Publikum, wie etwa von Asmus Jakob Carstens, der sich nur gegenüber der Menschheit und Gott verpflichtet sah, oder Friedrich Schiller, der als »freier Weltbürger« nur das Publikum als Adressaten und alleinigen Richter anerkannte.[37]

Ein aufschlussreiches Dokument für Davids bewunderndes Publikum lieferte Louis Léopold Boilly mit dem Gemälde *Das Publikum betrachtet Davids Krönung Napoléons im Louvre* (Abb. 13).[38] Die meisten der zahlreichen Zuschauer sind in Rückenansicht gegeben. Der Mann im Profil links hat einen Katalog mit Key Plate vor sich und

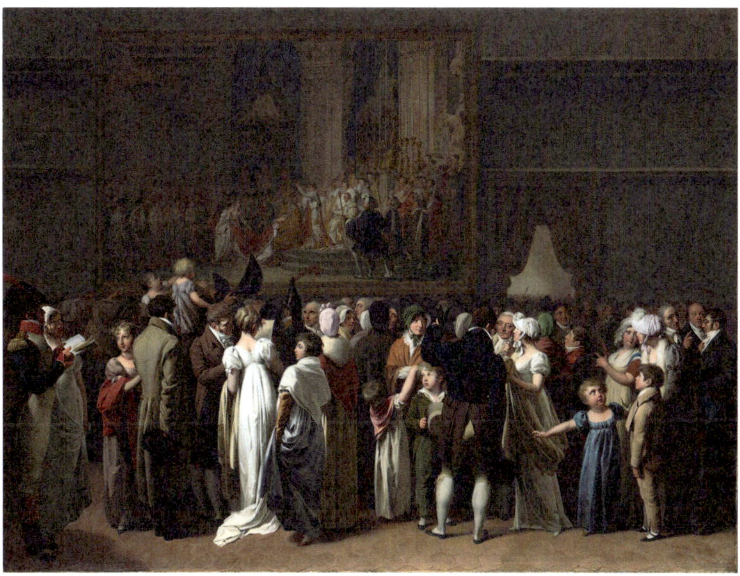

13 Louis-Léopold Boilly,
Das Publikum betrachtet Davids Krönung im Louvre, 1810

übermittelt seiner Partnerin und der sich umwendenden jungen Frau die Namen der Dargestellten. Auch die Frau in weißem Kleid und ihr Partner studieren den Key Plate, während eine männliche Rückenfigur Erläuterungen abgibt, wie am erhobenen Zeigefinger zu erkennen ist. Eine junge Frau reckt einen Zeigefinger zum Fragegestus, ebenso ein junges Mädchen im blauen Kleid, das zu einem etwas älteren Knaben aufschaut. Eine Gruppe von Männern, zu denen sich der Maler gesellt hat, schließt rechts die Komposition ab. Zu Davids riesiger Darstellung der Zeremonie in der Kirche Notre Dame werden zwei Kinder emporgehoben und Hüte werden zum Gruß geschwenkt, wie wenn die gemalten Personen leibhaftig präsent wären. In diesem Gemälde findet sich keine Spur von Boillys großer Neigung zum Karikieren des Publikums, wie sie in seinen Darstellungen von Männern und Frauen, die um den Einlass in ein Theater kämpfen von 1819, oder von dichtgedrängten Männern und Frauen im Paradies eines Theaters in den späten 1820er Jahren zum Ausdruck kommt. Mit seiner Lithographie *Les amateurs de tableaux – Die Liebhaber von Gemälden* (Abb. 14), die in die 1820er Jahre datiert wird, liefert Boilly die Kunstfreunde dem Spott aus. Sechs Köpfe sind hier eng zusammengedrängt, die beiden Hutträger sind von ausgesuchter Hässlichkeit, besonders im Kontrast zum weiblichen Gesicht, dessen Schönheit aber nur von der Nasenwurzel an aufwärts zu erahnen ist. Die lächerlichen Attribute Lupe und Brille fehlen nicht, und witzigerweise ist vom Objekt der Kunstbegeisterung nichts zu sehen. In seiner umfangreichen Sammlung von Karikaturen *Recueil des Grimaces*, zu der dieses Blatt gehört, hat Boilly die Komposition von Köpfen und die Verzerrung der Physiognomien zwischen 1822 und 1828 dutzendfach wiederholt und abgewandelt.[39]

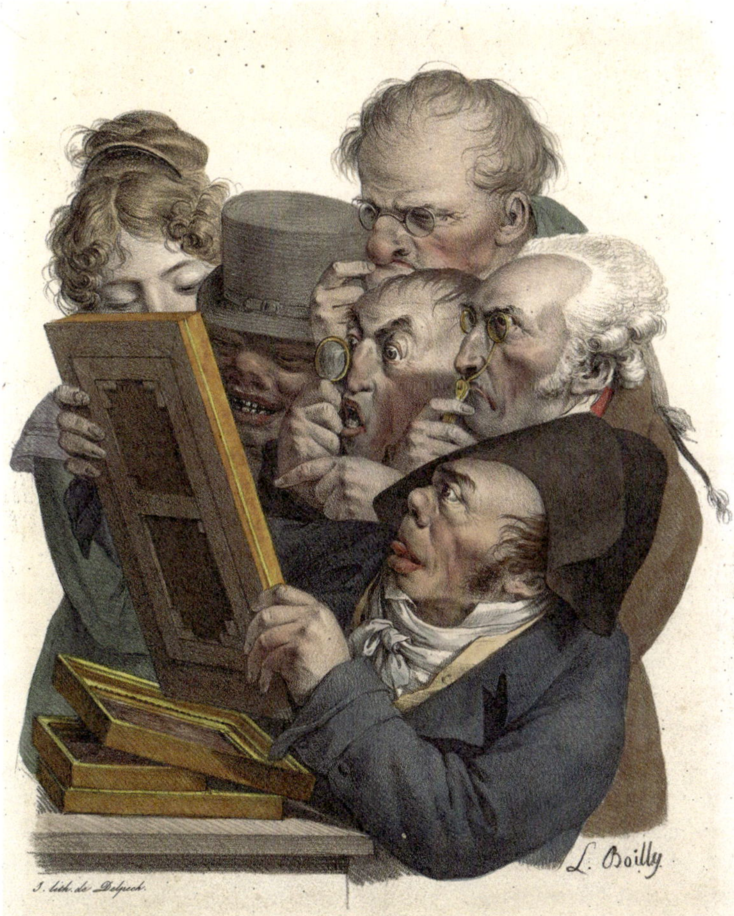

14 Louis-Léopold Boilly,
Les amateurs de tableaux, 1823–1828

Genuss, Bildung und Erhöhung

Der sich mit der Aufklärung im 18. Jahrhundert verstärkende Druck zur Öffnung der fürstlichen Sammlungen für ein weiteres Publikum als das adlige und gelehrte ist in Umrissen bekannt.[1] Die Exklusivität des Zugangs zu einer Galerie kann ein Täfelchen (Abb. 15) aus Wien illustrieren. Im ersten Raum heißt der Hausherr einen vornehm gekleideten Besucher willkommen, während ein zweiter die Gemälde bewundert. Diese sind wie üblich nach Gattungen symmetrisch in Bezug auf den mit einem Vorhang geschmückten Haupteingang an der Wand verteilt. Die Porträts sind genealogische Dokumente, und die Prospekte von Städten verweisen auf geschäftliche, höfische oder militärische Beziehungen. Vom Vorraum aus, wo sich zwei weitere Besucher von Stand aufhalten, ist die räumliche Erstreckung der Parkanlage sichtbar. Die Beschriftung auf der Rückseite des Täfelchens lautet: »Aquarell, gekauft in Berlin 1859 (G. Fr. d'a) vorstellend einen Bilder Saal des Belvedere-(Palais des Prinzen Eugen von Savoyen) zu seinen Lebzeiten.«[2] Demnach soll ein Teil der Sammlung des berühmten Prinzen Eugen von Savoyen abgebildet sein, aber vielleicht handelt es sich um die Ansicht einer fiktiven fürstlichen Kunstsammlung mit adligen Besuchern, denen die Besitzer gerne ihre Schätze aufschlossen um sich für Reichtum und Kennerschaft bewundern zu lassen.[3] Unter Maria Theresia begann die Transferierung der bisher privaten kaiserlichen Kunstsammlungen in den Palast des 1736 verstorbenen Eugen von Savoyen und wurden dem Publikum zugänglich gemacht.[4] Trotz der sonst reichen Literatur zu den Museen in Wien weiß man noch wenig über den Zutritt und die Öffnungszeiten.[5]

Die Öffnung der privaten Kunst- und Wunderkammern unter Wahrung der Eigentums- und Besitzrechte wird den Untertanen als Akt der gnädigen Herablassung angekündigt und von ihnen gepriesen. 1787 erschien ein Katalog der Münchner Hofgartengalerie, verfasst

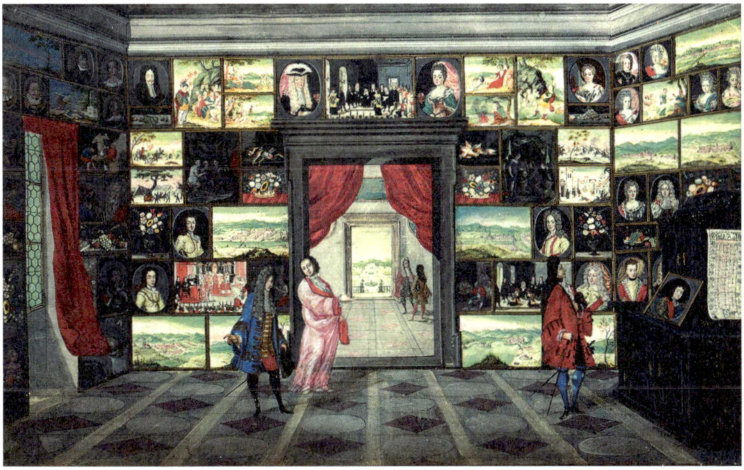

15 Anonym, *Adlige Besucher in der Galerie des Prinzen Eugen im Schloss Belvedere in Wien*, 18. Jh.

vom ersten Direktor, dem »wirklichen churfürstlichen Hofkammerrath etc.« Joseph Nep. Edler von Weizenfeld, der im Vorwort für die »Verehrungswürdigsten Freunde« untertänigst seinen Dank an den Fürsten formuliert:

> Nimmer können wir unserem Durchlauchtigsten Fürsten für seine edle, und wahrhaft väterliche Denkungsart würdig danken, die ihn keine Kosten scheuen liess, diese theuersten Muster zu sammeln, um jedem, der nur Lust hätte, den freyen Weg zur Bildung nach den ersten Meistern zu bahnen, und seine Kinder Wohlthaten geniessen zu lassen, derer nie unsere Väter genossen.[6]

Die Aufklärer in Frankreich und Deutschland bauten Druck auf, indem sie die Privatisierung der Werke in fürstlichen Sammlungen als Widerhandlung gegen das Menschenrecht der Teilhabe an den Kunstwerken und gegen das Allgemeinwohl brandmarken.

Im Band *Tempel der Kunst* von 2015, der Essays zur Frühzeit des öffentlichen Museums in Deutschland versammelt, werden die Zugangsbedingungen zu den neu für das Publikum geöffneten

Galerien erörtert. Überall war im 18. Jahrhundert der Zutritt zu den Galerien und Sammlungen eingeschränkt, sodass die Rede von öffentlichen Museen allenfalls eine Absicht beschwört. Beispielsweise konnten wohlhabende Reisende, Künstler und Prominente von Denis Diderot und Joshua Reynolds bis zu den Brüdern Humboldt die Düsseldorfer Gemäldegalerie besuchen.[7] Der Zutritt war eine Gunst des Fürsten, nicht ein Recht des Publikums. Überall waren die Öffnungszeiten begrenzt, und im Winterhalbjahr blieb eine Gemäldegalerie wie die in Dresden geschlossen. Für die Königl. Galleries Sciences in Dresden gibt es 1718 eines der ersten Besucherreglemente überhaupt, aber noch keines für die Gemäldegalerie, obwohl diese Besucher empfing, wenn sie ein Eintrittsgeld entrichteten und an der kostenpflichtigen Führung durch den Galerieinspektor teilnahmen.[8] Den Künstlern wurde fast überall freier Zugang zum Studium und zum Kopieren gestattet, doch auch dem jungen Johann Joachim Winckelmann gewährte man den ungehinderten Aufenthalt in der Galerie über den geheimen Eingang des Galerieinspektors.

1699 schrieb der Generalintendant der Königlichen Gebäude und Protektor der Akademie in Paris, er habe dem König den Wunsch der Mitglieder vorgetragen, den alten Brauch der Ausstellung zu erneuern, um das Urteil des Publikums zu erfahren und um unter den Künstlern die löbliche Herausforderung zu pflegen, die für den Fortschritt der Künste unabdingbar sei. Allerdings hörten die Akademiker nur auf die Meinung der ausgewählten »amateurs honoraires«, und ihre Verbeugungen gelten nur dem »public éclairé«.[9] Louis XIV. erlaubte huldvoll die Ausstellung der Werke in der »grande Gallerie« des Louvre und gab Anweisung zur Dekoration mit kostbaren Tapisserien usw., worin auch François Girardons *Büste Alexanders des Großen* einbezogen wurde. Den oben erwähnten Verdacht von Fréart de Chambray, dass die Künstler zum Dank für ihre Zuwendung zum Publikum nur Lob und Schmeichelei erwarten, bestätigt ein Bericht zum Salon im *Mercure de France*, der die Vorteile gegenüber der früheren eintägigen Präsentation der Werke im Hof des Louvre hervorhebt und gleich auch die Überlegenheit der französischen Nation ausspielt. Mit »peuple« bzw. »Volk« ist nicht das gemeine Volk gemeint, sondern die durch Adel oder Bildung Privilegierten:

> Das Volk hat mit dem Auftreten bewiesen, dass ihm die Ausstellung so vieler Meisterwerke, die von den Fremden bewundert werden, Vergnügen verschafft, und alle sind sich einig, dass nur Frankreich fähig ist, solche Wunderwerke hervorzubringen.[10]

An den Livrets des Salon in Paris, lässt sich gegen die Mitte des 18. Jahrhunderts verfolgen, wie die Académie royale de peinture et de sculpture dem gebildeten Publikum schmeichelt und seinen Forderungen nachkommt. Im Livret von 1742 werden zuerst die Vorteile des noblen Wetteifers unter den Künstlern, dann die Bedeutung des aufgeklärten Publikums – »le Public éclairé« hervorgehoben:

> Wie der Beifall des aufgeklärten Publikums jeder Art von Arbeit den richtigen Wert zuerkennt, so formt sich sein [des Künstlers] Ansehen durch die Bündelung des Beifalls.[11]

Zudem wird erklärt, es ließe sich kein besseres Mittel wählen, um das Publikum zu einem gerechten Urteil zu befähigen, als die Ausstellung, die einen Vergleich ermöglicht. Für den Salon von 1751 verlangt das Publikum höchst ungeduldig den unverzüglichen Druck des Livret mit den Beschreibungen und Erläuterungen der Werke. Man nahm eine neue Hängung vor, nummerierte die Werke und stellte das nach Nummern geordnete Livret zur Eröffnung bereit.

Für die Sprösslinge des englischen Adels und der begüterten Bürger galt der Grand Tour, die Bildungsreise zum Festland, als geeignet zur Bildung des Kunstgeschmacks. Die jungen Herren wurden meist standesgemäß begleitet und konnten seit dem 17. Jahrhundert auch gedruckte Reiseführer nutzen. Auf die englischen Grand Tourists folgten Holländer, Franzosen, Deutsche und Schweizer für die Bildungsreise oder Kavalierstour bis ins 19. Jahrhundert.[12] Die Grand Tourists, die Pferde, Knechte, Unterkünfte, Verpflegung und Fremdenführer brauchten, wurden zu einem wichtigen speziellen Kunstpublikum in Italien.

Unter den gedruckten Reiseführern, die den Engländern zur Orientierung dienen, war das 1670 in London bzw. Paris posthum erschienene zweibändige Buch des Priesters Richard Lassels *The Voyage Of Italy* besonders beliebt. Es unterrichtet über den Charakter des italienischen Volkes, leitet zu den Städten und ihren Baudenkmälern und enthält auch praktische Informationen zur Reise.[13] Im zweiten Band werden besonders ausführlich die Gebäude in Rom besprochen. Bei der Villa Borghese nennt der Autor die Lage außerhalb der Stadt, den Park mit den Bäumen, Grotten und Statuen, um dann zur Villa zu kommen, deren Äußeres beschrieben und die große Halle mit den Statuen und den Gemälden erfasst werden. Ausführlich notiert der Autor seine Bemerkungen über die Werke von Gian Lorenzo Bernini, und schreibt über dessen Gruppe *Apoll und Daphne* (siehe oben Abb. 9) das Folgende:

> Dann die Statue von Daphne, und Apollo in Alabaster; Apollo rennt Daphne hinterher, und sie, die eingeholt wird, erstarrt zu einem Baum: ihre Finger, die zu Ästen ausschlagen, und ihre Zehen zu Wurzeln, sind bewundernswert gut gemacht. Es muss Berninis Arbeit sein.[14]

Die knappe Beschreibung, die bei der Materialangabe falsch liegt, gibt die Namen, das Thema und erkennt den Künstler an der großen Kunstfertigkeit. Solche Informationen leiten die Wahrnehmung der Besucher, ermöglichen die Verständigung untereinander und füttern die Konversationen nach der Rückkehr. Der Autor führt über S. Maria del Popolo zu den Gebäuden am Corso, und hält sich besonders lange bei der Kirche und dem Konvent der reuigen Prostituierten auf, wobei er betont, dass die Frauen sich hier freiwillig in den Konvent begeben und in echter Reue ihr Glück finden im Gegensatz zu Amsterdam, wo sie eingesperrt und körperlich gezüchtigt werden. Er zitiert auch die Reaktion eines Holländers: »Oh aber, sagte mir ein Holländer, der Papst lässt Huren in Rom zu.«[15] Über Seiten ziehen sich Verteidigung und Beschuldigung hin: der Papst lasse die Prostitution nicht mehr zu als Holland die Trunkenheit, die wohl eine größere Sünde sei als die Hurerei, weil sie Wollust und Ausschweifung mit sich führe, und im Übrigen seien Lügen erzählt worden von jenen, die gegen den Papst eifern und behaupten, er erhebe Steuern auf beide Laster. In Wahrheit lasse der Papst junge Mädchen bei den Dominikanern von S. Maria sopra Minerva erziehen bis sie sich verheiraten oder in ein Kloster eintreten, damit sie nicht aus Armut der Lust reicher Männer zum Opfer fallen. Der Priester Lassels bespricht über zehn Seiten lang die Frage der Prostitution in Rom und den päpstlichen Maßnahmen, um die jungen englischen Grand Tourists vor sexuellen Abenteuern zu warnen, liefert aber dazu verwertbare Informationen.

Beim Besuch der Palazzi und der Sammlungen begegnet Lassels offenbar keinen Schwierigkeiten. Er schildert, wie er einfach den Hof des Palazzo Farnese betritt, zum Piano nobile hinaufsteigt, die Statuen, die *Sala dei Fasti Farnesiani*, die *Galleria* des Annibale Carracci, die Gemäldesammlung bewundert und dann unten in einem kleinen Hinterhof zum berühmten *Farnesischen Stier* gelangt In den Palazzo Spada geht der Autor ebenfalls ohne weiteres hinein und besichtigt die exquisiten Gemälde.[16] Üblicherweise besaßen die Grand Tourists

Empfehlungsschreiben und wurden gegen Entgelt von einem Cicerone – Antiquar, Connaisseur oder Künstler – zu den Palästen und Sammlungen geführt.[17] An Rom schließt Lassels Reiseführer Neapel an, um zur Rückreise über Rimini und Padua nach Venedig zu geleiten. Hier erfährt man, dass der Zutritt zum Arsenal das Ablegen der Waffen forderte.[18]

Verbreitet war auch der in englischer und französischer Sprache mehrfach aufgelegte illustrierte Reiseführer von François Maximilien Misson, einem aus Frankreich emigrierten Hugenotten, der von 1687 bis 1688 die Brüder James und Charles Ormond, Enkel des James Butler, ersten Herzogs von Ormond, auf ihrem Grand Tour durch Holland, Deutschland und Italien begleitete.[19] Im Vorwort der französischen Ausgabe bittet der Autor den Leser in Bezug auf seine Äußerungen über Land und Leute von Italien zu unterscheiden zwischen seriösen Aussagen und dem *on dit*, den oftmals falschen Gerüchten.[20] Im Vorwort empfiehlt Misson den Reisenden in Italien Zurückhaltung vor allem in Bezug auf Politik, Intrigen und Korruption. Er meint, dass die Bibliotheken im Allgemeinen zugänglicher seien als die Kabinette der Fürsten, dennoch werde man die Rara-Bestände nicht ohne eine gewichtige Empfehlung und einen »teston«, einen Obolus, zu sehen bekommen. Als Beispiel erwähnt er, dass er in der Biblioteca Ambrosiana in Mailand die Aufzeichnungen über die Päpstin Johanna zu sehen wünschte, was ihm verweigert wurde, weil er als Hugenotte den Verdacht erregte, der katholischen Kirche schaden zu wollen.[21]

Misson meint, die Mehrheit der jungen Leute, die von den Eltern auf die Reise nach Italien geschickt werden, seien Kinder ohne Geschmack und Urteilsvermögen, die nur essen, schlafen und sich vergnügen wollen; aber es gebe andere, die mit aller Energie sich bilden und alle Bücher verschlingen, um über die Städte genau informiert zu sein. Das sind die Leser, die er sich wünscht.[22] Im vierten Band gibt der Autor über mehrere Seiten praktische Hinweise für die Reise, Informationen über die Kosten für die Passagen und die Verhandlungen mit Fuhrleuten.[23] Für eine akzeptable Karosse mit zwei guten Pferden bezahlt der Autor 14 Pistolen (Goldmünzen), nicht ohne anzumerken, dass in einer anderen Saison schon mit 12 oder 10 Pistolen auszukommen wäre. Die Monatsmiete eines Palazzo in Rom kommt den Autor auf 20 Piaster zu stehen, also ungefähr auf 6 Pfund Sterling. In Rom, wo sich viele Diener anbieten, soll der Tourist Einheimische bevorzugen, die sich auskennen, noch besser sei es allerdings, die Empfehlungen von Freunden zu befolgen. Misson nennt die üblichen Vergütungen für Diener (»Valets«) und Reitknechte

(»stafieri«). Für einen kurzen Aufenthalt von zwei oder drei Monaten in Rom empfiehlt der Autor:

> Vor allem muss man seine Zeit mit einem guten Kenner der Altertümer einteilen, um die hauptsächlichen Sehenswürdigkeiten dieser berühmten Stadt zu besuchen.[24]

Misson empfiehlt, mit Fremden ein Publikum zu bilden, um die Sehenswürdigkeiten zusammen zu besuchen, was mehr Vergnügen verschaffe, weil man mehr sehe als ein einzelner. Der Autor gibt den wichtigen Tipp, sich mit einem Messbecher mit Markierungen für verschiedene Maße und einer langen gewachsten Schnur mit Knoten auszurüsten, um die Mengen, die Längen, die Höhe der Türme und den Durchmesser der Säulen schnell messen zu können. Zu den Tipps gehört, dass man zu Fastenzeiten eine Dispens für den Verzehr von Fleisch erhalte. Für die Reise nach Neapel wird vor Betrügereien gewarnt. Es wird empfohlen, mehrere Ferngläser (»lunettes d'approche«), für größere Entfernungen oder für die Betrachtung von Gemälden, Statuen, Inschriften und architektonischen Dekor, mit sich zu führen. Über die Kosten einer Italienreise äußert sich der Autor nicht präzise, aber deren Dimension lässt sich erahnen, weil er vor allem den Eltern der Reisenden rät, für diese Reise, die man einmal im Leben absolviere, es auf einige Tausend Kronen (»écus«) nicht ankommen zu lassen.[25]

Die Sehenswürdigkeiten und Kunstwerke behandelt Misson nur als Empfehlung, was die Reisenden sehen oder besuchen sollen. So heißt es über die Werke Berninis in der Villa Borghese (die hier zum Vergleich aufgeführt werden):

> David mit der Schleuder gegen Goliath, Aeneas, der Anchises wegträgt & und die Verwandlung der Daphne sind drei moderne Stücke des Cavaliere Bernini, die es verdienen, im Rang den vorigen [d. h. der Antiken] gleich gestellt zu werden.[26]

Das Wichtigste ist, dass die Werke Berninis den Paragone mit den zuerst erwähnten antiken Statuen bestehen, und die Anmerkung (a) rühmt *Apoll und Daphne* als eines der vollkommensten Werke in Italien: der Apollo von natürlicher Schönheit sei im kraftvollsten Alter, weder feminin noch muskulös. In der Villa Ludovisi zeigt man einen versteinerten menschlichen Knochen, versteinerte Früchte, Blumen und Tiere aller Art, auch ein Kind, das im Mutterleib zu Stein wurde, was der Autor kommentiert mit: »das soll glauben wer will«.[27] Im

Anschluss an eine Predigt über die Hl. Maria Magdalena vergleicht Misson die Prostituierten von Rom und Venedig und erwähnt die vergeblichen Anstrengungen, ihre Anzahl zu reduzieren.[28]

Ein aufschlussreiches Dokument über die englischen Grand Tourists als fiktives Publikum in der berühmten Tribuna in den Uffizien (Abb. 16), der Galerie des Großherzogs der Toskana, Leopold II. von Habsburg-Lothringen, erstellte Johann Zoffany von 1772 bis 1777 im Auftrag der englischen Königin Charlotte, der Gemahlin von George III.[29] Für die Ausführung des Gemäldes in Florenz wurde Zoffany mit der außerordentlichen Summe von 300 Pfund und mit Empfehlungsbriefen der Königin an den Großherzog ausgestattet.[30] Die Versammlung der englischen Gentlemen ist insofern fiktiv, als diese zwar alle den Grand Tour absolvierten, sich aber nie zur gleichen Zeit in der Tribuna aufhielten. Es finden sich nur zwei Jünglinge, von denen der eine, der Maler Charles Loraine Smith, die Gruppe *Amor und Psyche* zeichnet, während der andere, Richard Edgcumbe, späterer 2nd Earl of Mount Edgcumbe, ihm aufmerksam zuschaut. Zoffany quetscht die Abbilder von 22 Grand Tourists, Begleitern und einigem Personal der Uffizien in vier Gruppen zwischen die Meisterwerke der großherzoglichen Sammlung.[31]

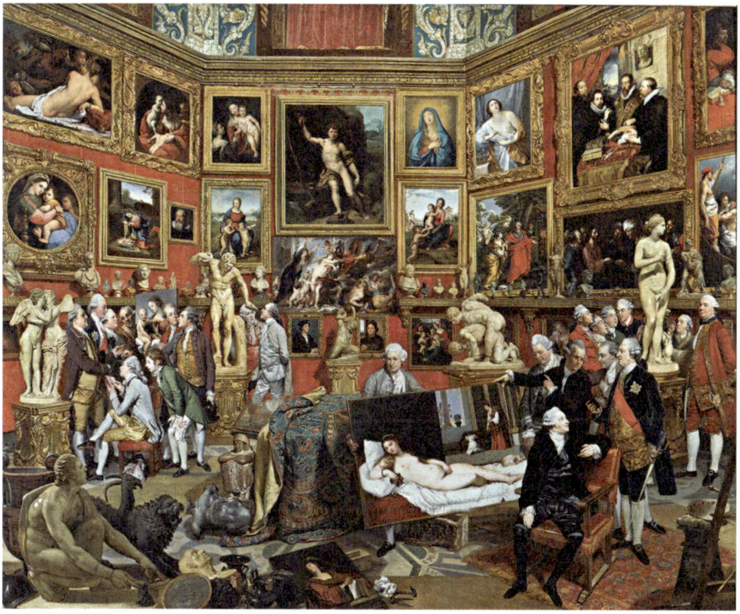

16 Johann Joseph Zoffany,
Die Tribuna in den Uffizien, 1772–1777

Zoffany nimmt in sein Gemälde auch Personen auf, die in Florenz leben, wie den britischen Konsul Sir Horace Man (stehend vorne rechts), oder den Kustoden der Galerie, Pietro Bastianelli (Tizians *Venus von Urbino* präsentierend), außerdem den Maler Thomas Patch (der den Daumen auf Tizians Gemälde hält).[32] Sich selbst porträtiert Zoffany halb versteckt in der Gruppe links hinten, wie er eine Madonna von Raffael zum Verkauf in die Höhe hebt.[33] Rechts davor sind George Legge (Lord Lewisham) in Ganzfigur und sein halb verdeckter Begleiter Mr. Stevenson zu erkennen.

Die gedrängte Versammlung der Grand Tourists mit den Meisterwerken der großherzoglichen Sammlung in Florenz gab Anlass zu dünkelhafter Kritik. Horace Mann beklagt die Unschicklichkeit, auch Leute von unbekanntem Rang in den Raum zu drängen, während die königliche Familie daran Anstoss nahm, dass eben dieser Horace Mann und der Maler Thomas Patch im Bild figurieren, weshalb die Königin die Aufnahme des Gemäldes in ihre Appartements verweigerte, wie der Maler Joseph Farington in seinem Tagebuch im Dezember 1804 festhält.[34]

Zoffanys Gemälde wird als Höhepunkt der beliebten Bildgattung *Conversation Piece* betrachtet, des Gesellschaftsstücks, zu denen die Darstellungen von adligen Familien, Dinner parties und ausgewählten Versammlungen zählen.[35] Zoffany zeigt mit der *Tribuna* das hochgestellte englische Publikum, das in den Uffizien den Glanz der Kennerschaft erhält. Wie im Fall der Darstellung der Akademiker der Royal Academy von 1772 stellt Zoffany eine fiktive Simultaneität der Personen in der Tribuna der Uffizien her und porträtiert alle so, dass sie leicht vom Publikum vor dem Gemälde zu erkennen sind. Zoffany inszeniert eine wechselseitige Erhöhung: mit den Kunstwerken steigert das adlige Publikum seine Bedeutung, und die Gentlemen sind blasiert genug, ihre Anwesenheit für eine Nobilitierung der Kunstwerke zu halten. Der im Vordergrund von Tizian abgewendete, breit auf dem samtenen Sessel thronende Hon. Felton Hervey, früherer Stallmeister der Königin, und der dekorierte Horace Mann zeigen Überheblichkeit in Haltung und Ausdruck, im Gegensatz zum Maler Thomas Patch und zum nebenstehenden Sir John Taylor. Einige Gentlemen, von denen einer sich einer *lunette d'approche* bedient, bewundern die *Medici Venus*, wogegen der berühmte Afrikaforscher James Bruce sich von ihr ab und dem Porträtisten zuwendet.

Zoffany wandelt die mit Gemälden, Skulpturen und Interessenten vollgestopfte Mediceische Kunstkammer in ein Warenlager um, was mit dem Durcheinander von Objekten und Antiquitäten links im

Vordergrund klar wird: ein Krater, eine griechische Skulptur, die etruskische Chimäre, Öllampen, Vasen und Krüge, ein griechischer Bronzetorso und die Büste von Julius Cäsar, schließlich das neben Hammer und Zange auf dem Boden liegende Gemälde *Sibylle* von Guercino. Der Großherzog kann die Umfunktionierung seiner Kunstkammer in ein Warenlager wegen Abwesenheit nicht wahrnehmen. Zoffany stellt die antiken Skulpturen und die vornehmsten italienischen Bilder virtuell zur Disposition der Engländer, die sie examinieren oder sich gelangweilt von ihnen abwenden. Zoffany enthüllt die englischen Gentlemen als Kunden im Warenlager, die sie für die erreichbaren Werke – Statuen und Gemälde – tatsächlich zu werden wünschen, denn die Italienreisen dienten selbstverständlich auch dem Kunsterwerb. Vor allem die englischen Grand Tourists nahmen bereitwillig, was man ihnen für ihr Geld überließ und brauchten deshalb »Connoisseurship«, um nicht betrogen zu werden. Alles diente der Ausstattung der englischen Adelssitze und der Sammlungen, und förderte das Interesse der oberen Gesellschaftsklasse an der Antike und an der italienischen Kunst.[36]

Das hohe Publikum nutzte den Auftrag als Gelegenheit, sich in großer Garderobe in Ganzfigur in adäquater Gesellschaft prominent porträtieren zu lassen. Fast gleichzeitig wie die Darstellung der Grand Tourists in der Tribuna der Uffizien entstand eine der bemerkenswertesten Repräsentationen der höchsten Fürsten Europas. Der französische Maler Bénigne Gagneraux zeigt die Begrüßung des schwedischen Königs Gustav III. durch Papst Pius VI. 1782 in der Antikensammlung des Museo Pio-Clementino (Abb. 17).[37] Seit Heiligabend hielt sich der schwedische König unter dem Namen Count of Haga in Rom auf, besuchte mehrmals den Vatikan, wohnte am Neujahrstag der Papstmesse in der Sixtinischen Kapelle bei und begab sich danach mit Gefolge ins Museo Pio-Clementino. Der Papst ließ in der Galerie ein angeblich zufälliges Zusammentreffen mit dem lutheranischen Monarchen arrangieren, wovon die römische Presse berichtete.[38]

Die Personen der höchsten Prominenz sind zur vollen Sicht- und Erkennbarkeit in die erste Reihe gestellt, choreographiert in »line formation«, wie das heißt. Dahinter öffnet sich der Raum in die nach dem Vorbild des Pantheons erbaute Sala Rotonda. Der Verpflichtung, vor allem die Persönlichkeiten in der ersten Reihe würdig zu porträtieren, kommt Gagneraux getreulich nach, und ebenso genau gibt er die teilweise von ihren Standorten ins Bild versetzten Statuen der päpstlichen Antikensammlung wieder, allenfalls verändert er die Größe etwa beim *Apoll von Belvedere* in der Nische links, doch bei der Statue des *Ganymed* auf dem Postament rechts hält sich der Maler genau an das

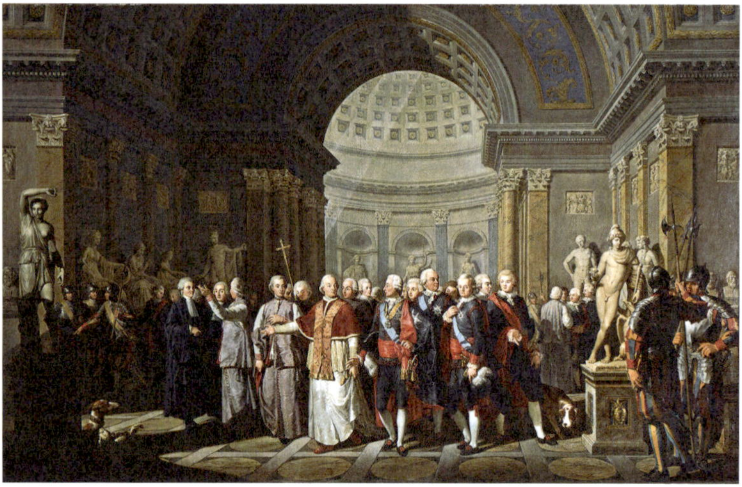

17 Bénigne Gagneraux,
König Gustav III. und Papst Pius VI. besuchen das Museo Pio Clementino, 1785

Modell. Auf die Parallelisierung von Personen und Statuen verzichtet Gagneraux bis auf eine kleine Ausnahme: der Prälat unterhalb von Apoll spiegelt dessen Armgestus, ist aber vollständig bekleidet und perückisiert, während der Gott in antikischer Natürlichkeit locker dasteht. Der Prälat spricht zu den beiden Visconti-Brüdern in schwarzen Soutanen, den Söhnen des Präfekten der Altertümer, Giovanni Battista Visconti, die beide wichtige Funktionen im Vatikan erhalten werden. Der König von Schweden richtet seinen Blick auf den in Purpur, Weiß und Gold prangenden Papst, der ihn zur Besichtigung einlädt, und der offiziell kostümierte schwedische Hofstaat blickt interessiert umher. Im Mittelgrund rechts ist ein Prälat von hinten zu sehen, der mit schwedischen Besuchern ein Gespräch führt. Auffällig ist die Anwesenheit von bewaffneten und gerüsteten Gardisten, die auf beiden Seiten die Gruppe der Vornehmen rahmen.

Gagneraux lehnt sich für die Präsentation von Papst und König mit Gefolgen unter Skulpturen an Raffaels *Schule von Athen* an, die fiktive Versammlung von antiken Philosophen, ändert aber die Komposition. Bei Raffael schreiten die Philosophen Platon und Aristoteles aus dem Hintergrund heran, Gagneraux rückt dagegen seine Hauptpersonen zur Steigerung ihrer Bedeutung und Sichtbarkeit an den vorderen

Bildrand. Gleichwohl dient die Anlehnung an Raffael dazu, das Treffen von Papst und König zu nobilitieren. Die Mittel, die Gagneraux zur Präsentation prominenter Persönlichkeiten einsetzt, sind: Aufreihung der Personen in ganzer Figur, frontal im Vordergrund in »line formation«, Rangdemonstration mit den Kostümen, Zurücksetzung des Gefolges in die hintere Reihe.

Ende Januar 1785 zeigte Gagneraux das Gemälde für vierzehn Tage in seinem Atelier und erhielt großen Zulauf, danach wurde es im März im Vatikan und schließlich am Sitz des französischen Gesandten in Rom, Kardinal de Bernis, dem römischen Publikum präsentiert. Bevor es nach Stockholm ging, fertigte Gagneraux eine formatgleiche Kopie mit leicht veränderten Figuren für den Papst an, die 1798 von den Franzosen geraubt wurde.

Ein weiteres Beispiel eines *Conversation Piece* mit Kunstwerken ist das Gemälde *A Private View at the Royal Academy, 1881*, von William Powell Frith (Abb. 18). Dargestellt ist eine Vernissage der Royal Academy in London mit ausgewählten Gästen aus der gehobenen Londoner Gesellschaft: links frontal in voller Figur der erfolgreiche Schriftsteller Anthony Trollope, in der zweiten Reihe hinter der Frauengruppe der langjährige Premierminister, William Ewart Gladstone, vor der sitzenden Gruppe prominenter Ladies steht der Maler Sir Frederic Leighton, der einige Jahre später als erster Künstler zum Baron ernannt wird, und hier in die Nähe des Erzbischofs rückt. Die folgende Gruppe ist dominiert vom verzückten Dandy Oscar Wilde, dem ironischerweise eine Dame ihren Knaben zuführt. Frith schafft eine wunderbare Vorführung der Besucher dieser Vernissage in der Royal Academy, deren Bedeutung durch die gemeinsame Präsenz gegenseitig gesteigert wird. Die ausgestellten Gemälde sind gleichgültig, denn die einzigen, die ein Werk betrachten, sind Oscar Wilde mit Himmelsblick und ein anonymer Kahlkopf mit einer Lupe, der vom zylindertragenden Maler John Everett Millais beobachtet wird. Die Lupe war, bevor sie unmittelbar darauf das Attribut des Detektivs in der Baker Street wurde, das untrügliche Kennzeichen des peinlichen Kritikers, und den Künstlern daher stets ein Anlass zum Spott.

Von Friths Prominentenstück fertigte die Firma Henry Graves and Company 1885 eine Photogravüre im Großformat von 47,5 × 90,8 cm und bot einen lithographierten Key Plate an, auf dem 32 Personen namentlich genannt sind, aber kein einziges Gemälde bezeichnet ist. Zu den anonymen Figuren wird lapidar vermerkt: »Die übrigen Personen repräsentieren Ästhetizismus und Heldenverehrung, keine wirklichen Personen.«[39] In seiner Autobiographie von 1888 benannte Frith die »eminent persons« und beschrieb seine Kompositionsidee:

> Deshalb plante ich eine Gruppe, die aus einem wohlbekannten Apostel der Schönheit besteht, der umgeben ist von eifrigen Verehrern. Er soll im Begriff sein, seine Ansichten bereitwilligen Ohren zu erläutern, indem er sich für seine Notizen auf einige Bilder an den Wänden der Akademie bezieht.[40]

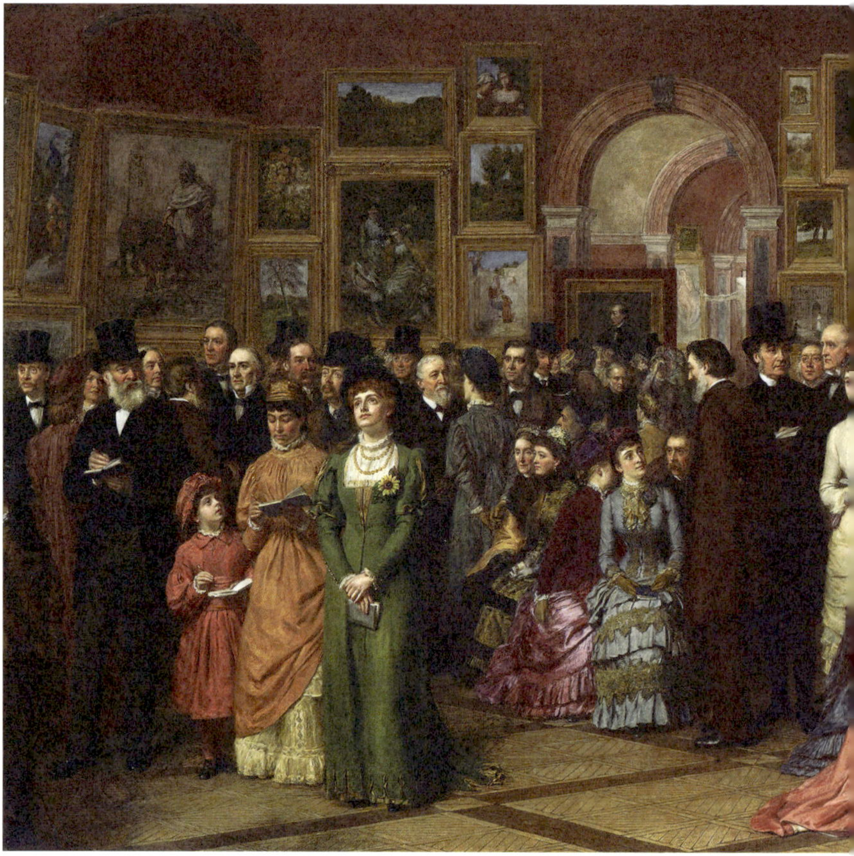

Frith weist so kurz auf Oscar Wilde hin und beschäftigt sich des längeren mit der Bereitschaft von »all these eminent persons«, sich im Atelier porträtieren zu lassen, was zu längeren Unterhaltungen über einzelne Personen und über den Patriotismus führt. Es war für Frith wichtig, von einem Gemälde zu erzählen, »das von der Bevölkerung eine breite Zustimmung erhielt.«[41]

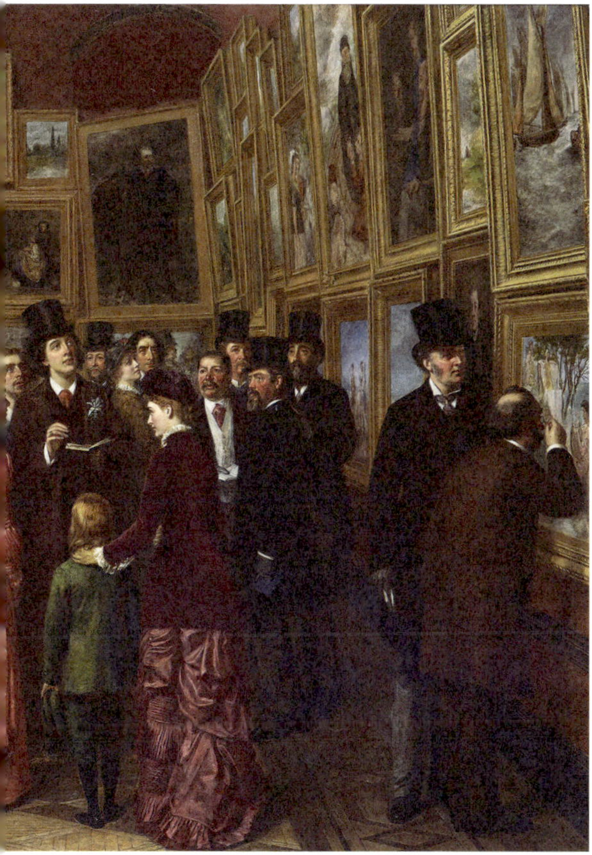

18 William Powell Frith, *A Private View at the Royal Academy, 1881*, 1883

Das fruchtbare Publikum

In der zweiten Hälfte des 18. Jahrhunderts unterstützten Aufklärer das Verlangen des Publikums nach Aufwertung und aktiver Teilhabe an der Kunst. Gotthold Ephraim Lessing hielt die Trennung des Publikums vom Haufen, die Dubos und Klopstock vertraten, nicht aufrecht. In seiner berühmten Abhandlung *Laokoon* von 1766 plädierte er für den »fruchtbaren Augenblick« in der Wahrnehmung von Kunstwerken. Es wurde nicht erkannt, dass Lessing ein Plädoyer für das »fruchtbare Publikum« hielt. Die Diskussion steckte in einer Nebensache fest, der Zuordnung der Körper zu den bildenden und der Handlungen zu den sprachlichen Künsten, was schon lange vor Lessing vorgenommen wurde.[1] Seit der Entdeckung am 14. Januar 1506 und der Identifizierung mit Plinius d.Ä. durch Giuliano da Sangallo und Michelangelo Buonarroti erhöhten Kopien und graphische Reproduktionen, die Romführer und die antiquarische Literatur stetig den Ruhm der Laokoon-Gruppe (Abb. 19) in der von der Antikenverehrung dominierten Kultur.[2] Die plastische Gruppe galt als technisches Wunder, Laokoons Kopf wurde zum Vorbild für den Ausdruck des Schmerzes und die drei Figuren gaben ideale Proportionen vor. Johann Joachim Winckelmann erhob Laokoon zum stoischen Exempel für »edle Einfalt« und »stille Größe«, der für Künstler, Kunstschulen und Kunsthistoriker für Jahrhunderte ein bevorzugtes Studien- und Forschungsobjekt blieb, während Gymnasiasten mit Lessings *Laokoon* traktiert wurden, bis sie sich vom »gelehrten Wahn« lossagten wie Paul Klee 1920:

> Bewegung, liegt allem Werden zugrunde. In Lessings *Laokoon*, an dem wir einmal jugendliche Denkversuche verzettelten, wird viel Wesens aus dem Unterschied von zeitlicher zu räumlicher Kunst gemacht. Und bei genauerem Zusehen ist's doch nur gelehrter Wahn. Denn auch der Raum ist ein zeitlicher Begriff.[3]

Der »gelehrte Wahn« verdeckte Lessings Umwertung des Publikums vom passiven Empfänger zum aktiven oder eben »fruchtbaren«.

Voraussetzungen für Lessings neue Auffassung waren seine Theatererfahrung und die neue Aktivität des Publikums in Ausstellungen. 1765 quittierte er den Dienst beim preußischen General Friedrich Bogislav von Tauentzien in Breslau und kehrte als Schriftsteller nach Berlin zurück. Als Verfasser von Theaterstücken konnte er das Publikum nicht ignorieren, noch bevor er 1767 für drei Jahre als Dramaturg an das Nationaltheater in Hamburg ging. Von daher kam seine Konzeption eines aktiven Kunstpublikums. Im 16. Kapitel von *Laokoon* behauptet Lessing, dass die »eigentlichen Gegenstände der Mahlerey« nebeneinander existierende Körper seien, während die Poesie mit den »artikulierten Tönen in der Zeit« Handlungen zu ihrem eigentlichen Gegenstand habe.[4] Einengend wirkt die Vorschrift, die Malerei könne und dürfe nur einen einzigen Augenblick einer Handlung darstellen, woraus Lessing folgert:

> Die Mahlerey kann in ihren coexistierenden Compositionen nur einen einzigen Augenblick der Handlung nutzen, und muss daher den prägnantesten wählen, aus welchem das Vorhergehende und Folgende am begreiflichsten wird.[5]

Der prägnante Augenblick ist jener, der eine Vielzahl von Merkmalen enthält, gemäß der Umschreibung der prägnanten Wahrnehmung von Alexander Gottlieb Baumgarten, dem Autor der *Metaphysica* von 1739.[6] Die Einschränkung der Malerei auf die Darstellung eines einzigen Augenblicks der Handlung, abgeleitet aus den Regeln des Dramas zu Zeit und Raum, wurde durch den Tadel bekannt, der in der Académie royale de peinture et de sculpture in Paris 1667 gegen Nicolas Poussins *Mannalese* vorgebracht wurde.[7] Der Vorwurf lautete, Poussins Darstellung entspreche nicht dem in der Bibel erzählten Ablauf. Der Referent Charles Le Brun versuchte aus dem Stegreif, die Unterschiede zwischen dem Erzählen und dem bildlichen Darstellen einer Handlung zu benennen:

> Monsieur Le Brun entgegnete darauf, mit der Malerei verhalte es sich anders als mit der Geschichte. Ein Historiker mache sich durch ein Gefüge von Worten und eine Folge von Diskursen verständlich. Diese formen ein Bild der Dinge, die er mitteilen möchte, und stellen eine Handlung, wie er sie sich wünscht, nacheinander dar. Der Maler jedoch hat nur *einen* Moment, in den er die Sache packen muss, die er darstellen möchte. Um aber darzustellen, was in diesem Moment geschieht, ist es bisweilen

> notwendig, viele Ereignisse, die vorausgingen, miteinzuschließen, damit man das Sujet, das der Darstellung zugrunde liegt, versteht. Denn ohne dies wären die Betrachter des Gemäldes ebenso mangelhaft unterrichtet, als wenn der Historiker statt der ganzen Geschichte nur ihr Ende erzählen würde.[8]

Das Argument des Verstehens durch die Betrachter nutzt Le Brun wieder in der Diskussion über die Mittel des bildlichen Ausdrucks, die der Malerei zur Verfügung stehen. Einer der Akademiker erinnert an die Freiheit der Dichter, mehrere Ereignisse unter Wahrung der Wahrscheinlichkeit zu einer Handlung zusammen zu fügen, und stellt die Behauptung auf, die Maler hätten noch mehr Gründe als die Dichter, diese Freiheit in Anspruch zu nehmen, weshalb man Poussin nicht vorwerfen könne, die Einheit der Handlung missachtet zu haben.[9] Statt die offensichtlich willkürliche Vorschrift aufzuheben, will die Akademie großmütig, den Malern eine Regelverletzung gestatten.

Nachdrücklicher als Le Brun setzte Lessing auf das Verstehen des Publikums. Der »prägnante« Augenblick, den der Maler wählen soll, ist derjenige, der es dem Publikum ermöglicht, Hergang und Fortsetzung der dargestellten Handlung zu verstehen und derart den Augenblick zu einem »fruchtbaren« für das Verständnis zu machen. Auf das Publikum weist Lessing ausdrücklich hin bei der Besprechung der Publikation des französischen Grafen Anne-Claude-Philippe, Comte de Caylus, der mit *Nouveaux sujets de peintre et de sculpture* 1755 über die Autorität der Académie royale de peinture et de sculpture in Paris hinweg den Künstlern neue Themen vorschlug, die aus weniger bekannten Autoren als Homer und Vergil gezogen waren.[10] Beispielsweise empfahl Caylus die Geschichte der Brüder Cleobis und Biton, die sich für ihre Mutter und die Göttin Hera aufopfern, als Exempel von Kindesliebe:

> Der Betrachter weiß, dass die beiden Jünglinge nach ihrer Handlung sterben werden, die so von Eifer erfüllt ist und von der ihm der Maler die schönsten Momente präsentiert.[11]

Auf diese Vorschläge des Liebhabers der Antike, die der unaufhörlichen Wiederholung mit Abwechslung begegnen sollen, antwortete Lessing, dass in hundert Jahren ein Interpret nötig wäre für das Verständnis solcher Szenen:

> Oder verlangt man, dass das Publikum so gelehrt seyn soll, als der Kenner aus seinen Büchern ist? Dass ihm alle Scenen der Geschichte und der Fabel, die ein schönes Gemälde geben können, bekannt und geläufig seyn sollen?[12]

Lessing bezieht sich ausdrücklich auf das Publikum, um gegen die gelehrte Suche nach neuen Sujets zu opponieren. Kurz darauf erklärt er die Rezeption der Bilder und Skulpturen für fruchtbar, wenn der »prägnante Augenblick« so gewählt wird, dass die frei spielende Phantasie fruchtbar wird:

> Kann der Künstler von der immer veränderlichen Natur nie mehr als einen einzigen Augenblick, und der Maler insbesondere diesen einzigen Augenblick auch nur aus einem einzigen Gesichtspunkte, brauchen; sind aber ihre Werke gemacht, nicht bloss erblickt, sondern um lange und wiederholtermassen betrachtet zu werden, so ist es gewiss, dass jener einzige Augenblick und einzige Gesichtspunkt dieses einzigen Augenblicks, nicht fruchtbar genug gewählet werden kann. Dasjenige aber nur allein ist fruchtbar, was der Einbildungskraft freyes Spiel lässt.[13]

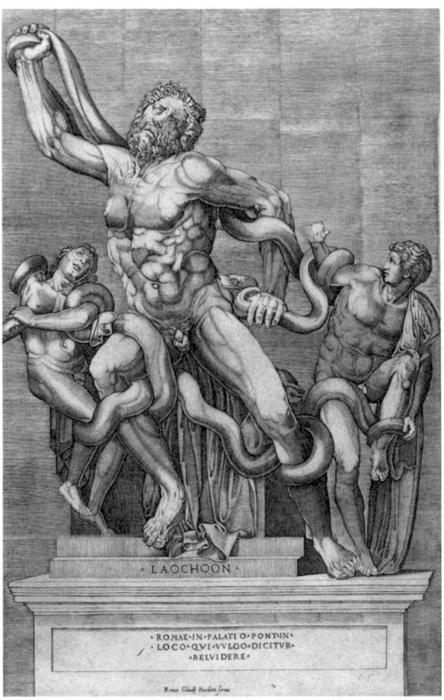

19 Nicolas Beatrizet, *Laochoon*, 16. Jh.

Der Augenblick ist prägnant, wenn er die fruchtbare Geistestätigkeit des Publikums ermöglicht. Wenn die Wahl des »prägnantesten« Augenblicks die Angelegenheit des produzierenden Malers oder Bildhauers ist, so ist dessen Wandlung zum »fruchtbaren« die Leistung des rezipierenden Publikums.

Lessing spricht ausdrücklich vom Publikum, im Gegensatz zu Johann Joachim Winckelmann, der in der ‚Beschreibung des *Torso im Belvedere* zu Rom' von 1759 die erotische Teilhabe eines einzelnen Betrachters am Kunstwerk durchlebt. Vom ersten Anblick der fast unkenntlichen Figur (Abb. 20) über die erotische Verlebendigung und Vergeistigung der Materie bis zur Verabschiedung werden die Empfindungen des Autors wiedergegeben. Im Geist durchschifft Winckelmann die Weltgegenden, die Herkules durchstreifte, und im verzückten Anblick seines Rückens vergeistigt sich die Materie und der verstümmelte Marmor wird lebendig:

> Mich deucht, es bilde mir der Rücken, welcher durch hohe Betrachtungen gekrümmet scheinet, ein Haupt, welches mit einer frohen Erinnerung seiner erstaunenden Thaten beschäfftiget ist; und indem sich so ein Haupt voll von Majestät und

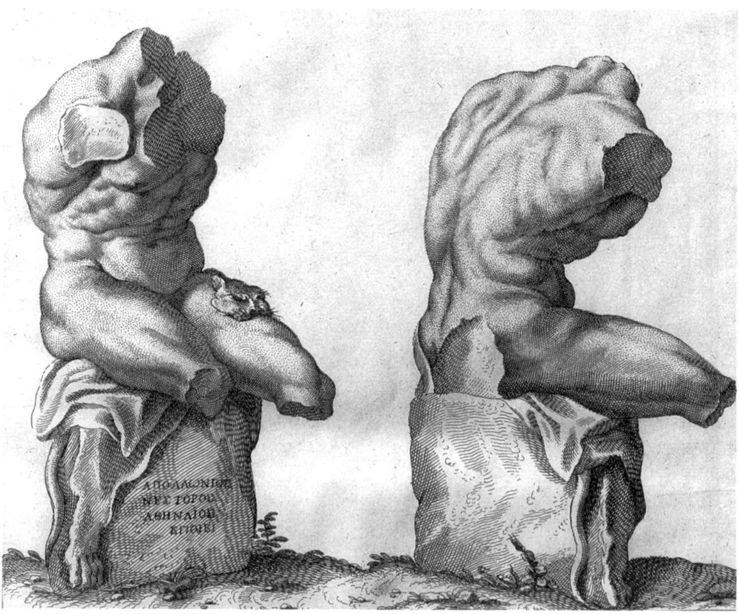

20 *Der Torso im Belvedere*, 1704

> Weisheit vor meinen Augen erhebet, so fangen sich an in meinen Gedanken die übrigen mangelhaften Glieder zu bilden: es sammlet sich ein Ausfluss aus dem Gegenwärtigen und wirket gleichsam eine plötzliche Ergänzung.[14]

Die ekstatische Autosuggestion führt ein pygmalionisches Erlebnis herbei, die Belebung durch begeisterte Bewunderung, die mit erotischen Vorstellungen und Begierden einher geht. Der legendäre Bildhauer Pygmalion, der sich in seine Statue verliebt und deren Belebung ihm Venus gewährt, wird in der zweiten Hälfte des 18. Jahrhunderts zu einem Modell für die Kunstrezeption.[15] Es handelt sich wie bei Winckelmann um eine intime Rezeption von plastischen Werken durch einzelne männliche Betrachter. Lessing entwirft dagegen die geistige Teilhabe am Kunstwerk, die das fruchtbare Publikum in der Rezeption leistet. Schon bei der Kritik an Caylus trat Lessing ausdrücklich für die Verständnismöglichkeit des Publikums ein. Im Kapitel 3 des *Laokoon*, nachdem der »fruchtbare Augenblick« bestimmt ist, braucht er im folgenden Satz den Plural »wir« für die Steigerung von Sehen und Denken:

> Je mehr wir sehen desto mehr müssen wir hinzu denken können. Je mehr wir dazu denken, desto mehr müssen wir zu sehen glauben.[16]

Lessing bezieht sich hier auf Leon Battista Alberti, der in *De Pictura* vom Maler fordert, Dinge zu malen, die zu geistiger Tätigkeit anregen, die er mit »excogitare« – »auffinden, ausdenken« – benennt und zur künstlerischen Erfindung analog setzt.[17] In Albertis Verlangen nach dieser geistigen Tätigkeit ist der Nukleus für Lessings Forderung nach der Aktivierung des Publikums im »fruchtbaren Augenblick« zu erkennen.

1798 bringt Johann Wolfgang Goethe im Aufsatz ‚Über Laokoon' eine andere Idee bezüglich des fruchtbaren Publikums vor, das er »Millionen Anschauer« nennt.[18] Goethe plädiert für die Darstellung eines transitorischen Moments in der Kunst, womit das Publikum Gelegenheit erhalte, sich immer wieder neu die Illusion eines Werks in Bewegung zu verschaffen:

> Um die Intention des Laokoon recht zu fassen, stelle man sich in gehöriger Entfernung mit geschlossenen Augen davor, man öffne sie und schließe sie sogleich wieder, so wird man den ganzen

Marmor in Bewegung sehen, man wird fürchten, indem man die Augen wieder öffnet, die ganze Gruppe verändert zu finden.

Diese Übung wird einer Gesellschaft empfohlen, die süchtig danach ist, in der Freizeit alles Bildliche und besonders die toten steinernen Statuen als lebendig zu erfahren. Dazu dient die Ausbildung zweier Praktika der gesellschaftlichen Unterhaltung: einerseits die nächtliche Besichtigung der Galerien mit Fackelschein, andererseits die »tableaux vivants«, die lebenden Bilder. Die weiblichen und männlichen Kunstliebhaber waren um 1800 begierig, durch Fackelbewegungen in der Nacht die Statuen in Museen zur gespenstischen Lebendigkeit zu bringen.[19] Benjamin Zix zeichnete 1810 eine illustre Gesellschaft mit Napoléon I. und Marie-Louise bei der aus Rom geraubten *Laokoon-Gruppe*, die mit bewegten Fackeln scheinlebendig gemacht wird (Abb. 21). Dieses Amusement ergänzt die weiteren zeitgenössischen Versuche des Publikums, die Kunstwerke ins Leben zurückzubringen, sei es durch eine erotische Beziehung (wie Pygmalion) oder durch die Reproduktion in den »tableaux vivants« durch lebende Darsteller.[20]

Für ein »tableau vivant« teilt sich eine Gesellschaft in Publikum und Darsteller. Wenn die Rollen verteilt und die Kostüme gefunden sind,

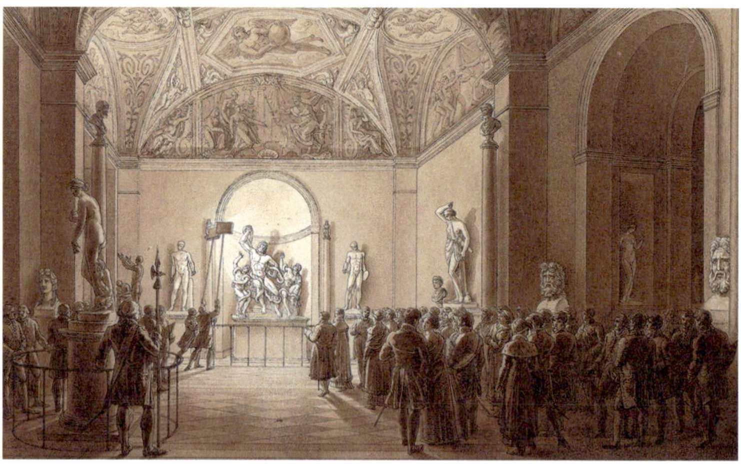

21 Benjamin Zix,
Napoléon I. und Marie-Louise besuchen die Laokoon-Gruppe,
um 1810

ahmen die Teilnehmer Personen einer Vorlage nach. Das Publikum soll sich die erstarrten Pantomimen einprägen, die Vorlage identifizieren und die Darstellung bewerten. Nachher werden die Rollen zwischen Akteuren und Zuschauern getauscht und eine andere Vorlage gewählt. Das Paradox dieses Gesellschaftsspiels, dass sich die Lebenden für Minuten für ein lebendes Bild tot stellen, ist schon früh aufgefallen.[21] Interessant ist, dass eine Gesellschaft sich aufteilt in aktive Darsteller, die unbeweglich verharren, und in Zuschauer, die Beifall und Kommentar übernehmen. Die ausführlichste Analyse dieser in Frankreich um 1770 aufgekommenen, zu Beginn des 19. Jahrhunderts in Deutschland eingewanderten Unterhaltung liefert Johann Wolfgang Goethes Roman *Die Wahlverwandtschaften* von 1809.[22] Das Publikum nimmt dergestalt auch in der Aneignung von Kunstsachen einen aktiven Part ein.

Vorläufer dieser Übersetzungen von Bildern in pantomimische Szenen sind die mit Statisten ausgeführten plastischen Darstellungen, die zu fürstlichen Einzügen arrangiert wurden. Die Aufbauten zum Einzug von Erzherzog Ernst von Österreich 1596 in Brüssel zeigen z. B. einen großen pyramidalen Aufbau, an dessen Fuß die Musen mit ihren Musikinstrumenten sitzen, auf halber Höhe bäumt sich der geflügelte Pegasus auf und oben auf dem Gipfel zupft Apollo als Sonnengott seine Lyra.[23] Der Anteil des Publikums ist im Gegensatz zu den »Tableaux vivants« des 18. und 19. Jahrhundert beschränkt auf Bewunderung, wie etwa in der Darstellung des Landbaus, in der ein Reiter, umgeben von Frauen und Männern vor dem großen Bühnenaufbau, zu dem sie hinaufschauen, als Rückenfiguren vorangestellt sind.[24]

Die bedeutendste Errungenschaft des aktiven Kunstpublikums gegen Ende des 18. und zu Beginn des 19. Jahrhunderts ist die meist in Zusammenarbeit mit Künstlern erfolgte Gründung von Kunstgesellschaften und Kunstvereinen. Deren Gründung sollte den Missstand der Entfremdung von Leben und Kunst beheben. Einer der ältesten immer noch bestehenden Kunstvereine ist die Zürcher Kunstgesellschaft, die 1787 von Künstlern und Kunstliebhabern gegründet wird.[25] Zum Nutzen der Bürgerschaft von Frankfurt am Main und zur Zierde der Stadt stiftete der Bankier und Kaufmann Johann Friedrich Städel 1815 testamentarisch das Städelsche Kunstinstitut in Frankfurt a. M. am Rossmarkt als Museum und Kunstschule. In seinem Testament verfügte er:

> Grundlage eines zum Besten hiesiger Stadt und Bürgerschaft hiermit von mir gestiftet werdenden Städelschen Kunstinstitut

> soll meine Sammlung von Gemählden, Handzeichnungen, Kupferstichen und Kunstsachen, sammt dazu gehörigen Büchern sein.[26]

Mit der Kunstsammlung vermachte Städel den Frankfurter Bürgern sein unglaubliches Vermögen von 1,3 Millionen Gulden und ermöglichte so die Gründung eines der frühesten bürgerlichen Museen.[27]

Die 1823 erfolgte Gründung des Kunstvereins München lieferte als Aktiengesellschaft ein vielfach nachgeahmtes Muster. Im Artikel ‚Kunstvereine' der *Real-Encyklopädie* schreibt Jacob Burckhardt 1845:

> Die Kunstvereine sind gegenwärtig unleugbar die wesentlichsten materiellen Träger der Malerei; sie zuerst haben ihr wieder ein grösseres Publicum gewonnen und somit bei aller Einseitigkeit, die sich zuweilen hineinmischt, mit dem schwierigen Werke, die Kunst von neuem mit dem Leben zu vermitteln, einen kühnen und erfolgreichen Anfang gemacht.[28]

Die Bestrebungen in Deutschland im Bereich der Kunst zwischen den 1820er Jahren und der März-Revolution von 1848 beschrieb Wilhelm Schlink als »Kunsterwartung«, was sowohl die Einstellung des Publikums zu den Künstlern als auch das Verlangen der Künstlerschaft nach Anerkennung umfasst.[29] Die Vermittlung zwischen Kunst und Leben genügte dem Vormärz nicht mehr, vielmehr wurde eine enge Verbindung von Kunst und öffentlichem Leben gefordert.[30] Das Problem der zeitgenössischen Kunst lag nach Schlink darin, dass sie wie eine Naturgewalt das Volk bewegen sollte, aber nur »das gebildete Kunstvereinspublikum« erreichte, wobei die Fiktion erhalten blieb, »das Interesse der gebildeten Stände« gehe einem allgemeinen öffentlichen Interesse voraus.[31] Als wirkliche Aufgabe im Hinblick auf dieses Ziel erscheint die Ausweitung des gebildeten Publikums durch Erziehung und Bildung.

Empfindsame und Gerührte

Gegen Ende des 18. Jahrhunderts sollten die Darstellungen von sterbenden und toten Künstlern das Publikum zu gehöriger Trauer veranlassen, analog zu Empfindungen gegenüber toten Herrschern und Helden. Es betrifft zuerst Berühmtheiten wie Raffael, Dürer, Tizian und vor allem Leonardo da Vinci, der angeblich in den Armen des französischen Königs François Ier starb. Durch die reziproke Nobilitierung von Herrschern und Künstlern werden Leonardos letzte Momente zwischen 1781 und 1886 überaus prominent.[1] Den Anfang machte der offizielle Auftrag an François-Guillaume Ménageot, das Gemälde *Der Tod von Leonardo da Vinci in den Armen von François Ier* für den Salon von 1781 und als Vorlage für Gobelins auszuführen. Leonardo liegt auf dem Bett, ein Arzt fühlt seinen Puls und hält eine Dienerin zurück, auf der anderen Seite des Lagers stützt der von Höflingen und Pagen begleitete König den Künstler, der ergeben zu ihm hinaufblickt. Jean-Auguste-Dominique Ingres, der nach dem Fall von Napoléon I. ein neues Publikum suchen musste, zeigte 1824 im Salon seine Version des am Sterbebett des Künstlers sitzenden Königs, der die mächtige Sitzfigur des Laokoon nachahmt.[2]

Der Schriftsteller und Kunstkritiker Pierre-Jean-Baptiste Chaussard streift in seinem Werk über den Zustand der Bildkünste in Frankreich kurz das Gemälde *Der Tod Raffaels* von Pierre-Nolasque Bergeret, das im Salon von 1806 zu sehen war.[3] Er zitiert den Text aus dem Livret und beschreibt die vom Gemälde hervorgerufenen Emotionen von Rührung, Verzweiflung und Melancholie:

> Dieses Gemälde gehört zu denen, welche die Ziele der Malerei am besten erreichen. Das Thema bewegt, zieht an; es übt mühelos die ganze Verführungskraft eines aus der Natur und aus großen Erinnerungen geschöpften Dramas aus. Das erhabenste

> Genie ausgelöscht vor der Lebensmitte; die Verehrung des höchsten Talents durch die Macht selbst; die Tränen seiner Rivalen; dieses letzte Wunder des Pinsels [d. h. die *Transfiguration*] wie eine Trophäe über dem Totenbett aufgehängt; so weite Hoffnungen, die plötzlich ausgelöscht sind in der Trauer über den unwiederbringlichen Verlust, dieser Schmerz der Religion über die geschickten und jetzt eisigen Hände, die einst das Gebäude schmückten; dieses fromme, zärtliche Zusammenkommen von Adligen, Gelehrten, Künstlern, Schülern, Volk, geschlagen von einer unterschiedlichen aber tiefen Kraft eines trostlosen Gefühls wie bei einem öffentlichen Unglück, alles trägt hier eine mächtige Melancholie in die Seele, denn um sie zu fühlen, ist es nicht notwendig, ein Künstler oder ein Gelehrter zu sein, es genügt, empfindsam zu sein.[4]

Chaussard betont, das Volk ohne literarische Bildung könne dank seiner Empfindungsfähigkeit am Geschehen teilhaben. Zur Kommunikation mit dem Publikum bedienen sich die Künstler seit alters der Affektdarstellungen. Nach Plinius steigerte der erfindungsreiche Timanthes in seinem Gemälde von der Opferung der Iphigenie den Ausdruck der Trauer sukzessive bis zum nicht mehr darstellbaren Schmerz des Vaters.[5] Dubos fragte 1733 noch, wer im Publikum fähig sei, Empathie aufzubringen, doch Chaussard ließ 1806 auch das »gemeine Volk« an den Empfindungen teilhaben, die von den Werken angeregt werden und beim Publikum Tränen, Entzücken oder Erschauern auslösen. Gleichzeitig kritisierte Chaussard die Neigung der Künstler zur Übertreibung, die der Masse gefällt, die Kunst aber korrumpiert.[6]

In den 1820er Jahren erfolgt die Ausrichtung der Gemälde auf die Empathie des Publikums nach dem Exempel des Schauspiels wie schon in der zweiten Hälfte des 18. Jahrhunderts.[7] Der Austausch in Bezug auf Komposition, Kolorit, Gestik und Mimik geht in beide Richtungen: Jacques-Louis Davids Gemälde *Brutus* von 1789 ist als Bühnenszene komponiert und wird im Theater als »tableau vivant« nachgestellt.[8] 1834 bezieht sich die Inszenierung von Giacomo Rossinis *Guillaume Tell* auf das Gemälde *Le Serment des trois Suisses* von Charles Steuben, das fünf Jahre zuvor im Salon einen Erfolg verzeichnen konnte.[9] Im Salon von 1824 zeigt Eugène Delacroix das großformatige Gemälde *Massaker auf Chios* (Paris, Musée du Louvre) mit elenden und toten griechischen Opfern, einem osmanischen Reiter auf der flachen Bühne vorne und dem Kampfgeschehen in mittlerer

Entfernung.[10] Stendhal (Marie-Henry Beyle), dem das Gemälde missfällt, kritisiert »l'exagération du triste et du sombre« – »die Übertreibung des Traurigen und Düsteren« –, bemerkt aber, dass das Publikum, übermäßig gelangweilt vom akademischen Genre, innehält vor »den bleichen, halbfertig gemalten Kadavern«.[11] Für die zahlreichen Philhellenen in Frankreich lieferte Delacroix mit dem *Massaker von Chios* ein aufwühlendes Werk, für Stendhal aber nur bleiche Kadaver.[12] An den brillanten Farben eines Correggio oder Venusstatue konnten sich Stendhals Sinne zu Entrückung und Ekstase steigern. Die quasi-erotische Entrückung und die Reizüberflutung durch Bildwerke, die angeblich bei Touristen in Florenz bemerkt wurde, nannte man »Stendhal-Syndrom«.[13]

Die Juli-Revolution 1830 in Frankreich stürzt in drei Tagen Charles X., den letzten König von Frankreich und Navarra. Für den Aufstand verbünden sich Bürger, Gardisten, Arbeiter und Straßenbengel.[14] Das Parlament wählt am 15. August 1830 Louis-Philippe, Herzog von Orléans, zum Bürgerkönig – »Roi des Français«. Als der Salon von 1831 im Mai eröffnet wird, waren die revolutionären Unruhen noch nicht abgeklungen, und der Lärm der Straße stieg hinauf zu den Sälen des Louvre. Berichte über den Salon respektieren die laute Macht der Straße, beseitigen aber die Vorurteile gegenüber dem »niederen Volk« nicht.

Beeindruckt von der Revolution skizziert Jean-Auguste-Dominique Ingres, ein vielfach Begünstigter unter Charles X., mit dem Denkmal eines keulenbewehrten Herkules, der von der schwebenden Viktoria gekrönt wird, eine mythologische Überhöhung des Volkes. Oben rechts steht »peuple jeune fort et beau« – »junges Volk, stark und schön« und im Kopfbereich der größten Figur sind die Daten vom Juli eingetragen sowie »honneur au peuple« – »Ehre dem Volk«. Unterhalb der Statue rechts steht »le trône cassé« – »der zerbrochene Thron«. Feiert Ingres tatsächlich die siegreiche Volksgewalt? Unter Charles X. 1825 erhielt er das Kreuz der Ehrenlegion, wird Mitglied der Académie des Beaux-Arts und 1829 Professor an der Ecole des Beaux-Arts. Zusammen mit Eugène Delacroix, Paul Delaroche und anderen soll Ingres während der Juli-Revolution die Kunstwerke im Louvre vor der Zerstörung durch den »populace«, den Pöbel, geschützt haben.

Im Gegensatz zu Ingres' Überhöhung des Volkes zeigt Delacroix in seinem großen Revolutionsbild *Die Freiheit führt das Volk (28. Juli 1830)* (Abb. 22) die gemeinsame Aktion der Pariser Bevölkerung – vom Gassenjungen über den Arbeiter bis zum Bürger mit Zylinder – unter der Führung der Figur der Freiheit, sowohl mit Bewunderung als auch

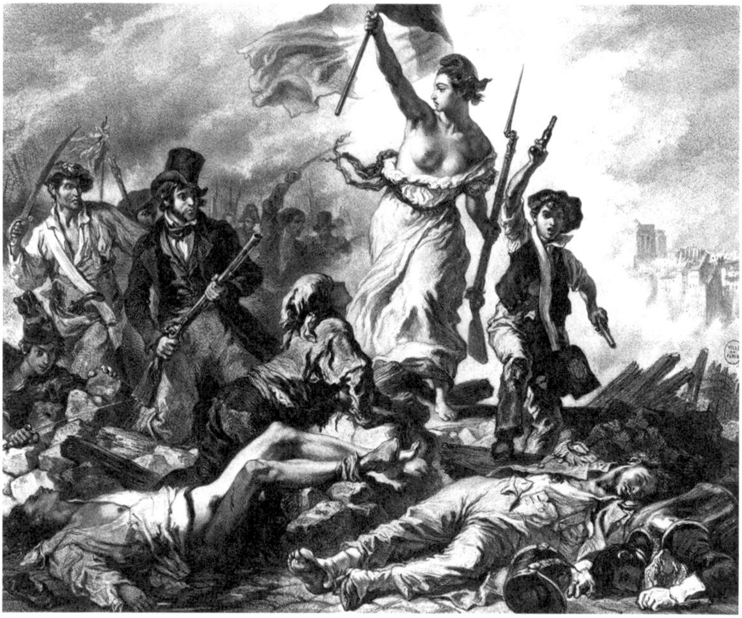

22 Adolphe Mouilleron (nach Eugène Delacroix), *Die Freiheit führt das Volk*, 1831

mit Indignation vor dem »populace«.[15] Zum ersten Salon nach der Julirevolution, der das Publikum mit aktuellen politischen Darstellungen anzieht, verfasst der soeben in Paris angekommene Schriftsteller, Dichter und Journalist Heinrich Heine eine wichtige Kritik und nennt die Revolution von 1830 die »bedeutsamste Erscheinung« im Reich der Kunst.[16] Heine zählt das Revolutionsbild von Delacroix zu den Werken, »denen die meiste Aufmerksamkeit zu Theil« wurde, da er im Salon »immer einen großen Volkshaufen« davor stehen sieht. Er feiert das Gemälde mit dem Ausruf »Heilige Julitage! Wie schön war die Sonne und wie groß war das Volk!«, findet für das ungestüme Flintenweib den Namen »die wilde Volkskraft« und bemerkt, »ein großer Gedanke« habe »diese gemeinen Leute, die Crapule, geadelt und geheiligt.«[17] Während der Ausdruck »populace« den niedrigen »Pöbel« meint, bezeichnet »crapule« kriminelle Schurken, denen Heine allerdings eine Selbstheiligung zubilligt.

Keine andere der Darstellungen der Juli-Revolution im Salon von 1831 entfaltete eine derart überwältigende Macht mit ihrer schockierenden Grausamkeit. Als einer der ersten wagte es Delacroix, den aufrührerischen »peuple« auf das Publikum vor dem Gemälde losstürmen zu lassen. Die Administration realisierte die Gefahr, die von der Darstellung der Freiheit überwältigend auf das Publikum ausging, erwarb das Gemälde und ließ es verschwinden.[18] Doch die Reproduktionen hielten es im allgemeinen Gedächtnis, und als das Gemälde 1855 aus der Versenkung auftauchte, erneuerte es seine Gewalt über das Publikum. Théophile Gautier schrieb, diese Freiheit »erstaunt und überrascht durch ihren fantastischen Aspekt inmitten von Personen mit einer rohen und brutalen Realität«.[19] Heine horchte im Salon von 1831 auf die Äußerungen des Publikums, unter dem er viele vermutete, die am Kampf beteiligt waren und das Gemälde loben:

> ‚Matin!' rief ein Epicier, ‚diese Gamins haben sich wie Riesen geschlagen!' Eine familiäre Unterredung führt er wörtlich an: ‚Papa!' rief eine kleine Karlistinn [sic], ‚wer ist die schmutzige Frau mit der rothen Mütze?' – ‚Nun freylich', spöttelte der noble Papa mit einem süsslich zerquetschten Lächeln, ‚nun freylich, liebes Kind, mit der Reinheit der Lilien hat sie nichts zu schaffen. Es ist die Freyheitsgöttin.' – ‚Papa, sie hat auch nicht einmal ein Hemd an.' – ‚Eine wahre Freyheitsgöttin, liebes Kind, hat gewöhnlich kein Hemd, und ist daher sehr erbittert auf alle Leute, die weisse Wäsche tragen.'[20]

Neben dieser verächtlichen Unterredung gibt Heine auch die zynischen Worte wieder, die ein Adliger mit einer Eminenz wechselt, die sich aus Angst mit einer weltlichen Tracht vermummt. Der Marquis fürchtet, dass neue Empörungen des Volkes durch Gräueltaten provoziert werden könnten, der Geistliche dagegen wünscht sich solche herbei, damit die Revolution sich selbst zugrunde richte.

1831 bekannte Heine, er sei angesichts der politischen Umstände und der Masse an Werken nicht imstande, die notwendige Ruhe für die Beschäftigung mit Kunst aufzubringen.[21] Er wählt für seine Besprechung jene acht Künstler aus, von denen er im Publikum am meisten sprechen hörte.[22] Das ist für Heine die »öffentliche Meinung«, auf die er sich beruft: »Ich darf mich also darauf beschränken, die öffentliche Meinung zu referiren [sic]. Sie ist von der meinigen nicht sehr abweichend.«[23] Eine gegenteilige Haltung nahm Stendhal in seiner Besprechung des Salon von 1824 ein. Zwar beachtet er, auf welche Werke sich die Aufmerksamkeit des Publikums richtet, ermächtigt sich aber selbst, dieses zu instruieren durch die Mitteilung seiner persönlichen Empfindungen. Er stellt fest, man sei am Vorabend einer Revolution in den Künsten, nämlich der Beseitigung des klassizistischen Geschmacks durch die »bonne peinture moderne«:

> Ohne das Geschrei der Gegenpartei zu beachten, werde ich dem Publikum mit Offenheit und Einfachheit das mitteilen, was ich bei jedem der Werke empfinde, die von ihm mit Aufmerksamkeit beehrt werden.[24]

1830 versucht ein Anonymus in Ludwig Schorns *Kunstblatt* ‚Das kunstliebende Publikum' näher zu fassen, das die einen als Panier, die anderen als Schreckgespenst einsetzen. Dem Autor erscheint das Publikum als »chaotisches Wesen« von vielen Stimmen:

> Dieses chaotische Wesen recht ins Auge zu fassen, ist nicht unwichtig, denn es steht der ganzen Kunstwelt gegenüber als ein Chor von Stimmen, Meinungen, Urtheilen, Entscheidungen, und übt den bedeutendsten Einfluss auf die vorhandene wie auf die werdende Kunst aus.[25]

Der Autor schlägt vor, das »voreilige, unbefugte, hämische« Urteil zu verwerfen und nur die »öffentlich ausgesprochene Meinung« wahrzunehmen, die vom »wirklich kunstsinnigen, kunstliebenden Publikum« über bedeutende Werke, die der Nation angehören, stammt. Doch dieses Publikum ist so wenig zahlreich und so vereinzelt, dass es sich weder unter sich noch mit den Künstlern verständigen kann, meint der Autor im *Kunstblatt*. Für den Künstler bleibt also nur der Ausweg, Werke zu liefern, die allen gefallen:

> Dann wird er sein Publikum nicht zusammensuchen, Lob und Tadel nicht zusammenhorchen dürfen. Alle Herzen werden ihm, hat er sie nur recht getroffen, entgegenjauchzen, alle Hände Beifall zollen.[26]

In der Masse ist die Zahl derjenigen, die das Materielle und Derbe schön finden, im Leben wie in der Kunst größer als die Zahl der »für ächte Schönheit Gebildeten«, die doch ausschließlich die rechte Instanz für den Künstler sind. Da aber fraglos gilt:

> Öffentlichkeit ist die Seele der Kunst und Wunsch und Bedürfnis des Künstlers; sein Werk ist für die Welt, wie es aus dem Leben der Welt genommen ist; er will es der Welt, dem in seinem Bereich liegenden, möglichst grossen Theil zukommen lassen, von diesem angeschaut, genossen, geschätzt wissen; [...] Ein

> rechter Künstler beabsichtigt, wie jeder tüchtige Mensch, das Wohl der Welt und ihr Fortkommen im Guten.[27]

Daher bleibt nur Erziehung und Bildung des Menschen zum rechten Urteil, und wer noch nicht so weit ist, soll Zurückhaltung üben und auf diejenigen hören, die bereits urteilsfähig sind. Der Autor erachtet diese »sittlich-ästhetische Achtung« notwendig für die Entstehung eines »guten Publikums«, äußert aber seine Skepsis, da die Leiter der öffentlichen Kunstanstalten die Missbildung des Geschmacks des Publikums fördern, indem sie dem Verlangen nach »sinnlichem Stoff« willfährig nachgeben:

> Vordem bemühte sich das Publikum um die Kunst, jezt bemüht sich die Kunst um das Publikum; die grössere Concurrenz auf der Seite der Geber macht die Gabe feil und bequemt sich den Nehmern und beliebiger Nachfrage.[28]

Für unbezweifelbar gilt dem Autor, dass »das Höhere der Kunst, das Klassische« seit jeher immer nur für »die gebildetsten Geister« dagewesen sei. Damit ist das Problem umschrieben: die Kunst sollte eigentlich für die Menschheit bestimmt sein, aber diese kann die Kunst nicht auffassen, sei es, weil sie nicht interessiert ist, sei es, weil ihr die Fähigkeit dazu mangelt. Der anonyme Verfasser beschließt seine kleine Abhandlung mit einer Einteilung des Publikums: »das übergebildete Publikum«, das hinter allem noch etwas anderes sucht, »das mittelmässige Publikum«, das alles Gute lobt, aber das Beste nicht erkennen kann, und das ikonoklastische Publikum, das Angriffe auf die Werke verübt.

Im Salon von 1834 präsentierte Paul Delaroche ein Hauptstück des Angriffs auf die Rührung des Publikums, das Drama *Die Hinrichtung der Lady Jane Grey* (Abb. 23), das aus der englischen Geschichte bekannt ist.[29] Die junge Jane Grey wird von John Dudley, Duke of Northumberland, in einen machiavellistischen Plan einbezogen, der für alle Beteiligten tödlich endet. Jane wird mit Dudleys Sohn Guildford verheiratet und wird nach dem Tod von Edward VI. verleitet, die Proklamation zur Königin anzunehmen, worauf nach neun Tagen ihre Absetzung erfolgt. Alle werden wegen Hochverrat verurteilt und hingerichtet. Im *Livret* zum Salon von 1834 lässt Delaroche ein protestantisches Martyrologium zur Information über Delaroches Gemälde zitieren.[30] Im Gemälde platziert der Maler das kniende Opfer links der Bildmitte und lässt dessen weißes Satin-Untergewand im düsteren

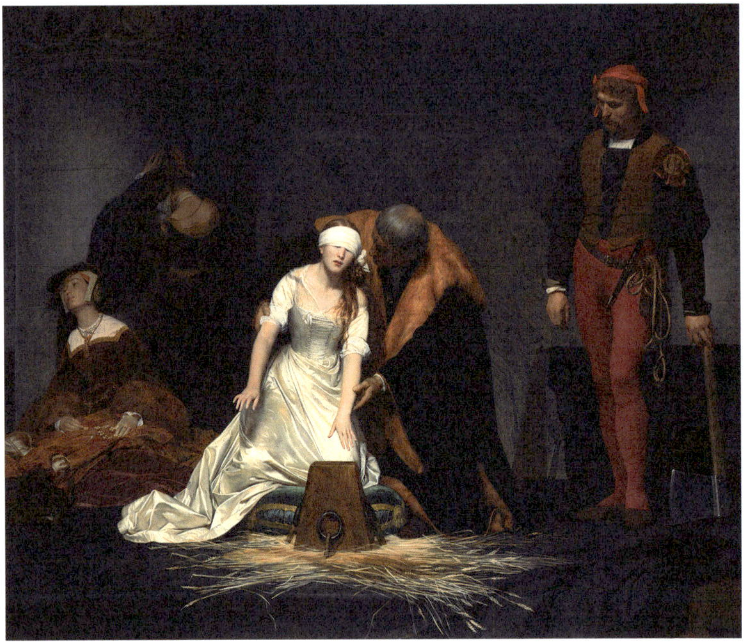

23 Paul Delaroche, *Die Hinrichtung der Lady Jane Grey*, 1833

Kerker unschuldig leuchten. Gezeigt wird, dass Jane mit verbundenen Augen mit Hilfe des Leutnants des Tower, Sir John Brydges, den Block ertastet, auf den sie ihren Kopf legen soll. Rechts wartet der mit Beil, Strick und Dolch ausgerüstete Scharfrichter in elegantem Kontrapost, links vor dem gewaltigen Rundpfeiler sitzt eine der Hofdamen und hält trauernd das Obergewand von Jane im Schoss, während die andere voller Verzweiflung Kopf und Hände an den kalten Stein legt.[31] Delaroches Gemälde und die zahlreichen Reproduktionen machen das tragische Ende der Jane Grey in Frankreich populär und rufen die Hinrichtungen von königlichen Hoheiten während der Revolution in Erinnerung.[32] 1840 lenkt Heine die Aufmerksamkeit auf das Gemälde und bringt den Ausdruck »Rührungswerk« vor:

> Eins der Haupt-Rührungswerke von Delaroche, welches die Königinn [sic] Jeanne Grey vorstellt, wie sie im Begriff ist, ihr blondes Köpfchen auf den Block zu legen [...].[33]

Heine zählt ironisch die Vorliebe des Malers für tragische Rührstücke mit gekrönten Häuptern auf und folgert aus den hochgestellten Personen, die in seinen Bildern dem Gericht verfallen oder hingerichtet werden: »Herr Delaroche ist der Hofmaler aller geköpften Majestäten.« Nach Heine benutzt Delaroche in den »Rührungswerken« ähnliche Methoden zur affektiven Einwirkung auf das Publikum wie das Schauspiel, weshalb er den Ausdruck »Rührstück« vom Drama und Musikdrama (Melodrama) verändert und auf die Malerei überträgt.

Die Komposition mit Jane Grey von hoher Sentimentalität wird noch vor der Präsentation des Gemäldes im Salon von Auguste Bouquet personell umbesetzt und für eine Satire in *La Caricature* gebraucht.[34] Da ist Louis-Philippe selbst der Exekutor, der die Désirée Françoise Liberté hinrichtet, die von den Franzosen im Juli 1830 erkämpfte Freiheit. Gegen Louis-Philippe, der sich binnen kurzer Zeit vom Bürgerkönig zum Despoten wandelt, werden mehrere Attentate verübt und vor allem wird er in den Satirezeitschriften *La Caricature* und *Le Charivari* angegriffen, die ihn als Mörder der Freiheit und Komplizen des Großkapitals bloßstellen.[35]

Um 1830 wird das direkte Avisieren des Kollektivs »Publikum« durch ein emotionales Thema und eine theatralische Inszenierung kritisch beurteilt, obwohl Malerei und Theater schon lange den Austausch pflegen.[36] Eduard Collow aus Berlin, der Korrespondent des *Kunstblattes*, hebt aus dem Salon von 1834 nur die Werke *Die Hinrichtung der Lady Jane Grey* von Delaroche und *Der Tod des Poussin* von François-Marius Granet lobend hervor.[37] Zu Delaroches Gemälde wiederholt der Kritiker die beliebigen Formeln: »reizend, wundervoll, großartig, erstaunlich, wesentlich« – und ebenso die entleerten Kriterien: »Feinheit, Zartgefühl, Eleganz, Klarheit, Harmonie, Wahrheit«.[38] Collow breitet eine pauschale Kritik des Zeitalters aus, in dem die Kunst verdorre und die Künstler entweder in die gemeine Wirklichkeit tauchen oder in den luftleeren Raum entschweben. Von »wahrhafter Kunst« fänden sich heute kaum mehr Spuren, dafür umso mehr »Gekünstel und Kunsttändeleien«, und die »sogenannten Künstler« würden den Meinungen der Menge folgen oder die Bedürfnisse der »Crösus« bedienen. Ferner seien die moderne Malerei und Skulptur klägliche Aufgüsse vergangener Zeiten, und für die »Masse des Volks« seien die Künste und Wissenschaften ohnehin unzugänglich, da sie mit der »gebildeten Hälfte« in keiner »lebens- und bedeutungsvollen Beziehung« stünden und für die »rohe ungebildete Hälfte« gar nicht existieren.[39] Collows Kritik konnte kaum umfassender sein: Dekadenz, Korruption, Desinteresse, Bedeutungslosigkeit für alle, die Gebildeten und Ungebildeten.

Der Literaturkritiker Gustave Planche eruierte 1831 die unterschiedlichen Beziehungen von Eugène Delacroix und Paul Delaroche zum Publikum. Jener habe eine neue Darstellungsart erfunden und werde erst allmählich vom Publikum verstanden, während Delaroche seine Darstellungsart popularisiert und geschliffen habe. Als orginelles Talent habe Delacroix den schwierigeren Weg über die Bildung zum Publikum gewählt, doch Delaroche sei zum Publikum hinabgestiegen und werde mit sofortiger Bewunderung belohnt.[40] »Faire son public« – »sein Publikum machen«, die legitime Zielsetzung der Künstler, kann auf unterschiedliche Weise verfolgt werden: entweder steigt der Künstler, von dem angenommen oder gefordert wird, dass er über dem Publikum stehe, zu diesem hinunter oder er hebt es zu sich herauf. Nichts anderes wird Kandinsky 1912 schreiben und so den Topos vom schlechten Geschmack des Publikums wiederholen wie unzählige andere vor und nach ihm.

Ein exemplarisches Rührungswerk im Sinne Heines ist das Gemälde *Major Davel* (Abb. 24), das der Kanton Waadt bei Charles Gleyre in Auftrag gab.[41] Das patriotische Gemälde über die Hinrichtung des Helden, der 1723 vergeblich für die Freiheit der Waadt kämpfte, verzeichnet 1850 in Lausanne einen außerordentlichen Publikumserfolg. Gleyre stellt den Helden in weißem Rock und Hemd frontal in nächster Nähe zum Publikum. Vor der Mauer sind die

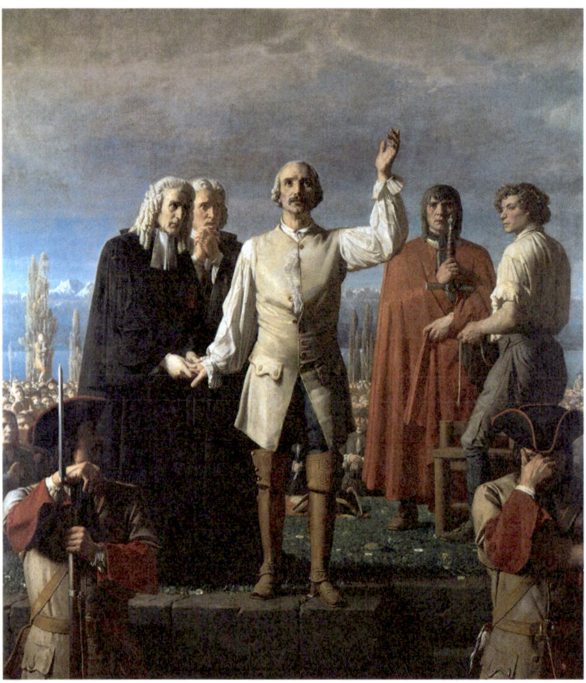

24 Charles Gleyre, *Major Davel*, 1850

Halbfiguren zweier trauernder Soldaten zu sehen. Links neben Davel stehen zwei schwarzgekleidete Pastoren, von denen der eine dessen Hand nimmt und der andere seine Hände im Schmerz ringt. Rechts warten der rotgekleidete Scharfrichter mit dem Richtschwert und sein Gehilfe. Davel blickt gefasst nach oben und winkt mit der Hand ins Jenseits, während der natürliche Himmel sich verdunkelt. Zwischen dem Richtplatz und den Pappeln am Seeufer drängt das Volk die Köpfe zusammen, und jenseits des Sees sind die Savoyer Alpen zu sehen. Dieses Volk im Bild spiegelt das Publikum vor dem Bild.

Es sind die weinenden Soldaten, die trauernden schwarzen Pastoren, der drohende rote Scharfrichter mit dem gleichgültigen Gehilfen und der gefasste, zum Himmel grüßende Held der gescheiterten Befreiung, die auf die Rührung des Waadtländer Publikums in der Mitte des 19. Jahrhunderts berechnet sind. Im September 1851 zeichnete Gleyre für die *Revue des Deux-Mondes* ein Porträt des kranken Heinrich Heine.[42] Es gibt keine Anzeichen eines früheren Treffens mit dem Schriftsteller.

Gleyres Darstellung des Major Davel hält die Erinnerung an die gewaltsame Herrschaft Berns über die Waadt wach, die erst 1798 endete. Im August 1980 wird ein Brandanschlag auf das Gemälde verübt, der zu dessen fast völliger Zerstörung führte. Der oder die Täter sind unbekannt geblieben, weshalb es ungewiss ist, ob der Anschlag der Berner Unterdrückung oder dem Helden der Waadt gelten sollte. Dieses Gemälde, ein perfektes Rührungswerk nach Heine, liefert einen Überschuss an emotionaler Kommunikation, die dem patriotischen Publikum mit Empörung und Trauer die Empfindungen vorgibt und verstärkt.

Grinsen, Lachen, Spotten

Die Verhöhnung des Publikums mit Zeichnungen und Graphiken brach sich unwiderstehlich Bahn, als mit der Institutionalisierung der Ausstellungen die kirchlichen, fürstlichen und vermögenden Auftraggeber als maßgebende Instanzen im Kunstbetrieb vom Publikum abgelöst wurden. Einige Künstler erfuhren das Auftreten des Publikums als Befreiung, andere wurden dadurch verunsichert. Man konnte erneut den Künstlern vorwerfen, sie würden um des Erfolgs willen den Geschmack des Publikums bedienen, der selbstverständlich als »niedrig« galt. Diesen Vorwurf erhob etwa Valentine Green, einer der besten Reproduktionsgraphiker des 18. Jahrhunderts, 1782 in seinem Vergleich des Zustands der Künste in Frankreich und England gegenüber den missliebigen Konkurrenten aus den amerikanischen Kolonien, Benjamin West und John Singleton Copley, die das Londoner Publikum mit Ausstellungsstücken faszinierten. Diese nannte Green »works of speculation«, die das Publikum anlocken sollen, während die Maler auf die Eintrittsgelder schielen und die Reproduktionen vermarkten.[1]

Green bezieht sich auf ein Werk wie Copleys *The Death of Lord Chatham – Der Tod von Lord Chatham,* das den tragischen Zusammenbruch von William Pitt, Lord Chatham, während einer Parlamentssitzung 1778 darstellt. Copley präsentierte sein Gemälde 1781 exklusiv im House of Peers, dem Oberhaus, bevor die Öffentlichkeit zu sehen bekam. Eine Radierung von William Angus nach einer Zeichnung von Daniel Dodd dokumentiert die Inszenierung des Gemäldes in einem mit dem britischen Löwen geschmückten Rahmen und einem großen Vorhang und den Besuch durch die Peers mit ihren Gemahlinnen (Abb. 25).[2] An der Wand links hängt ein Key Plate mit den Namen der Dargestellten. Angus gibt drei Damen und drei Herren in Rückenansicht, von denen der eine stocksteif dasteht, der Dicke einen lächerlichen Kontrapost vorführt und der dritte sich nach vorn krümmt und ein Kind einklemmt. Die drei Damen vor dem Gemälde sind modisch

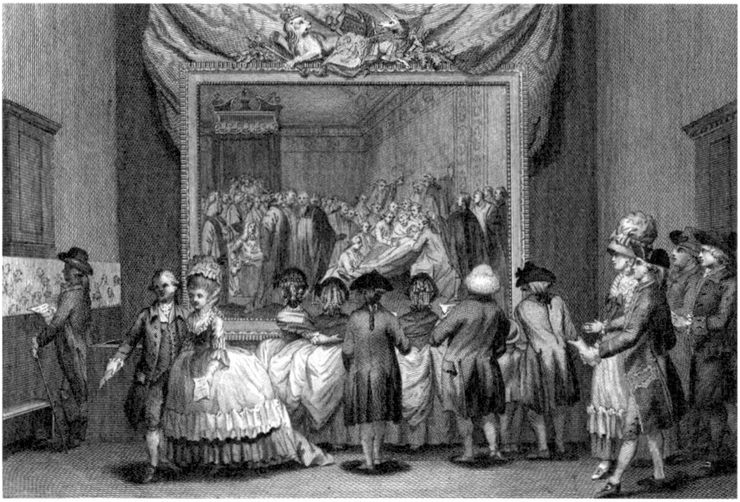

25 William Angus (nach Daniel Dodd), *The Death of Lord Chatham in the House of Peers*, 1781

gekleidet und tragen ähnliche Hüte. Das Paar, das von rechts heranschreitet, ist nach neuester französischer Mode ausstaffiert wie das Paar, das links die Szene verlässt. Dodd und Angus machen eine Satire auf das dicke aufgeputzte Publikum vor dem Gemälde, in dem Copley die Peers in ihren feierlichen roten Roben präsentiert.

Bei der spöttischen Rache am exklusiven Ausstellungspublikum der englischen Künstler im 18. Jahrhundert lebt sich die satirische Lust an anonymen Rückenansichten aus. Frontale Ansichten des Publikums, die der Repräsentation und der Auszeichnung des Ortes und der Ausstellung dienen, werden mit satirischen Einsprengseln versetzt. Die Radierung von Pierre Antoine Martini von 1787 zeigt den großen Ausstellungsraum der Royal Academy (Abb. 26) im Somerset House, dessen lückenlos vollgehängte Wände das überaus zahlreiche Publikum bekrönen. Zuvorderst steht in elegantem Kontrapost der berüchtigte Prince of Wales (der spätere George IV.), der in der kolorierten Fassung durch Rot und Gelb hervorgehoben wird, neben ihm hält Joshua Reynolds sein Hörrohr, dient dem Fürsten mit Erläuterungen, und die versammelte elegante Gesellschaft korrespondiert teilweise nach Körperhaltung und Kostümierung mit den Gemälden an den Wänden. Es fehlen nicht die Hunde, der zudringliche Verführer, der korpulente

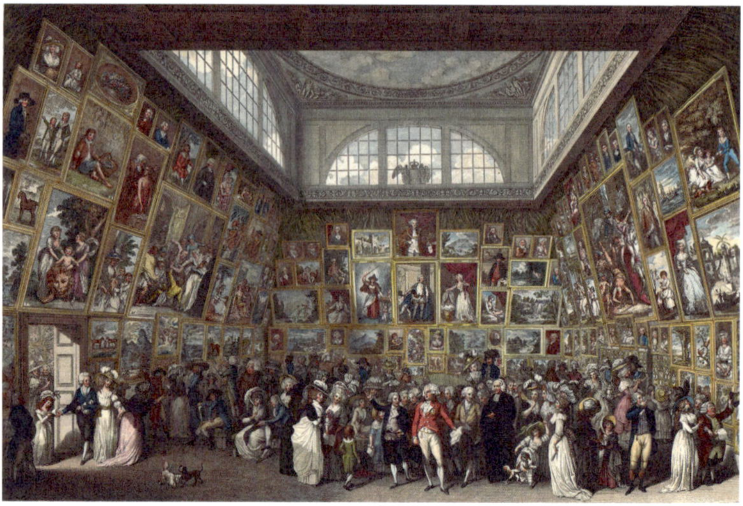

26 Pierre Antoine Martini
(nach Johann Heinrich Ramberg),
The Exhibition of the Royal Academy, 1787

Bischof, der elegante Kenner mit der Lupe, der Dicke mit Gemahlin und Liebhaber usw., die ganze Vielfalt der gehobenen englischen Gesellschaft.

Bereits eine der ersten Graphiken über das Publikum der Royal Academy in London, gefertigt von Richard Earlom nach einer Zeichnung von Michel Charles Brandoin, nimmt das illustre Publikum und besonders die Kenner und Kritiker in die Mangel. 1808 wird Thomas Rowlandsons Satire auf das Publikum einer Auktion von Christie's in London publiziert (Abb. 27). Der Auktionator ruft das Gemälde eines liegenden weiblichen Aktes auf, das von einem Diener mit Satyrgesicht zur Betrachtung durch lüsterne Männer gehalten wird. Rowlandson schiebt das Publikum ins Groteske, vom Wichtigtuer links über die Schnäbelnden bis zum Alten rechts, der eine Porträtbüste anhimmelt, und dem dicken Kenner mit der Lupe. Von den grotesken Verzerrungen der Physiognomie und den lächerlichen Kopfbedeckungen sind alle Männer betroffen, doch die Frauen sind davon weitgehend ausgenommen.

Sobald das Publikum zahlreich auftritt, fürchten Künstler und Museumsfunktionären sich davor, dass die unberechenbare Masse sich unversehens in den Pöbel verwandeln könnte. Karikaturisten wie

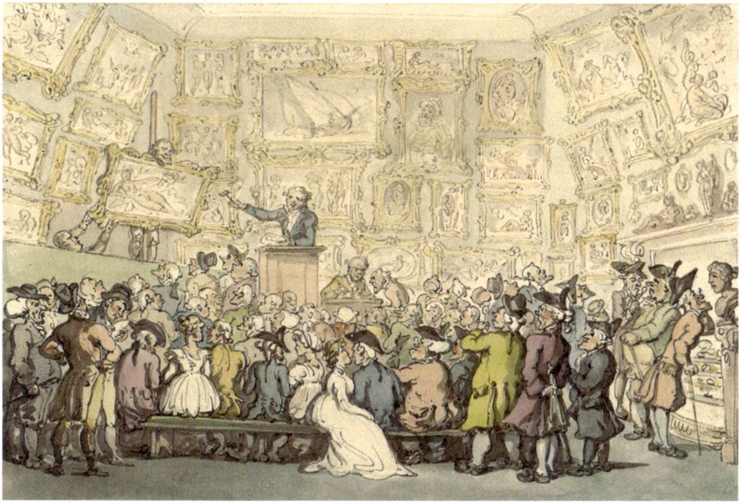

27 Thomas Rowlandson,
Eine Auktion bei Christie's, um 1808

Thomas Rowlandson oder George Cruikshank machen aus dem Pöbel einen Gegenstand der Belustigung für diejenigen, die sich über die Erniedrigten erhaben fühlen. Mit dem grobianischen John Bull, erfunden vom Schotten John Arbuthnot, setzt Rowlandson die Personifikation Großbritanniens mitten unter den Pöbel, dem er die lustigste Darstellung widmet über die größte Attraktion, die jemals in William Bullock's Museum of Natural Curiosities gezeigt wurde: die Reisekutsche von Napoléon (Abb. 28), die in Waterloo 1815 von den Preußen erbeutet und von General Blücher dem Prince of Wales geschenkt wurde.[3] Der Unternehmer Bullock kaufte sie dem Prinzen für 2500 Pfund ab, stellte sie in seiner Egyptian Hall am Piccadilly von Januar bis August 1816 aus und fuhr mit 220.000 Besuchern den unglaublichen Gewinn von 35.000 Pfund ein. Dann ging die Kutsche mit einigen Napoleonica auf Tournee in England und erreichte im April 1817 wieder London. Nach der Tournee war die Kutsche so ruiniert, dass sie für 168 Pfund an einen Kutschenmacher ging und schließlich bei Madame Tussaud & Sons landete. 1816 hat Rowlandson die heruntergekommenen Bürger gezeichnet, die mit Begeisterung die Kutsche stürmen. Die Kutsche ist umgeben von anderen Napoleonica wie der Büste des gestürzten Kaisers, und im Vordergrund liegt der

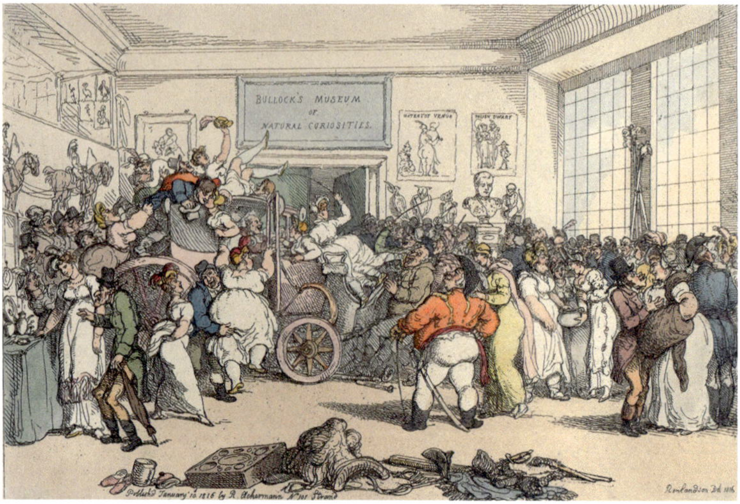

28 Thomas Rowlandson,
Ausstellung von Napoleons Kutsche in Bullocks Museum, 1816

Inhalt der Kutsche ausgebreitet. Die dicke Rückenfigur des John Bull, die schwergewichtigen Damen, die gichtigen, geilen Männer, die auf dem Rücken liegende junge Frau, die ihre Beine obszön in die Höhe streckt, die begrapschten Busen und Hintern zeigen das pöbelhafte Benehmen der Besucher von Bullock's Museum. Eine weitere zeitgenössische satirische Darstellung der Kutsche Napoleons stammt von George Cruikshank, der die Bürger in Gesellschaft des Pöbels auftreten lässt.[4] Rowlandson macht mit dieser Karikatur deutlich, dass ein grobianisches Benehmen nicht von der Klassenzugehörigkeit abhängig ist.

Georg Wilhelm Friedrich Hegel, seit 1818 populärer Philosoph in Berlin, beobachtete die Entstehung des Pöbels an Vorgängen in England. In den *Grundlinien der Philosophie des Rechts* von 1821 beschrieb er die Entstehung des Pöbels als Herabsinken einer großen Masse der Bevölkerung unter Verlust »des Gefühls des Rechts, der Rechtlichkeit und der Ehre«. Der Pöbel kann nicht mehr durch Tätigkeit oder Arbeit bestehen und verfällt der Armut. Zugleich führt dieser Vorgang auf der Kehrseite »die größere Leichtigkeit, unverhältnismäßige Reichtümer in wenige Hände zu konzentrieren« mit sich.[5] Dabei zeigt sich, dass zwar ein Übermaß an Reichtum besteht, aber nicht bei der »bürgerlichen Gesellschaft«, die nicht vermögend genug ist, »der Armut und der Erzeugung des Pöbels zu steuern.«[6]

Die sich ausbreitende Armut, die Kehrseite der industriellen Revolution, wird an den gesellschaftlichen Vorgängen in England beobachtet. Théodore Géricault 1821, James Mahony 1840 oder Gustave Doré 1872 zeichneten die zerlumpten und hungernden Armen, und Zeitungen wie die *Illustrated London News* verbreiteten die Darstellungen in Holzstichen, doch keiner der Zeichner machte sich über die zerlumpten Existenzen lustig, die sich im Elend nicht mehr selbst helfen konnten.[7] Charles Dickens erzählte 1837 bis 1838 in einer Londoner Zeitschrift das gesellschaftskritische Märchen vom Waisenjungen Oliver Twist, der in die Fänge von Bösewichtern, Dieben und Verbrechern gerät, aber nach Wechselfällen schließlich an Hand des Porträts seiner Mutter identifiziert wird, ein Vermögen erbt und soziales Ansehen erwirbt, womit der nie nachlassende Edelmut seine Belohnung erhält. [8] George Cruikshank illustrierte die erste Ausgabe von *Oliver Twist* von 1838. Victor Hugo legte mit *Les Misérables – Die Elenden –* 1862 die Erzählung von Jean Valjean vor, der im Elend ein Stück Brot stiehlt, mit Haft bestraft wird und sukzessive weitere 19 Jahre Haft erdulden muss, sich aber trotzdem seine edle Gesinnung bewahrt und auf dem Totenbett belohnt wird. Hugos Roman erschien 1862 in Neuchâtel und Brüssel und erreichte viele Auflagen und Übersetzungen. Eine Ausgabe von Gustave Brion mit 200 Illustrationen, wiedergegeben in Holzstichen, erschien 1867 in Paris bei Hetzel und Lacroix.[9]

1733 gab William Hogarth, der schärfste Gesellschaftskritiker in England, ein Subskriptions-Ticket für seine graphische Serie *A Rake's Progress* aus, das er *The Laughing Audience – Das lachende Publikum* (Abb. 29) nannte.[10] Unten sitzen drei Musiker, hinter der stachelbewehrten Absperrung sind die grotesken Köpfe der Lachenden zu sehen, und oben in der Loge bedrängen zwei Gentlemen zwei junge Frauen, während eine dritte einen der Gentlemen am Ärmel zupft, um mit ihrem Korb Orangen die Konkurrentin zu verdrängen – alles eindeutige Angebote, die zum Titel passen. Die Zuschauer von Theater- und Opernaufführungen wurden in London schärfer angefasst als das Kunstpublikum. Isaac Cruikshank veröffentlichte 1796 in London eine Satire auf das Opernpublikum, das sich daran erfreute, der Tänzerin Rose Parisot beim *grand battement jeté* unter den Rock zu schauen.[11] Die Tänzerin balanciert auf dem rechten Fuß, hebt ihr linkes Bein vor dem Publikum in die Waagrechte und streckt die Arme weit nach vorn. In der offenen Türe schauen zwei Männer nach oben, und vom tiefergelegten Parkett blicken die Männer hinauf zur lockenden Tänzerin.

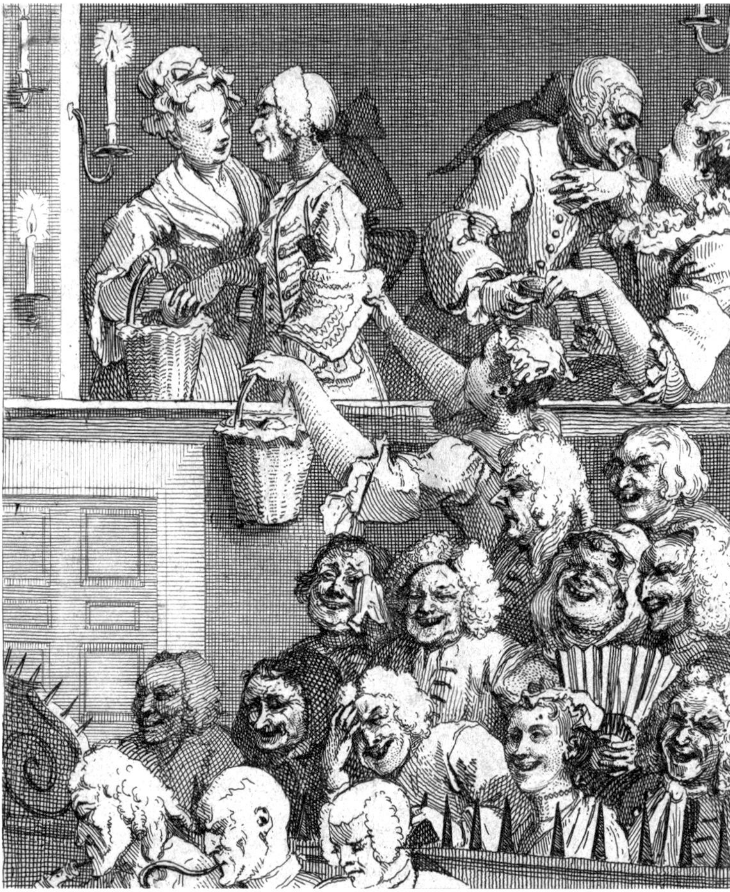

29 William Hogarth,
The Laughing Audience, 1733

Die politisch verfeindeten Männer sind vereint in ihrer Lüsternheit, und einige sind identifiziert: der Duke of Queensbury mit dem Fernglas bildet links den Anfang in der ersten Reihe, und den Schluss rechts macht William Pitt the Younger.[12]

1811 publizierte Thomas Rowlandson eine Radierung mit dem Titel *John Bull at the Italian Opera* (Abb. 30).[13] Der Grobian sitzt mit grimmigem Gesichtsausdruck in der oberen Loge zwischen zwei gähnenden weiblichen Figuren. Auf der Bühne kräht inbrünstig ein römisch kostümierter Sänger, während ein Zuhörer in roter Jacke das Maul zum Gähnen aufreißt, ein anderer das Hörrohr hält und andere Zuschauer sich köstlich amüsieren. Der Dirigent und die Musiker im Orchestergraben sind allesamt in Hogarth'scher Manier karikiert. Rowlandson zeigt das pöbelhafte Benehmen der Opernbesucher, aber auch das Lächerliche der Musiker und die Grimasse des Sängers, auf dessen offenes Maul die offenen Mäuler der Gähnenden antworten.

Für die Verhöhnung des Publikums und der Kritiker bedienen sich die Künstler oft der Eselsohren, mit denen schon der legendäre König Midas ausgestattet wurde, nachdem er den Wettstreit zwischen dem flötenblasenden Pan und dem Gott Apollon mit der Kithara törichterweise zu dessen Ungunsten entschieden hatte.[14] Schon zuvor war Midas für seine Dummheit bekannt geworden, und nach seinem Kunsturteil nehmen die langgezogenen Ohren die von Dummheit und Anmaßung geflüsterten Lügen auf. Apelles machte daraus das Gemälde *Die Verleumdung des Apelles*, das seit dem Ende des 15. Jahrhunderts mehrfach nach der Beschreibung rekonstruiert wurde zur Warnung von Publikum und Auftraggebern.[15] Rembrandt verunstaltete einen Kritiker mit Eselsohren, wie 1644 in seiner *Satire auf die Kunstkritik.* Vor dem Kritiker liegt ein Bild auf dem Boden, offensichtlich das Opfer der Verurteilung. Drei Personen hören dem Kritiker zu, rechts stehen zwei Männer mit hohen Hüten, die das Publikum vertreten. Durch skatologischen Humor steigert Rembrandt den Spott zu einer üblen Verhöhnung.[16]

Radikal verfahren die Maler François Boucher in Frankreich und Nicolai Abildgaard in Dänemark indem sie dem Publikum einen schreienden Esel beigesellen. In Bouchers Zeichnung, die zweimal als Frontispiz Verwendung findet, sitzt die geknebelte Malerei als melancholische Figur untätig vor der Staffelei, während die Putti zu ihren Füßen unbeschwert Tafel und Griffel einsetzen. Hinter der Malerei weist der von einem Trunkenbold begleitete Neid auf das Gemälde, und über den Kunstrichtern und der Menge schreit ein Esel.[17] In Nicolai Abildgaards *Le Sort des Artistes – Das Schicksal der Künstler* (Abb. 31) steckt der Maler

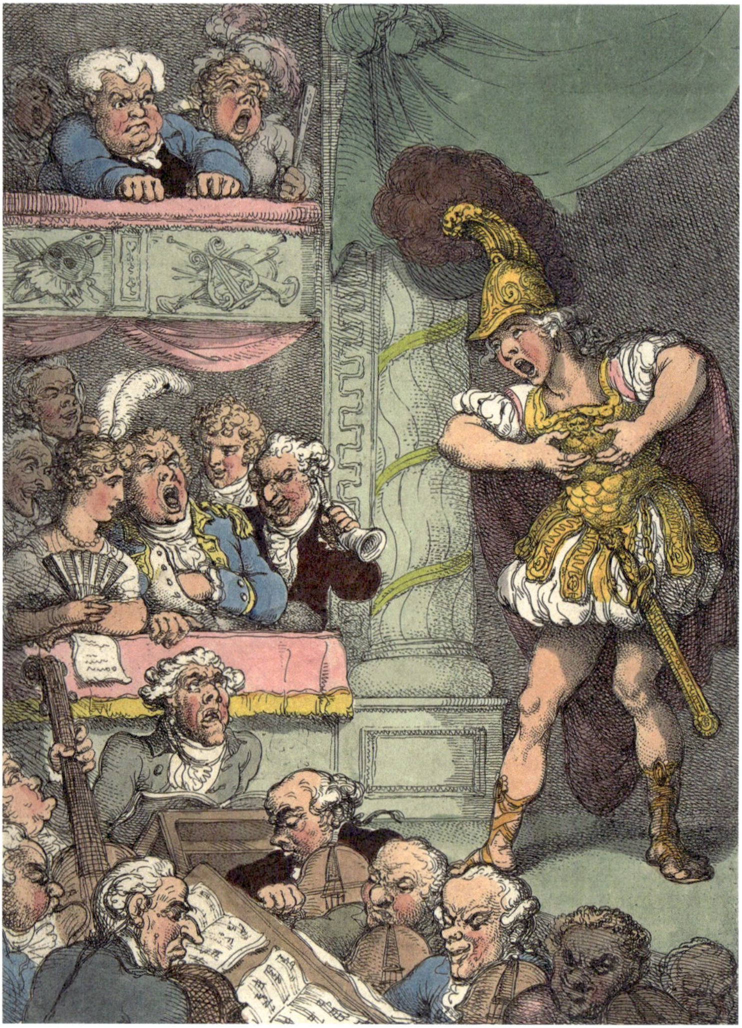

30 Thomas Rowlandson,
John Bull at the Italian Opera, 1811

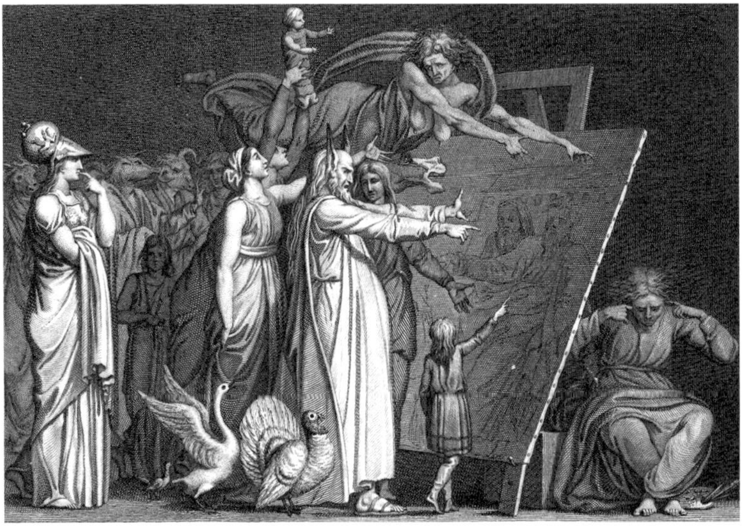

31 Johan Frederick Clemens (nach Nicolai Abildgaard), *Le Sort des Artistes*, 1786

als neuer Apelles hinter der Tafel und hält sich die Ohren zu, während ein imposanter Alter mit Eselsohren, begleitet von Truthahn und Gans, auf das Gemälde zweier Philosophen zeigt. Ein Kind weist auf eine Gewandfalte, und zwei Frauen bewundern das Gemälde. Im Publikum dahinter sind Widder- und Schweinsköpfe sichtbar. Den Abschluss bildet die große Gestalt der Athena mit dem Pegasushelm, die mit dem Zeigefinger an den Lippen vergeblich Schweigen gebietet. Abildgaard drückt in seiner Satire Misstrauen und Verachtung gegenüber den Kritikern aus und verschont nur das »naive« Publikum.

Exempel des Genfer Volkes versammelte Wolfgang Adam Töpffer in einem Blatt von 1817 vor dem Wessel'schen Papeterie-Laden (Abb. 32).[18] Die Passanten und Kunstliebhaber stehen auf der Straße vor dem Eingang, aus dem eben ein kurzsichtiger Studiosus, der seine Brille zurechtrückt, vor vier modisch gekleidete Frauen tritt. Ein älterer Mann hält sich eine Lupe vor die Nase, während ein komischer Hut das kleine Mädchen links der Gruppe fast gänzlich verdeckt. Rechts auf der Eselin schreit ein Eierverkäufer, der einen dicken Knaben vor sich hält, ähnlich wie die Eselin das Fohlen unter ihr birgt. Prominent hervorgehoben ist links ein beleibter bäuerischer Mann mit einer alten Militärmütze und einer Hucke, aus der ein Tuch

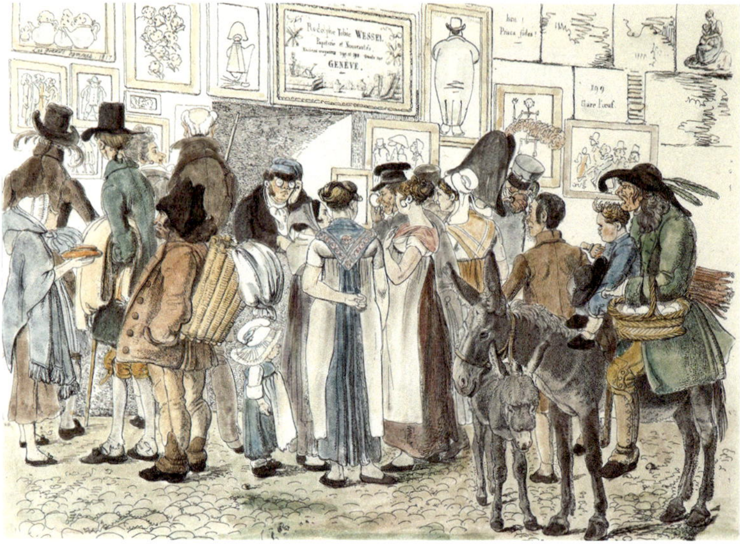

32 Wolfgang-Adam Töpffer, *Das Publikum vor dem Laden von Rodolphe Tobie Wessel*, um 1817

herausquillt. Zwischen ihm und dem Mädchen mit dem Brot finden sich zwei magere männliche Rückenfiguren, deren Zugehörigkeit zur oberen Klasse die vorrevolutionären Kniebundhosen und die Zylinder anzeigen. Einige aus dem Publikum wenden sich den gerahmten Darstellungen zu, mit denen die Wand bedeckt ist. Mehrere dieser Zeichnungen oder Graphiken sind satirische Darstellungen, etwa die von drei Köpfen auf Krügen, die betitelt ist mit *Les grands hommes – Die großen Männer*. Rechts daneben zeichnet Töpffer das Grundinventar der Karikaturisten: die unterschiedlichsten Köpfe in unterschiedlicher Verzerrung. Links des Ladenschildes ist eine komische Figur und rechts ein dicker Mann von hinten dargestellt, ein Stereotyp der lachhaften Figur, die Giovanni Battista Tiepolo um 1760 gezeichnet hatte.[19] Die einzige Zeichnung, die Distanz zur Karikatur hält, ist die Darstellung einer Mutter mit Kind in der rechten oberen Ecke. Mit der Radierung trägt Töpffer den Wunsch nach einem Volk als Publikum vor, das sein Werk bespricht und bewundert.

Das Muster für die karikierende Darstellung des gemischten Kunstpublikums hatte Pierre Nolasque Bergeret wenige Jahre zuvor geschaffen mit der Lithographie (Abb. 33) des Buchladens von Aaron Martinet an der Rue du Coq 15 in Paris.[20] Bergeret versammelt vor dem Laden,

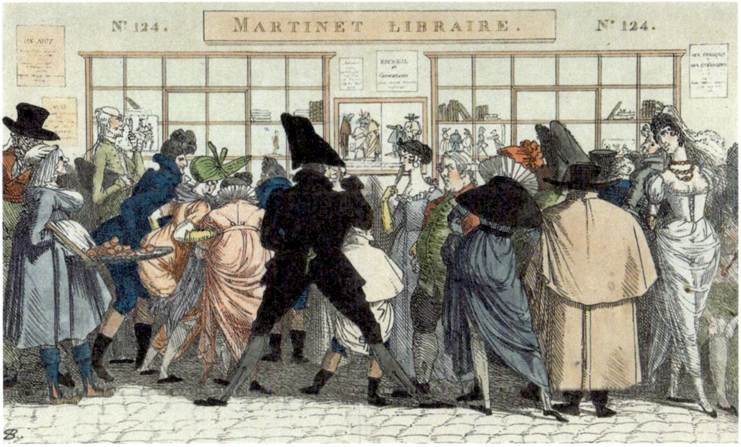

33 Pierre-Nolasque Bergeret,
Les musards de la rue du Coq, 1805

der Karikaturen anbietet, alle Typen des städtischen Publikums zu einem komischen Kaleidoskop: die dicke Verkäuferin mit Bauchladen, den dürren Gelehrten mit Brille und Lorgnon, die modisch aufgeputzten Damen, den misstrauischen Gatten mit der zarten jungen Frau, die Rückenfigur im Kontrapost, die komische Figur des Dicken und schließlich die gezierte geschmückte Dame. Am lächerlichsten ist der breitbeinige Wichtigtuer mit Zweispitz, Affengesicht und Lupe in der Bildmitte.

Das Publikum der Theater, Variétés, Konzerte und Salons lieferte den Karikaturisten und Satirikern unerschöpflichen Stoff. In Frankreich beschäftigte sich Honoré Daumier um die Mitte des 19. Jahrhunderts mit allen Facetten der Gesellschaft: Pöbel, Kleinbürger, Künstler, Juristen, Betrüger und Profiteure, Minister, der König. Dem Publikum der Salons hält er Dummheit, Selbstgefälligkeit und Borniertheit vor und publiziert die Lithographien in der Satirezeitschrift *Charivari*. Eine Lithographie der Folge *Le public du Salon – Das Publikum im Salon* von 1852 zeigt das Publikum, das sich am Tag des freien Eintritts in den Salon zwängt: eine sehr beleibte Dame leidet sichtlich unter der hohen Temperatur von 25 Grad, der Herr rechts neben ihr trägt einen indignierten Ausdruck in seiner noblen Physiognomie zur Schau, dahinter reihen sich die zylinderbedeckten Bürger, die an der Masse leiden um das Eintrittsgeld zu sparen. Durch das Gedränge vorne schieben sich zwei Gamins auf der Suche nach Geld und Uhren in den Westentaschen der Bürger. Eine Lithographie aus der Folge *Le salon de 1857* geht an Bösartigkeit weit über die gewohnte Aggressivität des Zeichners hinaus. Gezeigt wird eine Gruppe von Bürgern in Zylindern mit einer Frau und einem Kind in der Ecke eines Bildersaals (Abb. 34). Eine Dreiergruppe in der Mitte ist durch unübertreffliche Heimtücke hervorgehoben. Der vorderste kritisiert mit knochigem gekrümmtem Zeigefinger das Kunstwerk, der zweite grinst und der dritte zeigt die grimmigste Empörung. Diese drei, die sich vom Künstler beleidigt wähnen, repräsentieren nicht bloß Kritiker oder entsetzte Besucher: Daumier erfasst mit ihnen eine neue aggressive Spezies, die Feinde der Kunst, die kritisieren, lachen und sich empören.

Das Auslachen von Künstlern und ihren Werken ist die spontanste und eindeutigste Äußerung der Feindschaft des Publikums. Der Journalist Adolphe Tabarant zitiert einen Bericht des Malers Charles Cazin, dessen Einsendung die Jury abgewiesen hatte, über das Publikum im Salon des Refusés 1863, das am Drehkreuz mit Ungeduld und Neid hört, wie die Leute vor den Gemälden vor Lachen losplatzen:

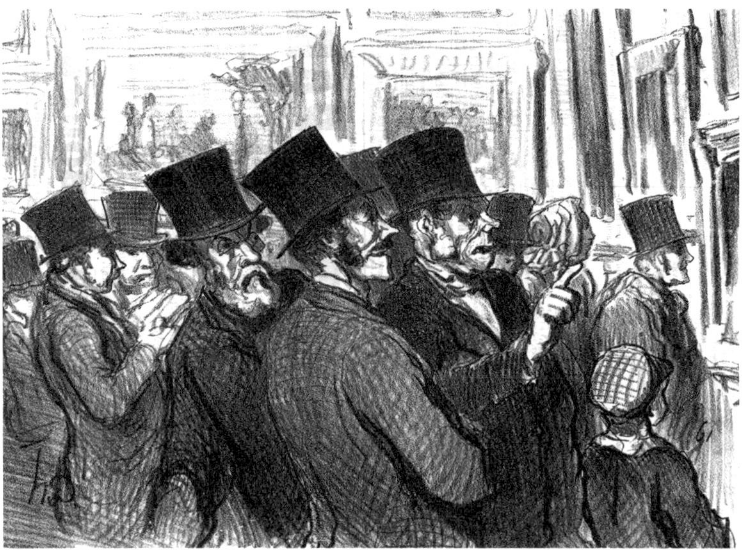

34 Honoré Daumier, *Aspect du salon le jour de l'ouverture*, 1857

> Sie lachten mit so lauten Ausbrüchen, dass die Leute, die auf den Einlass warteten, sich über die Langsamkeit des Drehkreuzes beschwerten. ‚Es war, als würde man Madame Tussaud's in London betreten, das Zimmer des Schreckens. Man lachte vom Eingang weg,' schrieb der abgewiesene Maler Charles Cazin.[21]

Hauptzielscheiben des lachenden Publikums im berühmten ersten Salon der Abgewiesenen waren Edouard Manet mit dem *Déjeuner sur l'herbe* (Paris, Musée d'Orsay) und der Amerikaner James McNeill Whistler mit seinem Gemälde *Sinfonie in Weiß* (Washington, D.C., National Gallery of Art). Das Verlachen eines Bildes zur Erniedrigung des Urhebers wird von Daumier als bösartige Aggression bloßgestellt. 1864 publizierte er in *Le Charivari* unter seinen Skizzen vom Salon eine Lithographie (Abb. 35), die vorne einen grinsenden Mann mit Zylinder zeigt und links von ihm einen weiteren mit dem gleichen Ausdruck. Der Künstler reagiert grimmig auf die Aggression, und die Legende gibt Spott und Beleidigung wieder: »Tja, das ist eine wirklich verrückte Komposition! Und erst die Farbe!« – »Idiot von Bürger, hau ab.«[22]

In seinem Essay über das Wesen des Lachens von 1855 zitiert Charles Baudelaire den Hofprediger von Ludwig XIV., Jacques-Bénigne

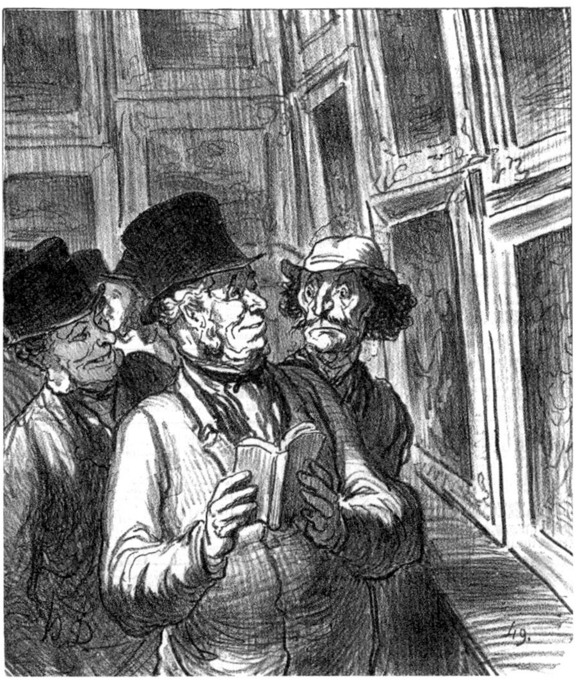

35 Honoré Daumier, *Der Besucher und der Künstler*, 1864

Bossuet: »Der Weise lacht nur mit Zittern« – »Le Sage ne rit que tremblant«. Baudelaire korrigiert jene, die annehmen, das Lachen entspringe der Überlegenheit, und behauptet dagegen, das Lachen über das Unglück anderer sei »ein Anzeichen von Schwäche«, ablesbar schon an der komischen »nervösen Zuckung« und an der verzerrten Physiognomie.[23] In der Zusammenfassung wiederholt Baudelaire: »Das Lachen ist satanisch, also ist es zutiefst menschlich«, und also sei es auch zutiefst widersprüchlich, nämlich als Anzeichen eines »unendlichen Elends« im Vergleich mit dem absoluten Wesen und einer »unendlichen Größe« im Vergleich mit den Tieren: »Aus dem unaufhörlichen Widerstreit dieser beiden Unendlichkeiten entsteht das Lachen«, meinte Baudelaire und band mit einer weiteren Behauptung das Lachen vom Verlachten zurück an den Lachenden: »Die Komik, die Gewalt des Gelächters liegt in dem Lachenden und keineswegs in dem, worüber er lacht.«[24] Nicht bedacht ist, was das Gelächter bei demjenigen anrichtet, der zur Zielscheibe wird. Darauf gibt Daumier eine Antwort mit der Karikatur eines bürgerlichen Paares, das vor einem Gemälde in Gelächter ausbricht, während der Künstler von deutlich niedrigerer Klasse mit grimmigem Ausdruck danebensteht: »Die Idioten … man malt für sie ein religiöses Gemälde und sie lachen … sie haben nicht einmal Kunstreligion.«[25] Die Beziehung zwischen Künstlern und Publikum besteht für Daumier in den 1860er Jahren aus Aggression und Beleidigung.

Der junge Journalist und Schriftsteller Emile Zola deutete in seiner Verteidigung von Edouard Manet eine Verschwörung des Publikums gegen den von ihm verteidigten Künstler an. 1866 setzte sich der ehrgeizige Zola, der Jugendfreund von Paul Cézanne, für Edouard Manet ein, der von der Zurückweisung zweier Gemälde betroffen war. In seinem Beitrag beleidigte Zola fast alle Mitglieder der Jury. Er signierte seine Beiträge, die in sieben Folgen in der kurzlebigen Zeitschrift *L'Evènement* erscheinen, mit dem Pseudonym »Claude«, ernannte sich zu »Moi, public« und beschwerte sich über die Verletzung der Meinungsfreiheit durch die Jury. Im Namen des Publikums zeigte er sich empört über die Zensur einer künstlerischen Bewegung und forderte gebieterisch, die Korruption der Jury offenzulegen.[26] Zola kritisierte das willkürlich eingeschränkte Wahlrecht von etablierten Künstlern, die ihre eigenen Werke ohne Beurteilung zeigen können und jüngere Künstler verhindern. Die Zurückweisung von Manets Gemälden war für Zola die Bestätigung, dass die Jury sich von Cliquen leiten lässt, und er erklärte sich kämpferisch zum »défenseur de la réalité« – »Verteidiger der Realität«.[27] Zola griff die arrivierten Künstler an und stellte ihnen Manet gegenüber, der noch am Anfang steht. Im letzten Artikel inszeniert Zola seinen Abschied als Kunstkritiker und erklärt sich ironisch für schuldig, alle die Ungeheuerlichkeiten, die man ihm vorwirft, mit Absicht begangen zu haben.[28]

Im Januar des folgenden Jahres publizierte Zola einen Essay über Manet, der unter dem Titel *Edouard Manet, étude biographique et critique – Edouard Manet, eine biografische und kritische Studie* erschien. Der dritte und letzte Abschnitt ist dem Publikum gewidmet. Zu Beginn wendet sich Zola gegen die Umtriebe der Spaßmacher und Schmarotzer, die aus Manet einen Spitzbuben und Bürgerschreck machen mit dem schäbigen Ziel, das Publikum zum Lachen zu bringen.[29] Man kennt Manet, den Künstler und die Werke, sagt Zola, aber man muss etwas anderes kennenlernen: die Masse – »la foule«, die beleidigend lacht über Manet, den sie für einen Paria hält, einen von der Gesellschaft Ausgestoßenen.

Treten im 19. Jahrhundert Claqueure in den Ausstellungen auf wie seit den 1820er Jahren in den Pariser Theatern, die genau instruiert von einem »Chef de Claque«, für einen Erfolg durch verabredeten Applaus zu sorgen haben?[30] In der bildenden Kunst sind solche Einrichtungen kaum bekannt, da nicht untersucht; die Künstlerinnen und Künstler müssen eine günstige Besprechung durch einen befreundeten Kritiker oder Journalisten erwirken. Gab es geheime Absprachen, um einen Konkurrenten durch ein lachendes Publikum zu erniedrigen? Zolas Text, der in manchem fiktiv ist, suggeriert eine Verabredung von Publikum und Kritikern zu einem aggressiven Verhalten gegen Manet. Zola erfindet die Verfolgung des Malers auf offener Straße durch eine Horde von Bengeln – »gamins« –, die Steine werfen, während die Kritiker – die Schutzmänner – selbst nach Pflastersteinen greifen und den Tumult steigern. Um die drohende Steinigung abzuwenden, spricht Zola mit den Bengeln, mit den Kritikern und mit Manet, und angesichts der öffentlichen Wut über das Verbrechen dieses Paria kann er nur die Beruhigung zum Ziel haben.[31] Dazu will er die Öffentlichkeit, die sich vom Maler beleidigt fühlt, von dessen Aufrichtigkeit überzeugen, der wie andere Bürger tagsüber zur Arbeit geht und sich abends im Kreis der Familie und der Freunde erholt.

Im letzten Abschnitt unter dem Titel »Le public« – »Das Publikum« legt Zola seine Beobachtungen über das Verhalten der Masse dar. Der erste Vorwurf an die Künstlerkollegen lautet, dass sie aus Feigheit mit der Masse lachen, statt sie zum Schweigen zu bringen. Das Verhalten der Masse, die für ein Nichts in Lachen ausbricht, wie etwa im Theater über einen Schauspieler, der wiederholt stolpert, erklärt Zola für kindlich. Über die Reaktion einer intelligenten Menge auf etwas Neues und die ansteckende Wirkung auf die Masse schreibt er:

> Setzen Sie zehn Personen von ausreichender Intelligenz vor ein Gemälde, das neu und originell aussieht, und alle diese zehn Personen werden sich wie ein großes Kind verhalten; sie werden sich mit den Ellbogen stupsen, sie werden das Werk auf die komischste Art der Welt kommentieren. Die Schaulustigen werden in Reih und Glied kommen und die Gruppe vergrößern, bald wird daraus ein wirklicher Trubel, ein Anfall von einfältigem Wahnsinn.[32]

Zola wusste zwar, dass solche Anfälle von Einfalt und Wahnsinn vorübergehen, doch auch, dass die Reaktion des Publikums sich bei jeder Neuerung in der Kunst wiederholt, denn so wie es bei Delacroix war, sei es jetzt bei Manet, und so werde es wieder sein bei jedem originellen Künstler. Das große Schreckgespenst sei die Originalität, da sie uns verwehrt, in unseren Gewohnheiten zu verharren. Dennoch bleibt die Raserei gefährlich:

> Da ist eine ganze Armee, die aus Eigennutz die Heiterkeit der Masse nicht ausgehen lässt und die es auf hübsche Weise zustande bringt. Die Karikaturisten bemächtigen sich des Mannes und des Werks, die Journalisten lachen noch lauter als die uninteressierten Spötter. Im Grund ist es nichts als Gelächter, nichts als Wind.[33]

Zola zeigt Verachtung für das kindische und hündische Verhalten der Masse. Doch was soll sie denn machen, die von niemandem im lauten Getöse der zeitgenössischen Meinungen angehört und vernünftig angeleitet wird? Und was tun die Künstler? Das große Reich der Kunst ist aufgeteilt in viele kleine Künstlerdomänen mit eigener Anhängerschaft:

> Jeder Künstler hat eine eigene Masse an sich gezogen, indem er ihr schmeichelt, indem er ihr die mit rosa Seidenbändchen geschmückten Spielzeuge schenkt, die sie liebt. So ist die Kunst bei uns ein großer Kramladen von Zuckerwaren geworden, wo es Bonbons für jeden Geschmack gibt.[34]

Das Lachen des Publikums drückt neben Aggressivität auch Hilf- und Ratlosigkeit gegenüber neuer Kunst aus. Für die vielen Lachvorfälle in den Ausstellungen sei ein Exempel von 1911 aus der kulturellen Provinz zitiert. Der Journalist Hans Bloesch beginnt die Besprechung der Ausstellung seines Jugendfreundes Paul Klee in Bern mit einer Beobachtung des Publikums, die im Ungewissen lässt, ob dessen Verhalten nicht erfunden wurde. Bloesch schreibt über das bürgerliche Publikum einer kleinen Stadt:

> Der Erfolg war stets ein vorsichtiges Ausschweigen der Kritik und eine hülflose Verblüffung des Publikums, das sich nach dem ersten Schreck hohnlachend oder schmälend gewohnteren Weideplätzen seines ästhetischen Urteilsbedürfnisses zuwandte. Die einen erleichterten sich das Wegwenden von solchen Unerhörtheiten durch einen billigen Witz, die andern durch ein entrüstetes Schimpfen, wenige nur nahmen sich die Zeit zu einem Versuch, in dieser neuen Welt sich zurecht zu finden.[35]

Die Massen

1835 definierte der belgische Statistiker Adolphe Quetelet die erste statistische Vermessung des Menschen, woraus sich der »mittlere Mensch« und die mittlere Entwicklung für eine Sozialphysik des Durchschnittsmenschen ergaben.[1] Die Wahrnehmung von Ansammlungen von Menschen als Masse erfolgte zeitlich wenig später nach Quetelets statistischer Erhebung des Durchschnittsmenschen. Die Einstellung zu den Massen war und ist überall ambivalent: sie sind einerseits willkommen für die Statistik, für die Einnahmen und für Jubel und Beifall, und andererseits sind sie Objekt der sozialen Verachtung, die sich in der Bezeichnung »pleps« für große Gruppen äußert, die für ungebildet gehalten werden.

Veranstaltungen, die auf ein Massenpublikum spekulierten, waren die seit 1851 organisierten Weltausstellungen, die ab 1855 meist auch Kunstabteilungen aufweisen. Die Besucherzahlen stiegen von 6 Millionen (1851, London) auf 32 (1889, Paris) und 28 Millionen (1893, Chicago), und erreichten einen frühen Höhepunkt mit 48 Millionen im Jahr 1900 (Paris). Osaka verzeichnet 1970 die bisher höchste Besucherzahl mit 64,2 Millionen.[2] 1878 nahmen 36 Länder an der Weltausstellung in Paris teil, und es fanden sich 16,2 Millionen Besucher ein, fast doppelt so viele wie 1867 in Paris. Es ist aufschlussreich, dass eine kolorierte Ansicht des Ausstellungsgeländes vor dem Palais du Champ-de-Mars von 1878 in Paris weder Masse noch Pleps zeigt, sondern dekorativ geordnete Gruppen von gutsituierten Besuchern (Abb. 36). Das Deutsche Reich lehnte zunächst eine Teilnahme aus politischen Gründen ab und versuchte, andere Länder zu einem Boykott der Pariser Weltausstellung zu bewegen, entschied sich aber dann zu einer Art Annäherung an Frankreich mit Hilfe der deutschen Gegenwartskunst.[3] Ein Holzstich in der *Illustrirten Zeitung* vom 7. September 1878 (Abb. 37) zeigt den Erfolg der deutschen Sektion mit den interessierten Besuchern im Salon, dessen bequeme Einrichtung

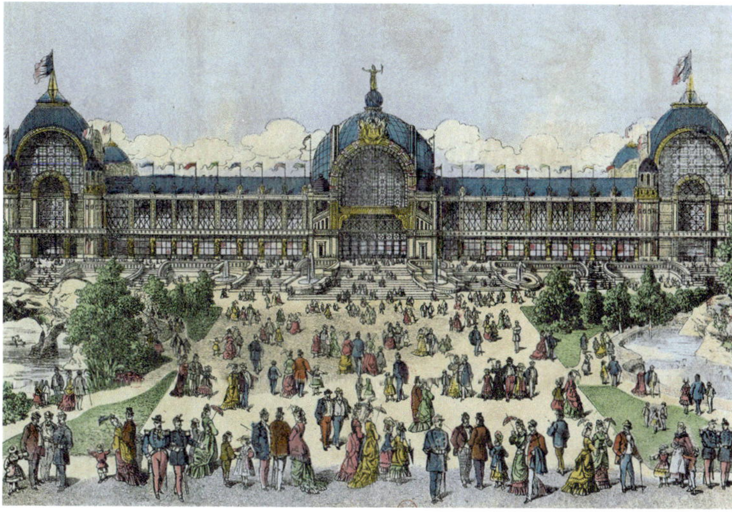

36 *Das Publikum vor dem Palais du Champ-de-Mars*, 1878

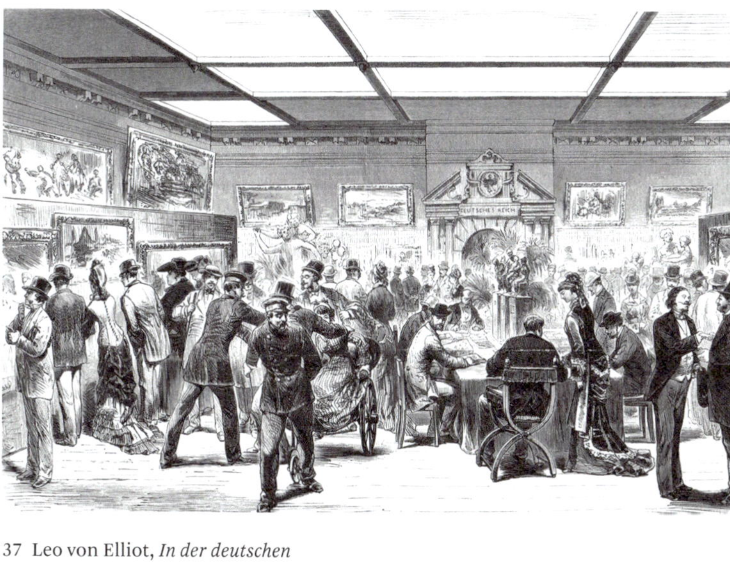

37 Leo von Elliot, *In der deutschen Kunstausstellung*, 1878

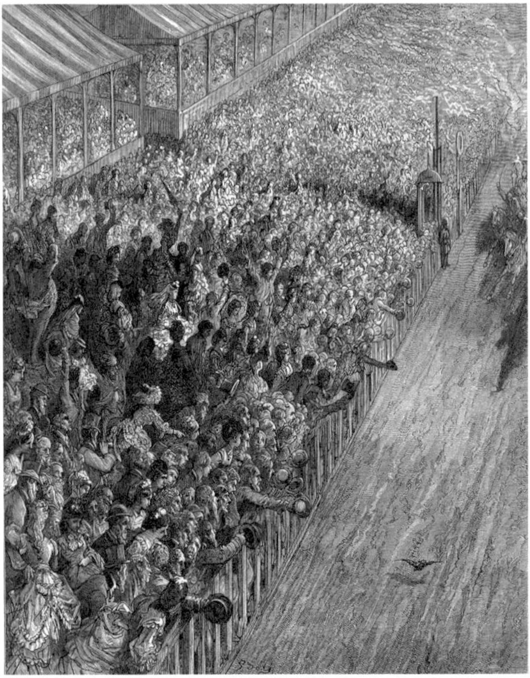

38 Gustave Doré, *Das Derby in Epsom*, 1872

selbst in der französischen Presse Lob fand, was in Deutschland Genugtuung auslöste.[4]

Die seit 1851 sprunghaft wachsenden Besucherzahlen von Großanlässen wie den Weltausstellungen korrelieren mit dem Anstieg der Bevölkerungszahlen in den europäischen Städten zwischen 1850 und 1900, dem Zeitraum, der für die Wahrnehmung der Massen wichtig ist. Die Einwohnerzahlen in Städten wie London, Paris, Rom und Mailand vermehrten sich in diesem Zeitraum durchschnittlich um den Faktor 2,5 pro Jahrzehnt, Rom wies den Faktor 2,6 auf, während Mailand nur auf 2,037 kam. In der Kleinstadt Zürich stieg die Einwohnerzahl von 17.000 auf 151.000, nahm also mit dem Faktor 8,88 zu, ein überdurchschnittliches Wachstum verzeichneten auch Budapest mit dem Anstieg von 178.000 (1850) auf 732.000 (1900) und Wien mit der Vermehrung um den Faktor 3,77 von 444.000 auf 1,675 Millionen.[5]

Im Album *London. A Pilgrimage*, das 1872 der englische Schriftsteller Blanchard Jerrold herausgab, konfrontieren die Illustrationen von Gustave Doré das Elend der Massen mit den Vergnügungen der *upper classes*, sie zeigen aber auch, dass am Derby von Epsom, dem legendären Pferderennen, die Masse der Zuschauer sich aus allen gesellschaftlichen Schichten zusammensetzt (Abb. 38).[6] Doré stellt aus der Vogelschau die Degression der Zuschauer dar von den in der Nähe noch zu erkennenden Personen mit unterschiedlicher Physiognomie, Habitus und Kleidung zur nicht mehr unterscheidbaren gleichförmigen Masse, die sich in der Ferne verliert. Das Epsom Derby bescherte London einen der wenigen Tage im Jahr, an denen »die Erregung in den Clubs, die Lebhaftigkeit des Pöbels; und die abnormale Mischung von Klassen und Fremden« festzustellen sind, wie Blanchard Jerrold in seinem Kommentar schreibt.[7] Die Pferde, die gerade die Ziellinie passieren, verlegt Doré an den rechten Rand, ebenso den Vogel, der mit Schattenwurf flach über der Rennbahn entflieht. Die Hauptsache ist das Publikum im »Grand Stand«, dessen unüberblickbare Anzahl in einen nach unten sich verengenden Keil zwischen dem Zaun und dem Bildrand gesperrt ist. Im schmalsten Teil des Keils häufen sich Damenkleider, Köpfe von Männern und Frauen, dazu Hüte, vor allem Zylinder der *upper classes* gemäß dem Epsom *dress code*, aber auch zwei Bowler oder Melonen der *middle class*. Einige strecken den Hut über die Absperrung in die Bahn hinein zur Begrüßung der heransprengenden Reiter. Entlang der Absperrung ist die Menge zu dichten Reihen gepresst. Wo sich der Keil erweitert, durchschneidet eine Reihe von dunklen Figuren die Menge und breitet sich vor der Tribüne zu einer formlosen Ansammlung aus. Oberhalb der dunklen Reihe und in den Rängen findet sich ein Gewimmel von Kreisen, die mit zunehmender Entfernung kleiner werden und in gewellte Linien auslaufen. Mit zunehmender Ferne verwandelt sich ist die Masse von Köpfen in ein Meer.

Blanchard Jerrold braucht in seinem Kommentar zu Dorés Darstellungen zum Epsom Derby mehrfach Metaphern von Meereswellen für die Bewegung der Massen: »Ein Flattern geht durch das Meer der Köpfe auf der großen Tribüne«.[8] Oder:

> Doch das seltsamste Spektakel ist die menschliche Flut, die augenblicklich wie ein Körper herausströmt und über die Bahn hinter den Läufern rollt wie eine Welle von Tinte; die schwarze und bewegungslos Menge ist plötzlich geschmolzen und wurde geschmolzen; in einem Moment verbreitet sie sich in großen Mengen in die Ferne, wohin das Auge nicht folgen kann, und erscheint vor der Tribüne.[9]

Die Beschreibung einer Menschenmasse als »stürmisches Meer von Menschenköpfen« gab Edgar Allen Poe in seiner Kurzgeschichte »The Man of the Crowd« – »Der Mann der Menge« von 1840 vor. Nach langer

Krankheit sitzt der Erzähler im Kaffee D. an der belebtesten Straße der Millionenstadt London, raucht eine Zigarre und wandelt sich vom Leser zum Beobachter, der mit geschärften Sinnen die vorübergehende Menge durch das Fenster verfolgt.[10] Zuerst sucht er die sozialen Beziehungen in der Masse zu erraten, darauf will er Berufsgruppen nach Mimik und Verhalten unterscheiden. Ein dezentes Verhalten lässt ihn auf Leute schließen, die auf eigene Verantwortung handeln, während Träger vergangener Kleidermoden ihm den Stand als niedrige Angestellte verraten, während höhere Angestellte sich durch schwarze Kleidung auszeichnen. Der Beobachter glaubt, die Taschendiebe und die Falschspieler und die Gattungen der Dandys und der Soldaten an ihren Schmachtlocken und wasserdichten Jacken erkennen zu können. Dann folgt die Beobachtung der sozial Abgestiegenen und des tiefsten Elends: die Hausierer, Bettler, Trunkenbolde, Prostituierten, hoffnungslose junge Mädchen, dann die Kohlenträger, Affenaussteller, Straßensänger, die zerlumpten Artisten und erschöpften Arbeiter. Mit zunehmender Dunkelheit nehmen die gesitteten Verhaltensweisen ab, und das Laster kriecht überall hervor. Das flackernde Licht der Gaslaternen nötigt den Beobachter, vom Studium des Mobs zur Beobachtung des Einzelnen überzugehen. Plötzlich wird er gefangen vom Gesichtsausdruck eines älteren Mannes, der ihm wie die Verkörperung des Mephisto vorkommt, und er vermutet, ein »Retzsch« hätte ihn zum Vorbild für den Teufel genommen.[11] Poe bezieht sich hier auf eine der Illustrationen für Goethes *Faust* von Moritz Retzsch, die 1816 in Deutschland publiziert worden, und von denen eine in der englischen Zeitschrift *The Saturday Magazine* am 6. Mai 1837 abgedruckt wurde mit der Bezeichnung »Satan playing at chess with man, for his soul« – »Der Teufel spielt mit dem Menschen Schach um seine Seele«.

Gustave Le Bon, Arzt und Begründer der Massenpsychologie, veröffentlichte 1895 sein Hauptwerk *Psychologie des foules*, das einen ungewöhnlichen Erfolg hatte. Le Bon nahm an, dass unter bestimmten Voraussetzungen eine Versammlung von Menschen eine »Kollektivseele« entwickle: »Die bewusste Persönlichkeit schwindet, die Gefühle und Gedanken aller Einheiten sind nach derselben Richtung orientiert.« Die »organisierte Masse« bildet »ein einziges Wesen und unterliegt dem Gesetz der seelischen Einheit der Massen«[12] Le Bon befürchtete, dass der jüngste Aufstieg der Massen die Rückkehr »zu jenen Zeiten verworrener Anarchie« und eine der »letzten Etappen der Kulturen des Abendlandes« bedeute. Er meinte zu wissen, dass die Kulturen stets von »einer kleinen, intellektuellen Aristokratie« geschaffen wurden und die Massen stets nur die Kraft zu deren Zerstörung haben.[13] Die Masse erliegt Suggestionen und ist empfänglich für Gerüchte und Manipulationen durch charismatische Politiker. Le Bon, der Mediziner, behauptet, dass in einer Menge von Menschen durch die Ansteckung (»contagion«) die Individualitäten eingeebnet und zu einer Masse werden, die zu gewalttätigen Handlungen fähig ist, die ein einzelner nicht ausführen würde:

> Für den Einzelnen in der Masse schwindet der Begriff des Unmöglichen. Der allein stehende einzelne ist sich klar darüber, dass er allein keinen Palast einäschern, keinen Laden plündern könnte, und die Versuchung dazu kommt ihm kaum in den Sinn. Als Glied einer Masse aber übernimmt er das Machtbewusstsein, das ihm die Menge verleiht, und wird der ersten Anregung zu Mord und Plünderung augenblicklich nachgeben.[14]

1882 beschrieb Robert Koch im Vortrag *Über Tuberkulose* in Berlin den Vorgang der Ansteckung bei Krankheiten.[15] Le Bon übernahm die Entdeckung des Virologen in die Sozialpsychologie für die Beschreibung von Massenphänomenen. Wie die meisten Zeitgenossen stützte sich Le Bon auf die Rassenlehre. Er unterschied zwischen einer lateinischen und einer angelsächsischen Masse und machte den Vergleich des Massenverhaltens mit dem von sogenannten »Wilden«, »Urmenschen« oder »Primitiven«. Die Massen sind manipulierbar in die Richtung der Zerstörung und des Verbrechens, die Le Bon am stärksten herausstellt, aber auch in Richtung des Heldenmutes oder des religiösen Gefühls und Fanatismus. Le Bon behauptet, alle Überzeugungen der Masse hätten eine religiöse Form:

> Der Held, dem die Masse zujubelt, ist in der Tat ein Gott für sie. Napoleon war es fünfzehn Jahre lang, und keine Gottheit hat eifrigere Anbeter gehabt; auch sandte keine die Menschen leichter in den Tod.[16]

Gleichzeitig wie Gustave Le Bon Analyse der Masse erfolgte die Darstellung von Massen und ihres Verhaltens durch Félix Vallotton in Paris. Seine perfekten bildlichen Darstellungen der Massen entstanden zu Beginn der 1890er Jahre. Einer der Holzschnitte, *La Foule à Paris*, zeigt eine Menge von weiblichen und männlichen Köpfen, die von einem Polizisten auf einem engen Platz zu einer Masse zusammengedrängt werden. In *Le Couplet patriotique* von 1893 klatschen und singen die hinter einer Balkonbrüstung versammelten Männer zu einem patriotischen

Lied. Für den Graphikhändler Edmond Sagot schnitt Vallotton 1892 die Ansicht einer dichten Menge von Männern in Zylindern und Melonen vor dem Laden. Im Holzschnitt *La Manifestation* von 1893 laufen und rennen die Menschen in allerlei grotesken Verrenkungen zusammen für eine Straßendemonstration. Der Holzschnitt *Feu d'artifice – Feuerwerk* (Abb. 39) aus der Folge *L'exposition universelle* von 1901 zeigt eine unübersehbare Masse gleicher Gesichter, die alle nach oben zum Feuerwerk schauen. Vom schwarzen Himmel züngeln neun gewellte Lichterbahnen herab, und eine einzelne Rakete steigt nach links empor.

1897 nimmt sich Camille Pissarro am Karneval in Paris die Masse zum Gegenstand zweier Gemälde und nennt dies »faire la foule« – »die Masse machen«. Er mietet sich im Hôtel de Russie an der Rue Drouot Nr. 1 ein und malt in kurzer Zeit zwei Fassungen der Menschenmenge, die während des Karnevals in den Boulevard Montmartre strömt. Die größere Version befindet sich im Hammer Museum in Los Angeles, die etwas kleinere Fassung (Abb. 40) im Kunstmuseum Winterthur.[17] Diese zeigt den von grünlichen Bäumen gesäumten Boulevard zwischen den zwei Reihen hoher Gebäude, der in der ganzen Breite und Länge bis auf zwei kleine Flächen vollständig angefüllt ist von schwarzen Punkten, die eine gleichförmigen Bewegung der Masse suggerieren.

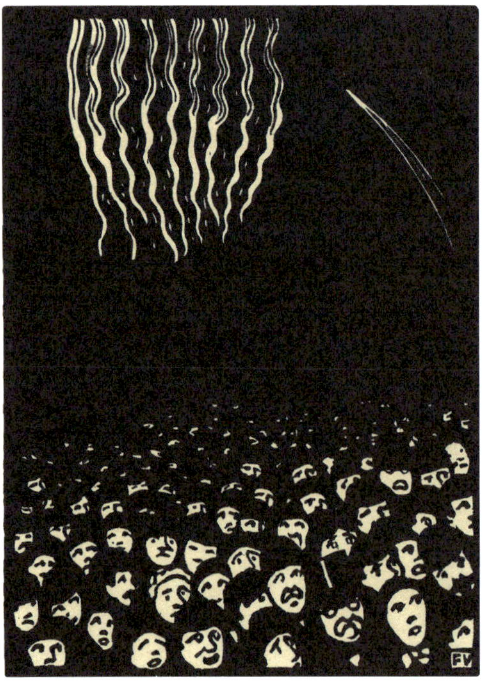

39 Félix Vallotton, *Feu d'artifice*, 1901

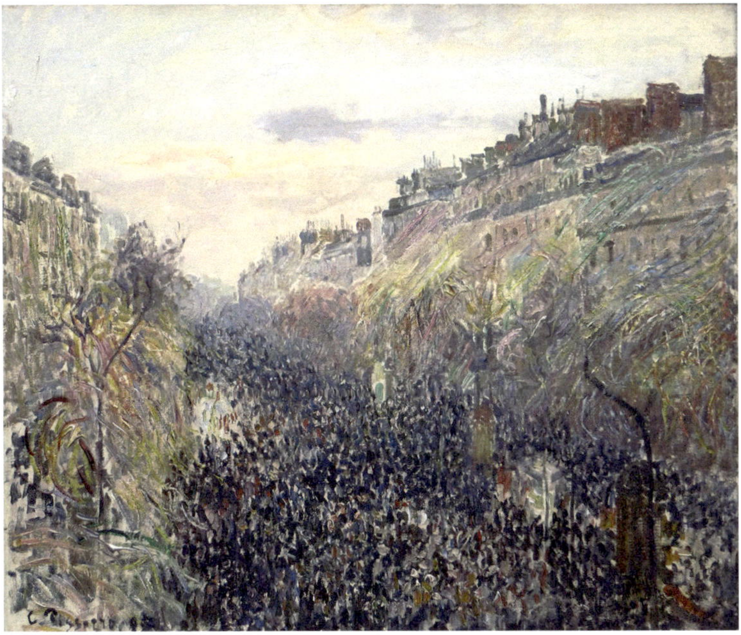

40 Camille Pissarro, *Le Boulevard Montmartre, mardi gras, soleil couchant*, 1897

Trauernde Mengen

Die Trauerfeierlichkeiten für Künstler und Künstlerinnen im 19. und 20. Jahrhundert werden kaum je bearbeitet, obwohl sie häufig ein großes öffentliches Interesse erregten.[1] Die mächtigste Präsenz verschafft sich das trauernde Publikum anlässlich der Begräbnisfeierlichkeiten für Bertel Thorvaldsen in Kopenhagen 1844.[2] Der meist in Rom beschäftigte dänische Bildhauer, der in der ersten Hälfte des 19. Jahrhundert neben Antonio Canova europaweit berühmt wurde, erreichte, dass seine Heimatstadt Kopenhagen ein monographisches Museum für seine Werke errichtet. Das Besondere daran ist, dass er sowohl auf die Hilfe des Königs und der Behörden zählen konnte als auch auf die Unterstützung der Bevölkerung. Der Dichter Hans Christian Andersen schreibt in seiner Monographie über Thorvaldsen:

> Ein Verein von Thorwaldsens dänischen Bewunderern und Freunden ließ die Aufforderung an das Volk, dass jeder sein Scherflein dazu beitragen möchte, ergehen; manch armes Dienstmädchen, mancher Bauer gab das seine, und bald war die erforderliche Summe zusammen gebracht.[3]

Diese bedeutende Begebenheit ist das erste Sponsoring für ein Personalmuseum durch die Öffentlichkeit. Von daher ist der Satz von Andersen verständlich, Thorvaldsens Leben sei ein Triumphzug gewesen, denn das Glück folgte ihm, und »die Menschen haben in ihm die Kunst erkannt und geehrt.«[4] Ein Zeugnis ist die Begeisterung, mit der Kopenhagen den Künstler nach langer Abwesenheit am 17. September 1838 empfing.[5] Dänemark, die ehemals große Nation, wurde wegen der Unterstützung Napoléons von den Siegermächten gedemütigt und musste 1814 Helgoland an Großbritannien und Norwegen an Schweden abtreten. Deshalb erschien den Dänen die europäische Berühmtheit Thorvaldsens als Trost und seelische Wiedergutmachung. Eugène Plon erklärte in seiner Monographie von 1867 den Empfang Thorvaldsens in Kopenhagen:

> Die außerordentlichen Festlichkeiten, zu welchen die Rückkehr des Künstlers in sein Vaterland Veranlassung gab, finden ihre vollständige Erklärung in der gerechten Bewunderung seiner Landsleute, die durch den Ruhm eines der Ihrigen in ihrem Nationalstolz sich geschmeichelt fühlen.[6]

Die einzigartige Verbundenheit der ganzen Bevölkerung mit ihrem berühmten Künstler wird bei den Trauerfeierlichkeiten unübersehbar. Thorvaldsen starb unerwartet während einer Theateraufführung, und Andersen schildert, wie sich die Nachricht in Kopenhagen verbreitete:

> Gleich einem elektrischen Strahle durchlief die Nachricht davon die Stadt, seine Zimmer auf Charlottenburg wurden mit Menschen gefüllt; am tiefsten erschüttert stand Baronesse Stampe, die wenige Tage zuvor eine liebe Schwester verloren hatte; ein kindliches Herz beweinte hier den großen Künstler.[7]

In der Anmerkung informiert Andersen über das Testament Thorvaldsens, der seine Kunstwerke der Stadt Kopenhagen für ein Museum seines Namens mitsamt einem Betrag von 25.000 Reichstalern schenke. Die unvollendeten Werke sollen vom Bildhauer Herman Wilhelm Bissen, Professor an der Kopenhagener Kunstakademie, gegen Vergütung aus dem Museumsfonds fertiggestellt werden.

Was hier interessiert an den großen Trauerfeierlichkeiten sind weniger die Aufbahrung der Leiche, die Trauerreden und die italienischen Opernsänger, als der immense Trauerzug zur Kirche, der von zwei Künstlern und einigen Seeleuten eröffnet wird, gefolgt von nahezu 800 Studenten, wonach Isländer und Künstler aller Klassen kommen, dann die Sargträger, der Kronprinz und die Mitglieder der Akademie, denen sich die Reihen der Bürgerschaft anschließen. Dann, fährt Andersen fort,

> wo die Linie auf dem langen Wege schließt, steht das Volk, selbst zerlumpte Knaben, einander an den Händen haltend und eine Kette, eine Friedenskette bildend; zunächst der Frauenkirche fing die Reihe der Studenten an. Alle Fenster, Mauern, Bäume und viele Dächer sind mit Menschen angefüllt.[8]

Trotz der ungeheuren Menge herrscht absolute Stille. Zwei Kränze liegen auf dem Sarg, der eine stammt von der Königin, der andere von den Schulkindern, die alle »ein Scherflein dazu beigetragen haben«; Blumen und Bouquets werden auf den Sarg geworfen, dann läuten alle Kirchenglocken. Noch einmal hebt Andersen die Rolle des Volkes hervor: »Es ist ein Festzug, das Volk geleitet den König der Künstler!«. Am Kirchenportal nimmt der König Dänemarks den Sarg des Königs der Künstler in Empfang.[9] Damit nicht genug: hatte der Himmel zur Rückkehr Thorvaldsens aus Italien die schönsten Nordlichter geschickt und einen Regenbogen zur Begrüßung aufgezogen, belohnen höhere Mächte jene Seeleute, die Alter, Geburts- und Todestag des Verstorbenen in die Zahlenlotterie eingegeben hatten, mit einem satten Gewinn.

Die dreigeteilte Lithographie (Abb. 41) nach der Zeichnung von Joel Ballin zu den Trauerfeierlichkeiten zeigt oben das Profilbildnis Thorvaldsens im Lorbeerkranz über der Aufbahrung des Sarges in der Akademie, dann den Sarg, getragen von Mitgliedern der Akademie, ferner den Kronprinzen und den Fahnenträger, die dichten Reihen der Bürger im Zylinder und darüber die Damen und die Kinder in den Fenstern. Zwischen den Statuen von Martin Luther und Philipp Melanchthon ist im unteren Drittel die Trauerfeier in der Frauenkirche wiedergegeben. Auf den Außenseiten des Thorvaldsen-Museum erinnert der Maler Jørgen Sonne an den triumphalen Empfang des Künstlers und seiner Werke durch die Bevölkerung.

Thorvaldsen war, nach Antonio Canova, der zweite europäische Künstlerstar, der von allen Bevölkerungsschichten, Fürstentümern und Monarchien gefeiert wurde. Der dänische Künstler durchlief eine unwahrscheinliche Karriere, eilte von Erfolg zu Erfolg und wurde überall gefeiert. Wie Canova hatte Thorvaldsen hochgestellte Mäzene, und beide stimulierten und bedienten das öffentliche Interesse für Statuen, Grab- und Denkmäler. Sie steigerten das allgemeine Interesse zu einer »statuomania«, die sie mit hervorragenden Werken befeuerten und zufrieden stellten. Ihre Kunden, Päpste, Kaiser, Könige und Fürsten, Länder und Städte partizipierten an ihrer Kunst und wetteiferten miteinander in der Nachfrage. Erstaunlich ist die uneingeschränkte Zustimmung sowohl der bürgerlichen als auch der adligen Schichten für die beiden Künstler, die ihnen die ersehnten makellosen Schönheiten in weißem Marmor oder Gips liefern.[10]

Wenige ähnlich große Trauerbekundungen der Bevölkerung sind von populären Künstlern bekannt. Ein Beispiel ist etwa Richard Wagner, der am 13. Februar 1883 in Venedig einem Herzinfarkt erlag.[11] Drei Tage später wurde die einbalsamierte Leiche in einen Prunksarkophag mit bronzener Hülle gelegt und mit der Eisenbahn nach Bayreuth gefahren. Am 17. Februar rief der Stadt-Magistrat in der *Oberfränkischen Zeitung* die Bevölkerung »ergebenst« zur Teilnahme an

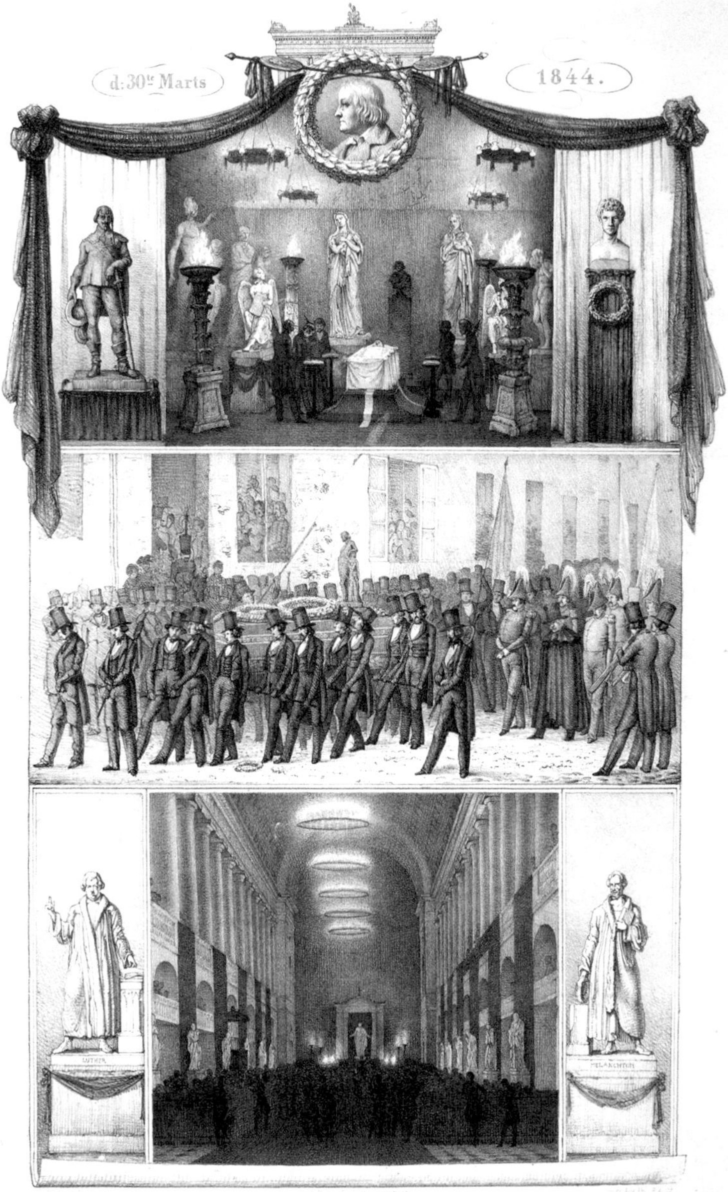

41 Joel Ballin, *Thorvaldsens Trauerfeier*, 1844

der Leichenfeier beim Bahnhof und zur Leichenbegleitung nach der Villa Wahnfried ein. Am 18. Februar nachmittags um 4 Uhr geleiteten die Familie und die Honoratioren den Sarkophag durch die schwarz beflaggte Stadt zwischen großen Zuschauermengen. Die bildlichen Dokumente belegen die zahlreiche Beteiligung des Publikums an der Trauerfeier für den berühmten, aber nicht unumstrittenen Musiker. Eine große Volkstrauer löste der Tod von Hans Makart 1884 in Wien aus, der selbst in Künstlerkreisen als guter Mensch beliebt war.[12] Der Bürgermeister richtete ein Kondolenzschreiben an die Witwe, wohnte dem Leichenbegängnis bei, ließ einen Kranz auf den Sarg legen und verlas im Gemeinderat einen Nachruf, worauf erwogen wurde, eine Straße nach dem Künstler zu benennen und ihm wie für andere berühmte Männer eine besondere Grabstätte im Centralfriedhof zuzubilligen. Zum Leichenbegängnis traf die Künstlergenossenschaft »großartige Vorbereitungen«, holte Solisten und Chor der Hofoper, und die Kunstakademie erwog ihre Beteiligung, während Professor Tilgner die Witwe bat, die »Maske des Verstorbenen« abnehmen zu dürfen. Die Morgen-Post veröffentlichte in der Ausgabe vom 5. Oktober 1884 ein ganzseitiges Porträt des Malers auf der Titelseite und einen Nachruf, der vermeldete, dass Wien in tiefer Trauer und die ganze zivilisierte Welt erschüttert sei »von dem harten Schlage, der das Reich des Schönen getroffen, indem der Tod Hans Makart niederstreckte.« Es wird erinnert an das größte Werk von Makart, die Organisation des Festzugs der Stadt Wien auf der Ringstraße, mit dem die Festwoche zum 25. Jahrestag der Vermählung von Kaiser Franz Joseph und Kaiserin Elisabeth 1879 ihren Abschluss fand. Die Einwohner machten sich damals schon um vier Uhr morgens auf den Weg zur Ringstraße, um neun Uhr erschien dann Makart, kostümiert als Peter Paul Rubens, auf einem herrlichen Schimmel, und im Festzug folgten alle denkbaren Gruppierungen von Geistlichkeit, Adel, Militär, Handwerker, Industrien und Vereinen.[13]

Die Leiche Makarts wurde in seinem Atelier aufgebahrt, sein Kopf zum unvollendeten letzten Werk *Der Frühling* gedreht in offenkundiger Nachahmung von Raffaels legendärer Aufbahrung unter seinem unvollendeten letzten Werk, der *Transfiguration*.[14] Tausende verlangten stürmisch Einlass ins Haus, um den toten Makart zu sehen, und die Menge wollte gegen 11 Uhr gewaltsam den Zutritt erzwingen. Am Nachmittag kam Prinz Konstantin zu Hohenlohe, »Erster Obersthofmeister Sr. Majestät des Kaisers«, um sein Beileid auszudrücken und seine Absenz an der Leichenfeier anzuzeigen, was eigentlich ungehörig war. Erst am Abend »schritt die gramgebeugte Witwe mit den beiden Kindern« nochmals an den Sarg, um vom Toten Abschied zu nehmen: »Sie warfen sich über den offenen Sarg und küssten Augen, Mund und Hände der Leiche aber- und abermals.« Am folgenden Tag versammelte sich die Künstlergenossenschaft im schwarz drapierten Künstlerhaus und ergriff Fackeln für den Trauerzug zur Karlskirche, wo die Einsegnung der Leiche erfolgte. Im letzten Moment wurde entschieden, dass der Trauerzug wieder zum Künstlerhaus zurückkehre und erst nach der Ansprache des Präsidenten sich zum Centralfriedhof bewege. Man bemerkte, dass der offizielle Pomp fehlte, dennoch war man überwältigt vom »Massenbild, welches die Bevölkerung auf den Straßen bot« und durch »die tiefgehende Empfindung, welche das Herz der ganzen Stadt bewegte.«[15]

Über die Trauerfeierlichkeiten für Sir Laurence Alma Tadema in London berichtete die Zeitung *Algemeen Handelsblad* am Samstag, den 6. Juli 1912, ausführlich und hob zuerst den Aufstieg des Künstlers aus einem friesischen Dorf zu allen gesellschaftlichen und akademischen Ehren in England heraus.[16] Dem Korrespondenten war es wichtig, dass die Trauerfeierlichkeiten in der imposanten St. Paul's Cathedral stattfinden und alles teilnimmt, was Rang und Namen hat, von den Royals über die Herzöge und den niederländischen Gesandten bis zu den Honoratioren der Stadt und die »Nederlandsche Vereeniging«. Die Beisetzung in der St. Paul's Cathedral war die Krönung der Laufbahn eines Mannes aus dem Volk.

1991 verabschiedete sich die Stadt Freiburg im Üchtland von ihrem Künstler Jean Tinguely mit einer krachenden Trauerfeier, die vom Fernsehen übertragen wurde. Die *Neue Zürcher Zeitung* schrieb dazu: »Viel Volk, auch junges, zieht an diesem für schulfrei erklärten heißen Nachmittag durch die Straßen der Freiburger Innenstadt.«[17] Im Umzug – »cortège« – von der Universität zur Kathedrale schritten feierlich langsam voran die Musiker der Freiburger Landwehr zur Trauermusik, es folgten Bundes- und Regierungsräte, religiöse und politische Würdenträger, und zuletzt eine rasselnde kinetische Maschine des Künstlers, genannt *Klamauk*. Die berüchtigte Basler Fasnachts-Clique »Kuttleputzer« kam hinterher mit Vortrab, Tambouren und Pfeifern. Das Requiem zelebrierte der Bischof, der die respektablen Trauergäste am Hauptportal willkommen hieß, aber das gewöhnliche Volk draußen warten hieß. Die Ansprache hielt der Bundespräsident, der zum Erstaunen aller das patriotische Engagement des ehemaligen Skandalkünstlers hervorhob, worauf die ausgelassene Feier der Bevölkerung auf der Place Notre-Dame bei Essen und Trinken ihren Anfang nahm, wie es Tinguely gewünscht hatte. Das

Fernsehen verbreitete die Festlichkeiten in der Tagesschau, wobei die Regie auf die Nachricht vom Begräbnis des Künstlers die Information über den verheerenden Schaden folgen lässt, den der bis anhin größte Finanzbetrüger in der Schweiz verursacht hatte.[18]

Diese wenigen Beispiele erlauben es nicht, allgemeine Bedingungen für bevölkerungsweite Trauerfeiern um Künstler zu umreißen. Hohe Akzeptanz eines männlichen Künstlers in der Bevölkerung dürfte eine Voraussetzung sein, beförderlich ist sicher ein unwahrscheinlicher Aufstieg aus einer unterprivilegierten Schicht in die höchste Gesellschaft, sehr vorteilhaft ist eine hohe pekuniäre Wertschätzung, der Börsenwert seiner Kunst, und notwendig scheint ein tragischer oder jedenfalls sehr plötzlicher Tod zu sein, der allgemeine Trauer auslöst.

Geschätztes Publikum

Der vielfachen Verhöhnung gegenüber stehen wenige Bekundungen der Wertschätzung des Kunstpublikums. In den Publika von Theatern und Konzerten, die im Gegensatz zum Kunstpublikum ihren Enthusiasmus zum Ausdruck bringen können, sind wahrscheinlich Lob und Wertschätzung häufiger. Eines der wenigen Zeugnisse des Lobes für das Kunstpublikum bringt der Pariser Kritiker Hilaire Sazerac in seiner Besprechung des Salon von 1834 vor. Wegen einer irrtümlichen Information der Presse über die Eröffnung findet er sich fast allein in der Ausstellung, was zu einem Empfingen von Unbehagen führt. Ganz angenehm ist es ihm dagegen inmitten einer Menge von »gens du monde«, dem kultivierten Publikum aus Malern, Journalisten und Amateuren. So schreibt Sazerac über seine veränderte Empfindung im Ausstellungssaal, den er mit einer gutbesuchten Oper vergleicht:

> Gestern war der Saal voll, es war wie im *Don Juan*. Das Museum sah ganz anders aus, man fühlte sich wohler umgeben von Männern und Frauen, die mit so unterschiedlichem Geist und Geschmack die Beurteilung aussprachen [...].[1]

Für Sazerac ist es das Publikum, das eine Kunstausstellung lebendig macht, nicht anders als die Besucher einer Theater- oder Opernaufführung:

> In Bezug auf die Festlichkeit einer Gemäldeausstellung verhält es sich gleich wie bei einer Theatervorstellung: es ist das Publikum, das der einen wie der andern die Seele, das Leben einhaucht. Ohne das Publikum ist alles tot! Wenn das Drama vor leerem Haus gespielt wird, erhalten auch die schönsten Stücke keinen Applaus.[2]

Zudem schreibt Sazerac der Menge eine Fähigkeit zum verständigen Kunsturteil zu: »Von der versammelten Menge gehen fast immer die am meisten unparteiischen Urteile aus.«[3] Eine solche Würdigung des

Publikums ist im 19. Jahrhundert selten, aber Sazerac meint wie alle, die sich auf das Publikum berufen, die geläuterte Menge des Salon, nicht die ungebildete Masse.

Im September 1855 weilte der Maler und Zeichner Adolph Menzel aus Berlin für vierzehn Tage in Paris. Anlass für seinen Besuch war die Weltausstellung, die eines seiner Friedrich-Bilder zeigte.[4] Ein Jahr nach der Reise entstand das Erinnerungsbild *Théâtre du Gymnase* (Abb. 42). Menzel wählt eine Komposition mit einer dominierenden Schräge für die Bühne, den Orchestergraben und die Zuschauerreihen im Parterre, woraus sich die frontale Sicht auf eine der seitlichen Logenwände und die schräge Sicht auf Bühne, Orchester und Publikum ergeben. Auf der Bühne steht ein Mann zwischen zwei Frauen, das Publikum im Parterre ist männlich, und nur in der Loge sitzen zwei Zuschauerinnen. Die eine benutzt ein Fernglas, und die beiden stehenden Männer im Parterre unter ihr bedienen sich der gleichen Sehhilfe für die genaue Beobachtung. Menzel besuchte in Paris ein Vaudeville-Theater am Boulevard Bonne-Nouvelle, das mit vergnüglichen Stücken und Gesangseinlagen das breitere Publikum unterhielt.[5]

Honoré Daumier beschäftigte sich mehrmals mit der Sicht aus dem Zuschauerraum auf die Bühne, mit dem Theaterpublikum im Parterre

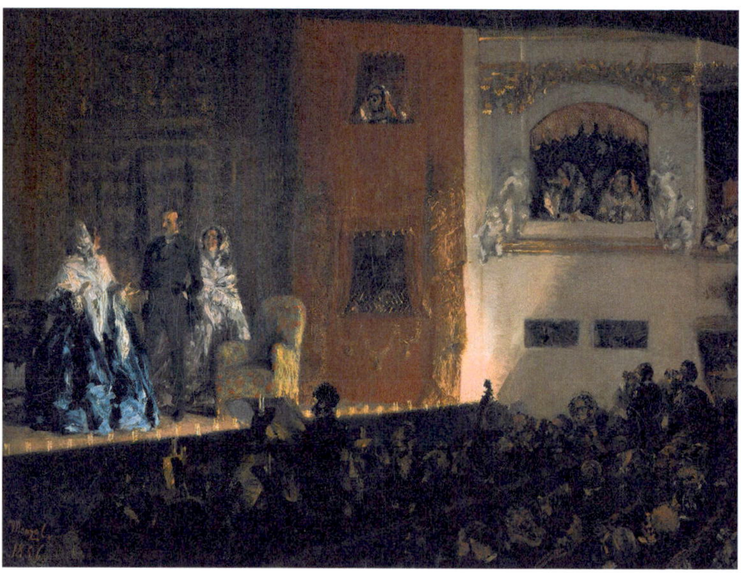

42 Adolph Menzel,
Das Théâtre du Gymnase, 1856

oder mit den beeindruckten Zuschauern. In einer Lithographie zur Serie *Croquis dramatiques – Dramatische Skizzen*, die 1864 in Le Charivari erscheint (Abb. 43), gibt Daumier das Publikum in seitlicher Rückenansicht wieder, sodass er den Ausdruck von Horror, Verblüffung und Gefallen der Sitzenden erfassen kann: Auf der hellen Bühne ist ein Eifersuchtsdrama mit einem Mord ans Ende gekommen, denn die Legende gibt sowohl die Beifallsrufe der Zuschauer wie auch die Drohung des Gatten wieder, sowohl Madame noch umzubringen als auch sich selbst, wogegen ein Straßenbengel unter den Zuschauern protestiert.[6]

Von unzweifelhafter Sympathie für das Publikum ist Edouard Manets Darstellung einiger Zuschauer im »paradis«, dem obersten und billigsten Rang eines Theaters (Abb. 44). Von der Brüstung schauen zwei Gamins hellwach zur Bühne hinunter, während eine weibliche Person unbewegt dahinter sitzt und ein Knabe schläft. Der rasche Pinselstrich suggeriert die spontane Beobachtung des Theaterpublikums durch den Zeichner, der seine Wertschätzung des Publikums mehrfach bekundet. In der Broschüre für seine Ausstellung von 1867, die er während der Weltausstellung in Paris organisiert, schreibt Manet über die Notwendigkeit des Kontaktes mit dem Publikum. Nach den vielfachen Verhinderungen durch die Jury habe er sich entschlossen, mit die Ausstellung

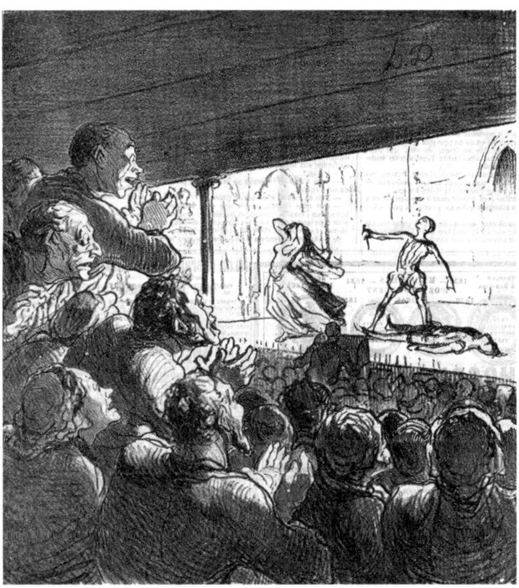

43 Honoré Daumier,
Der Schauspieler und der Straßenbengel, 1864

den direkten Kontakt zum Publikum aufzunehmen und mit ihm die Frage seiner Kunst zu erörtern. Würde einem Maler die Möglichkeit des Ausstellens verweigert, wäre er in einem Kreis ohne Entrinnen gefangen und könnte ohne Publikum nicht mehr künstlerische tätig sein.[7] Manet greift das System und die heuchlerische Jury an:

> Die Zulassungen, die Ermunterung, die offiziellen Auszeichnungen gelten wirklich, wie gesagt wird, als Bestätigung des Talents in den Augen jenes Teils des Publikums, der gegen die zugelassenen oder die abgelehnten Werke gewarnt wird. Aber auf der anderen Seite heißt es, dass es der spontane Eindruck desselben Publikums sei, der die geringe Rezeption motiviert, die von den verschiedenen Jurys ausgeht.[8]

Für Manet als Künstler ist der Kontakt mit dem Publikum lebenswichtig und für das Schaffen notwendig: »Zeigen ist die Lebensfrage für den Künstler, die notwendige Bedingung für die künstlerische Tätigkeit«, und es bedeutet auch Freunde und Verbündete für den Kampf finden. Manet stellt fest, dass man ihm eine große Sympathie entgegengebracht habe und die Urteile von Fachleuten von Tag zu Tag günstiger werden. Der Schlusssatz lautet: »Es geht also nicht mehr darum, dass sich der Maler mit dem Publikum versöhne, das man zu seinem angeblichen Feind erklärt hat.«[9] Denn die Versöhnung ist schon in die Wege geleitet, trotz denjenigen, die das Publikum zu seinem Feind gemacht haben und es noch immer gegen ihn aufhetzen.

Man hat noch zu wenig beachtet, in welch großem Maß Manets Malerei auf das Publikum ausgerichtet ist. Nach der Zurückweisung durch die Jury präsentierte sich Manet dem Ausstellungspublikum als gemarterter und toter Christus.[10] Wiederholt bezog er das Publikum in seine Gemälde ein. Mit dem Gemälde *Lola von Valencia* (Abb. 45) von 1862, der Startänzerin des spanischen Ballets am Königlichen Theater von Madrid, das im Sommer und Herbst 1862 zur großen Begeisterung des Publikums in Paris gastierte, erreichte er ein vollständiges Spektrum der Schaustellung. Manet stellte die Gruppe und Lola einzeln dar in einer Radierung mit Aquatinta, zu der Charles Baudelaire einen obszönen Vierzeiler beisteuerte. Der Maler porträtierte die gefeierte Tänzerin hinter den Kulissen, also im nichtöffentlichen Bereich des Theaters, und Lola präsentiert sich im farbigen spanischen Kostüm mit vorgestelltem rechtem Bein, in die Hüfte gestemmtem Arm, einem Fächer in der rechten Hand und mit dem halb nach rechts gedrehten Kopf. Die Pose ist für ein männliches Publikum berechnet. Hinter der Tänzerin

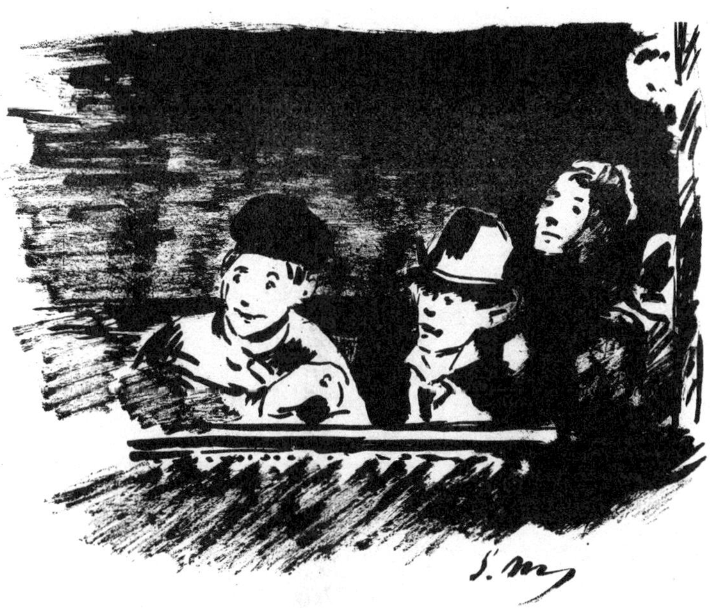

44 Edouard Manet, *Au paradis – im oberen Rang*, 1877

sind die grau-braunen Rückseiten von zwei montierten Kulissen sichtbar, und daneben öffnet sich der Blick auf die Bühne mit einem Schauspieler in Aktion sowie zum Saal mit dem Publikum auf den Rängen. Die gleichzeitige Präsentation von Akteuren und Zuschauern zieht sich durch Manets Schaffen hin bis zu seinem abgründigen letzten Werk über die Einsamkeit inmitten des Getümmels, dem 1881/82 entstandenen Gemälde *Un bar aux Folies-Bergère – Eine Bar in den Folies-Bergère*.[11]

Mit unverkennbarer Sympathie zeigt der Genremaler Benjamin Vautier, der aus Morges am Genfersee stammt, in Düsseldorf in seinem Gemälde *Bauern im Museum* (Abb. 46) von 1867, das einfache Volk an einem Ort der »gebildeten Stände«. Eine sonntäglich aufgeputzte Familie vom Land schaut in andächtiger Bewunderung zu den Gemälden, besonders zu *Diana und Aktäon*, während rechts ein Bürger auf einer Bank sitzt und in die Lektüre des Katalogs vertieft ist, die Bilder aber nicht wahrnimmt. Vautier hält den Gebildeten vor, die Lektüre an die Stelle der unmittelbaren Empfindung zu setzen, während er beim Volk den Ausdruck des Staunens über die Gemälde findet.

Fast gleichzeitig wie Vautier seine Bauern im Museum porträtierte hielt Edgar Degas zwei Vertreterinnen des gebildeten künstlerischen Publikums im Louvre fest (Abb. 47). Seine Radierung von

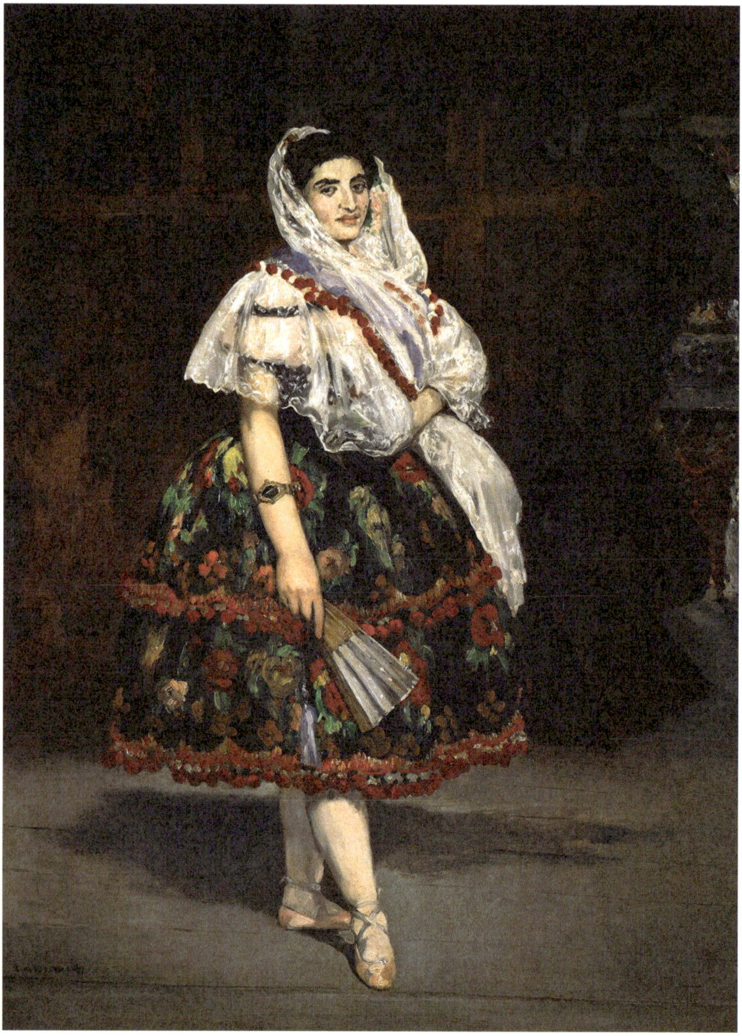

45 Edouard Manet, *Lola von Valencia*, 1862

ca. 1879 zeigt eine sehr gut gekleidete Dame als Rückenfigur, die auf einen Schirm gestützt, vor dem Schrein mit dem etruskischen Sarkophag sich in elegantem Kontrapost zeigt. Links von ihr sitzt eine Begleiterin, die vom Katalog aufblickt und sich zur Skulptur wendet. Man nimmt an, dass Degas die mit ihm befreundete amerikanische Malerin Mary Cassatt und ihre Schwester Lydia dargestellt hat.

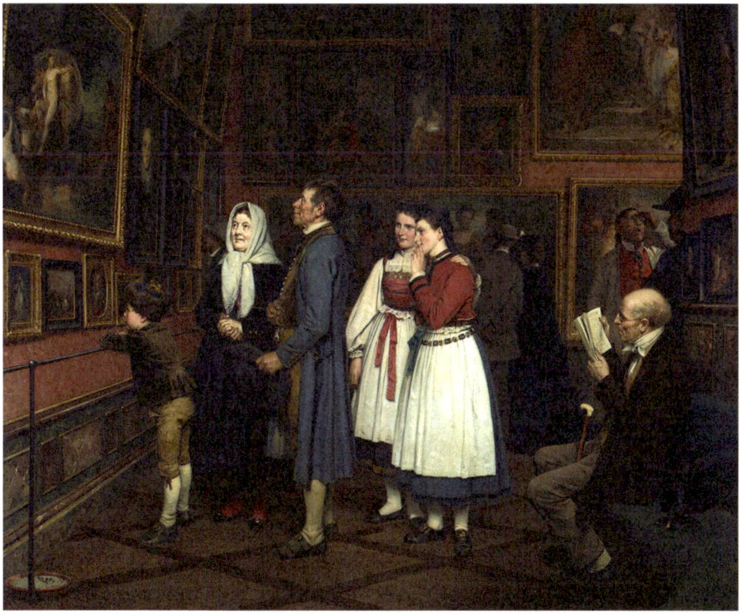

46 Benjamin Vautier, *Bauern im Museum*, 1867

Der Sarkophag aus bemaltem Ton mit dem liegenden Paar wurde 1845/46 in Cerveteri aufgefunden und war 1863 in den Louvre gekommen.[12]

1921/22 fügte Edouard Vuillard dem großen Bestand an Werken, die sich der Sammlung des Louvre und seinem Publikum widmen, einen persönlichen Zyklus von vier Gemälden und zwei Supraporten hinzu. Der Unternehmer Camille Bauer und seine Frau Maria Bauer-Judlin gaben den Auftrag zur Ausstattung ihrer Villa am Aeschengraben in Basel.[13] Das Gemälde *La Salle La Caze au Louvre* (Abb. 48) zeigt einen Ausschnitt von fünf Werken aus der testamentarisch dem Louvre vermachten Sammlung des Pariser Arztes Louis La Caze.[14] Zu sehen sind ein Stillleben von Jean Baptiste Siméon Chardin, ein Werk von Jean-Antoine Watteau und ein ihm zugeschriebenes Gemälde, mit dem sich die Kopistin beschäftigt. Links angeschnitten ist ein Porträt von Jean-Honoré Fragonard. Indem Vuillard links unten seine Mutter vor dem Fragonard und rechts seine Nichte Annette vor dem Watteau abbildet, schafft er innerhalb des öffentlichen Museums einen familiären Bezug zu den Gemälden, der sich durch Vuillards eigene frühe künstlerische Beziehung zu Chardin verstärkt.

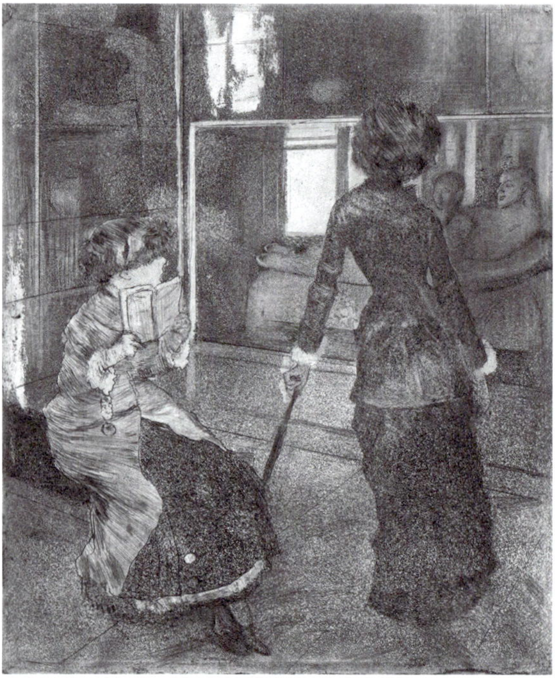

47 Edgar Degas, *Mary Cassatt im Louvre: die Etruskische Galerie*, um 1879

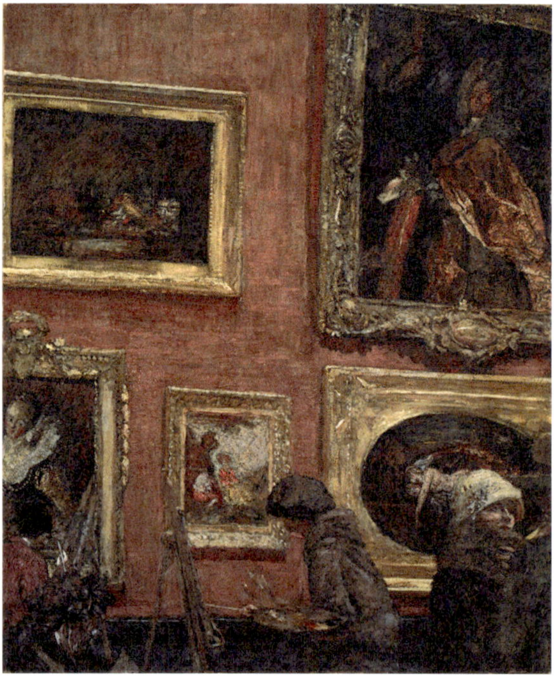

48 Edouard Vuillard, *La Salle La Caze au Louvre*, 1921

Die Befragung in Dresden 1871

1871 veranstaltete der Leipziger Physiker und Psychologe Gustav Theodor Fechner die erste Befragung des Publikums einer Ausstellung, soweit wir wissen. Nicht mehr bekannt war die erste Umfrage unter Bildhauern und Malern, die der Gelehrte Benedetto Varchi in Florenz zum Paragone von Malerei und Skulptur durchgeführt hatte. Varchi präsentierte die Argumente der Künstler 1546 in der *Accademia Fiorentina*.[1] Fechner, seit 1834 Professor der Physik an der Universität Leipzig und nach dem durch Krankheit 1843 erzwungenen Rücktritt unaufhörlich tätig in Naturphilosophie, Psychophysik und psychologischer Ästhetik, legte 1871 dem Publikum der großen Holbein-Ausstellung in Dresden die Frage vor, welche der Madonnenköpfe der beiden Versionen der Meyer-Madonna einen »vortheilhafteren, ansprechenderen, werthvolleren Eindruck auf den Beschauer« mache.[2]

Anlass für die Ausstellung in Dresden, zu der etwa 400 Werke von Hans Holbein d.Ä., Ambrosius und Hans d.J. versammelt wurden, war die Klärung des Status der beiden Versionen der Meyer-Madonna. Die öffentliche Veranstaltung sollte zur Entscheidung führen, welche der beiden Fassungen in Darmstadt und Dresden als Original gelten könne und wie die abzuwertende Version zu beurteilen sei: Replik, Kopie oder Fälschung. Die Sachsen traten umso mehr für ihre Fassung ein, als sie diese zum deutschen Gegenstück zu Raffaels *Sixtinischer Madonna* in ihrer Gemäldegalerie aufgewertet hatten. So schrieb Fechner 1871 voller Lokalpatriotismus: »Ein neuerstandenes Exemplar droht den Ruhm des altbekannten, des Stolzes der Dresdener Gallerie, des deutschen Rivalen der Raphael'schen Sixtina, zunichte zu machen [...].«[3] Der Streit um den Status der beiden Versionen der Meyer-Madonna wurde auch in die Schweiz, nach England und Frankreich getragen.

Die Dresdner Holbein-Ausstellung ist sowohl wissenschaftsgeschichtlich wie auch für die Geschichte des Kunstpublikums von hoher

Bedeutung, denn erstmals wurde eine strittige kunsthistorische Frage der Öffentlichkeit vorgelegt, und die Kunsthistoriker veranstalteten dazu ein erstes Konsilium, um die Entscheidung gemeinsam zu fassen. Zwar schrieb der Münchner Konservator Adolf Bayersdorfer 1872, es sei gar nicht um den Status der Darmstädter Fassung gegangen, sondern lediglich um die Frage, ob das Exemplar in Dresden auch als Original zu betrachten sei.[4] Doch zum Ende ihres Konsiliums sprachen sich die Kunsthistoriker für die Darmstädter Version als Original aus, bezeichneten die Dresdner Fassung als Kopie und publizierten ihre Entschlüsse als »Erklärung«.[5] Gegen die Entscheidung einer wissenschaftlichen Frage mittels einer Abstimmung unter 14 Fachleuten erhob sich vielfach Kritik, und die Künstler sahen sich veranlasst, der Deklaration der Kunsthistoriker mit einer Gegenerklärung zu widersprechen.[6]

Die Idee zur öffentlichen Gegenüberstellung der beiden Meyer-Madonnen im Rahmen einer Ausstellung von Gemälden, Zeichnungen und Druckgraphik der Künstlerfamilie Holbein wurde vom Dresdner Hofrat Albert von Zahn realisiert. Dadurch erhielt das Kunstpublikum eine vordem unbekannte Bedeutung zugemessen, was aber den Veranstaltern der Ausstellung zuwiderlief, die ein aktives Engagement des Publikums nicht wünschten. Zwar wurde ein großes Publikum

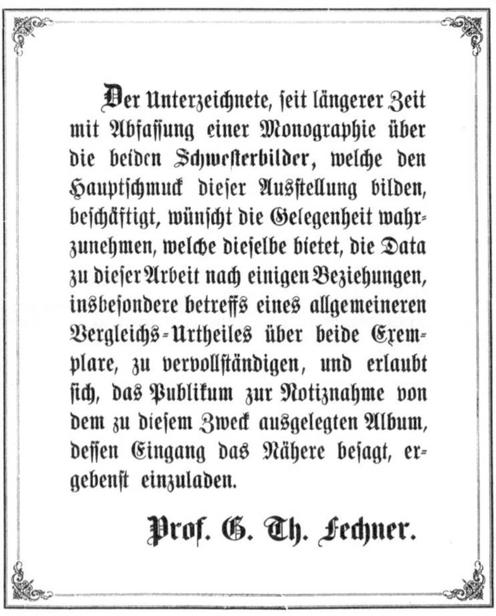

Der Unterzeichnete, seit längerer Zeit mit Abfassung einer Monographie über die beiden Schwesterbilder, welche den Hauptschmuck dieser Ausstellung bilden, beschäftigt, wünscht die Gelegenheit wahrzunehmen, welche dieselbe bietet, die Data zu dieser Arbeit nach einigen Beziehungen, insbesondere betreffs eines allgemeineren Vergleichs-Urtheiles über beide Exemplare, zu vervollständigen, und erlaubt sich, das Publikum zur Notiznahme von dem zu diesem Zweck ausgelegten Album, dessen Eingang das Nähere besagt, ergebenst einzuladen.

Prof. G. Th. Fechner.

49 Gustav Theodor Fechner, *Aushang zur Publikumsbefragung in Dresden*, 1871

erwartet, doch nur als eine staunende und bewundernde Menge, die keineswegs sich einmischen oder äußern sollte. Allein der Außenseiter Fechner ergriff die Gelegenheit, das Publikum in der Ausstellung zu einem Geschmacksurteil einzuladen (Abb. 49). Die Idee dazu war schon angelegt in Fechners 1871 publiziertem Buch über die Holbein Madonnen, wo er die Stimmen von Fachleuten und Laien ausführlich zitiert und gegeneinander aufführt. In der Ausstellung brachte Fechner mit Bewilligung des Komitees einen Aushang an, der das Publikum zu einem vergleichenden Geschmacksurteil über die beiden Fassungen der *Meyer-Madonna* und zur »Notiznahme von dem zu diesem Zweck ausgelegten Album« einlud und eine Publikation darüber ankündigte.[7] Den Tisch für das Plebiszit und zwei Unterzeichner (Abb. 50) skizzierte Adolph Menzel, dem nichts Ungewöhnliches entging, während seines Besuchs in Dresden.[8] Das Publikum in der Ausstellung fand auch Beachtung durch den 1836 in Dresden geborenen Maler Alfred Richard Diethe, der auf einem winzigen Stück Papier fünf Personen in Betrachtung der beiden Meyer-Madonnen (Abb. 51) festhielt. Das Binokular, das die sitzende Dame braucht, suggeriert ein genaues Examinieren, womit der Zeichner dem Publikum, gebildet von vier Frauen und einem Mann, einen ungewöhnlichen Sachverstand attestiert.

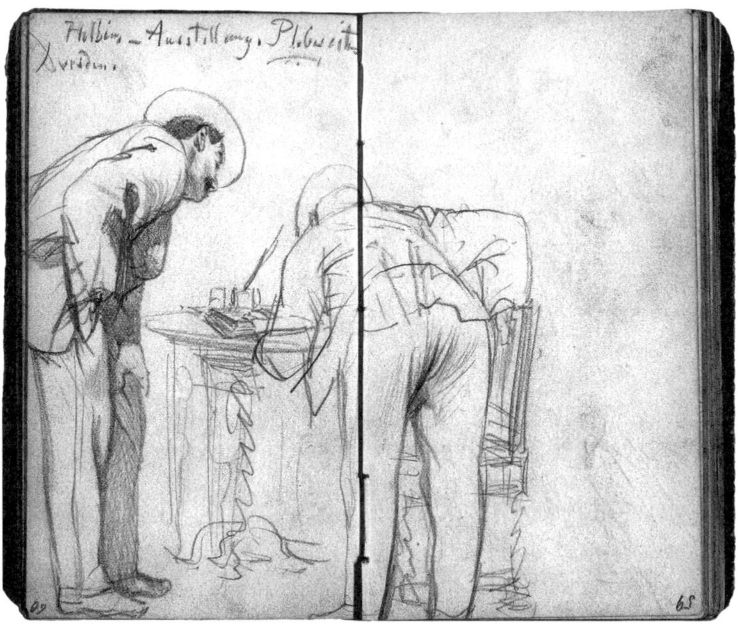

50 Adolph Menzel, *Holbein Ausstellung Dresden, Plebiszit-Tisch*, 1871

Fechner, der die Umfrage als Teil seiner »experimentalen Aesthetik« betrachtete, wollte vom Publikum erfahren, welche Wirkungen von den beiden Bildern ausgehen und welcher der Madonnenköpfe besser gefällt.[9] Das Urteil über den Status der beiden Bilder – Original, Replik, Kopie – wollte er jedoch den Fachleuten vorbehalten wissen. Zur Beantwortung seiner Fragen legte er einen einfachen Wahlzettel vor:

> Einfachstes Schema der Einzeichnung. Für das N.N. (Dresdener oder Darmstädter) Exemplar. Für die N.N. (Dresdener oder Darmstädter) Madonna (wobei hinzugedacht wird: entscheidet sich). N.N. (Name, Titel, Stand, Wohnort, Datum.)[10]

Erwünscht waren neben den persönlichen Daten weitere Bemerkungen zu den beiden Bildern und möglichst zahlreiche Äußerungen von einem »allgemeineren gebildeten Publikum (mit Einschluss der Damen)«. Von den 11.842 Besuchern der Ausstellung beteiligten sich nur 113 an der Umfrage, d. h. etwas weniger als ein Prozent, was Fechner enttäuscht als Misserfolg verbuchen musste. Um künftig eine Befragung des Publikums erfolgreicher zu machen, brachte er eine Reihe von Vorschlägen ein. Eine »Kunstautorität« sollte dem Publikum die Teilnahme nahelegen, einige Muster für die Beantwortung ausfüllen und kennerschaftliche Probleme von vornherein ausklammern und den Fachleuten vorbehalten. Fechner publizierte alle Einträge seiner Umfrage und kommentierte eine Auswahl davon, ferner identifizierte er den Verfasser eines Sonetts zugunsten der Dresdner Fassung mit dem Maler und Galeriedirektor Julius Hübner, der sich inkognito unter das Publikum geschlichen hatte. Das Blatt mit einem gegen Fechner gerichteten gehässigen Gedicht zensierte das Personal.[11]

An der Diskussion über die Meyer-Madonnen nahmen das gehobene Publikum, die Presse und Fachleute weiterhin Anteil. 1873 listete Albert von Zahn 50 Artikel und Beiträge zur Holbein-Frage in Fachzeitschriften und der Tagespresse seit 1871 auf.[12] Das mehrheitliche Votum von Frauen für das Dresdner Bild galt nicht als Kuriosum, denn der Maler Rudolf Lehmann erwähnt die Stellungnahme der Damen in seinem Aufsatz ‚Les Madones de Darmstadt et de Dresde', der 1871 in der führenden Kunstzeitschrift *Gazette des Beaux-Arts* erschien, und plädierte selbst mit zahlreichen Mitunterzeichnern für die Eigenhändigkeit beider Versionen.[13]

Fechners ausdrückliche Beschränkung auf zwei Geschmacksfragen wurde vom Publikum ignoriert, da es sich auch über die Echtheit äußern wollte. Interessant ist die Reaktion der Fachleute auf die

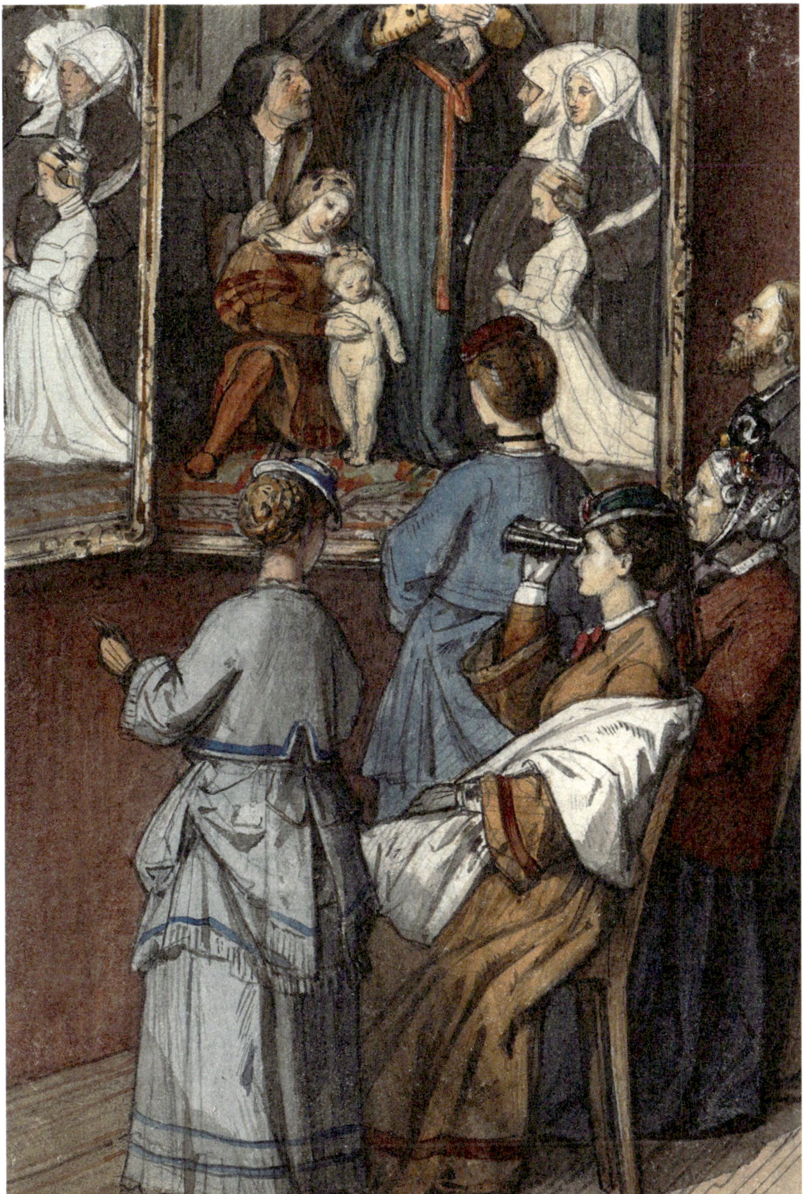

51 Alfred Richard Diethe, *Publikum vor Holbeins Meyer-Madonnen in Dresden*, 1871

Befragung. Sie kritisierten Fechner scharf, weil sie meinten, er habe dem Publikum die Statusfrage der Gemälde vorgelegt. Carl von Lützow, Herausgeber der *Zeitschrift für Bildende Kunst*, zeigte sich empört über Fechners Publikumsbefragung und erheitert über die Eintragungen der Besucher im Album.[14] Alfred Woltmann, Verfasser der großen Holbein-Monographie, schreibt in der Nationalzeitung: »Herr Professor Fechner [...] in Leipzig hat die Absicht, zwischen beiden Bildern durch Suffrage universel entscheiden zu lassen.«[15] Dies ist der Einwand der arroganten männlichen Fachleute, die gerade exklusiv über die beiden Fassungen abgestimmt hatten. Bayersdorfer schrieb 1872, er könne sich »einer bitteren Bemerkung gegen Herrn Professor Fechner nicht entschlagen«, der sich schon vorher an »das große Publikum« gewendet habe, »gleich als ob eine Massenabstimmung der gebildeten Leute eine wissenschaftliche Streitfrage ihrer Lösung auch nur um ein Haarbreit näher bringen könnte.«[16] Die Fachgelehrten wollten sich vorbehalten, allein über entscheidende Fragen des Faches und der Kunst zu bestimmen, und das Kunstpublikum sollte in der Rolle des ehrfürchtigen Rezipienten verbleiben. Fechner fasste das Resultat der Publikumsbefragung und die Erklärung der Fachgelehrten als »entschiedenen Triumph« der Darmstädter Fassung auf, versagte ihm aber selbst die Zustimmung und gab der Dresdner Fassung weiter den Vorrang wegen »der selbstbewusster erscheinenden idealen Hoheit und Holdseligkeit.«[17]

1871 publizierte Fechner seine Abhandlung *Zur experimentalen Aesthetik*, und 1876 erweiterte er den Ansatz zu einer empirischen Ästhetik in seiner umfangreichen *Vorschule der Ästhetik*, als einer Ästhetik von unten, die von den Erfahrungen über das »was gefällt und missfällt« ausgeht im Gegensatz zu einer Ästhetik von oben, die von »allgemeinsten Ideen und Begriffen« ausgeht.[18]

Die Befragungen des Kunstpublikums nehmen ihren Anfang mit Fechners bescheidener Auslage eines Albums, oder Gästebuchs, und seiner Aufforderung, zu zwei einfachen Fragen sich zu äußern. Die unmittelbaren Fortsetzungen in den Ausstellungen und den Museen sind noch nicht erforscht, aber man kann sich nach den verächtlichen Äußerungen der Fachleute über Fechners Publikumsbefragung vorstellen, dass die Museumsdirektoren sich vorerst hüteten, das Publikum zu Mitteilungen aufzufordern. Wann es allgemein üblich wurde, ein Album für das Publikum aufzulegen, ist nicht bekannt. Heute scheint vielerorts ein Gästebuch auszuliegen, aber ob und wie die Äußerungen ausgewertet werden, dürfte vielfach museumsintern bleiben und nur ausnahmsweise der Öffentlichkeit vorgelegt werden.[19]

Etwas völlig Verschiedenes sind die professionellen Befragungen des Publikums, die seit langem mit beträchtlichem Aufwand durchgeführt werden (siehe oben »Prolog«).

Einer Ästhetik von unten am nächsten kommt das Projekt des aus Moskau stammenden Künstlerduos Komar & Melamid. Sie scheinen Martin Dislers Idee vom Künstler aufzunehmen, der die Wünsche der Massen nach einem Bild ausführt (siehe oben »Der Anteil des Publikums«). Das Projekt *The People's Choice. The Most Wanted and Most Unwanted Painting – Die Publikumswahl. Das beliebteste und unbeliebteste Gemälde* lancierten Vitali Komar und Alexander Melamid 1993 zuerst in den USA. 1997 stellte das Museum Ludwig in Köln die Resultate der auf vierzehn Länder ausgedehnten Befragung aus und beschrieb die beiden Künstler als Protagonisten »einer subversiven, politisch geprägten, mit Ironie und surrealem Witz durchsetzten künstlerischen Praxis«.[20] Als echte Komiker und Ironiker stimmen die beiden nicht in das Gelächter ein, das sie hervorrufen. In Deutschland wurden 1996 zwischen dem 4. und dem 16. Dezember 962 Personen befragt, in Österreich im Mai 1998 ähnlich viele. Der professionelle Fragebogen umfasst 44 Fragen zum Geschmack und 7 für die Statistik (Alter, Herkunft, Ausbildung usw.). Fast die Hälfte der Befragten geht nie ins Museum, ein Drittel höchstens zwei Mal, und weniger als ein Fünftel mehr als zwei Mal. Die figurative Malerei wird von 14 % bevorzugt, während 13 % die ungegenständliche Malerei vorziehen und weitere 39 % sich zu dieser Frage nicht äußern. Weitere Fragen betreffen die bevorzugten Farben, Formen, Stimmungen, und Sujets. Auf die Frage nach Kriterien für die Kaufentscheidungen folgt ein kurzes Ranking über die Bekanntheit der Künstler von Picasso (Nr. 1) bis Polke (Nr. 12).[21] Die Auswertung der Befragung in Österreich ergab ähnliche Resultate.[22] Der Kölner Katalog zeigt Beispiele aus den USA, aus Russland, Finnland usw. bis Italien und Deutschland. Besonders auffällig ist, dass viele der »most wanted« einander gleichen: ein Streifen Vordergrund, eine Staffage, ein Baum, ein Waldstück, ein See und jenseits Berge und Wolken. Der Unterschied zwischen Kenia und Island etwa sind das Nilpferd dort und ein Paar Huftiere hier. Das angeblich beliebteste Bild Österreichs zeigt ein Liebespaar mit Hund auf einer Aussichtsterrasse mit Baum und rosa blühendem Strauch. Der Ausblick geht auf eine Burg, einen Fluss und Schneeberge, und man kann auch noch ein Rehlein auf der Wiese entdecken.[23] Als »most unwanted« sind überall von Komar & Melamid hergestellte Scheußlichkeiten aus farbigen Quadraten den Wunschbildern gegenübergestellt.

Als die weltweit erwünschtesten Bilder stellen Komar & Melamid nichts anderes als »Hotelbilder« her, die Theodor W. Adorno einst als Inbegriff des Kitsches anprangerte. Doch die beiden Künstler zeigen auf, dass die globalen Kunst-Wünsche in Richtung zur sentimentalen Teilhabe an Bildern gehen, die an farbigen Quadraten scheitert. Komar & Melamid erstellen eine »most wanted« Liste der Rührungswerke ähnlich den »most wanted« Listen, die überall auf dem Globus der Verbrecherjagd dienen. Boris Groys meinte, die beiden Künstler hätten nicht die Absicht gehabt, den öffentlichen Geschmack zu ironisieren oder sich über das Publikum lustig zu machen, sondern eine »Allegorie des erfüllten Wunsches« bieten wollen.[24] Doch dieses schließt jenes nicht aus.

Eine völlig anders geartete Befragung legte das Künstlerduo Peter Fischli und David Weiss dem Publikum der Biennale in Venedig 2003 mit der Installation *Kleine Fragen, grosse Fragen* vor, und publizierte sie in einem Band unter der ironisch-bangen Titelfrage: *Findet mich das Glück? Will Happiness Find me?*[25] Die Fragen entstammen teils der alltäglichen Unschlüssigkeit, wie etwa »Soll ich mir ein Süppchen kochen?«, teils der Versuchung, bösartig auf das Elend der Welt zu reagieren, wie »Soll ich Niedertracht, Hass und Missgunst sähen?« Der Hang zur Unterwerfung unter eine fremde Kontrolle kommt in »Soll ich mich überwachen lassen?« zum Vorschein. Die bange Furcht vor Benachteiligung zeigt sich in »Werde ich ausgenützt?«, und die Sorge um das psychisch-physische Wohlergehen in »War mein Bad zu heiß?« Keine Banalität und Trivialität wird ausgelassen, auch Sorgen um das Universum wie »Wohin steuert die Galaxis?« drängen zur Artikulation, und am Ende steht die Frage aller Fragen der quälenden Ungewissheit: »Sucht mich das Glück am falschen Ort?«

Ästhetische Erziehung

Der Literatur- und Kunsthistoriker Herman Grimm distanzierte sich 1865 in seiner Zeitschrift *Über Künstler und Kunstwerke* von jedem Versuch einer Einwirkung der Wissenschaftler auf Künstlerinnen und Künstler: »Ratschläge jedoch zu geben oder mit Lob und Tadel das zu nennen was die neueste Arbeit hervorbringt, soll grundsätzlich vermieden werden.«[1] Allenfalls könnten, gesteht Grimm zu, Gelehrte einem Künstler nützen, wenn sie ihm die Beurteilung im Vertrauen ausdrücken. Grimm begründete die Zurückhaltung damit, dass die Gelehrsamkeit nicht schöpferisch sein kann und ihr Nutzen für die Kunst nur in der Unterrichtung des Publikums bestehen kann:

> Die wissenschaftliche Betrachtung der Kunst hat mit der producierenden Kunst des Tages in directem Verkehr gar nichts zu schaffen. Nicht an die Künstler, sondern an das Publikum wendet sie sich. Dieses will sie belehren und dadurch allein der Kunst nützen.

Grimms Leser sind die »gebildeten Stände«, die von der Brockhaus'schen Real-Enzyklopädie und anderen gehobenen Publikationen adressiert werden.[2] An das gleiche Segment der Bevölkerung wandte sich auch Heinrich Wölfflin, damals noch Professor für Kunstgeschichte an der Universität Basel, der 1899 sein Buch *Die Klassische Kunst. Eine Einführung in die italienische Renaissance*, mit einer überraschenden Einschätzung des »modernen Publikums« beginnt:

> Das Interesse des modernen Publikums, soweit es überhaupt mit bildender Kunst Fühlung nimmt, scheint sich heutzutage wieder mehr den eigentlich künstlerischen Fragen zuwenden zu wollen. Man verlangt von einem kunstgeschichtlichen Buche nicht mehr bloß die biographische Anekdote oder die Schilderung der Zeitumstände, sondern möchte etwas erfahren von dem, was Wert und Wesen des Kunstwerks ausmacht; man greift begierig nach neuen Begriffen [...].[3]

Damit nahm Wölfflin an, das Publikum verlange just nach dem, was er zu offerieren bereit war im Gegensatz zu Kollegen, die Erzählungen mit biographischen und historischen Daten lieferten. Mit dem Buch *Die Klassische Kunst* machte Wölfflin einen nächsten Schritt in seiner Karriere, denn zwei Jahre nach dem Erscheinen erreichte ihn der Ruf nach Berlin auf den bedeutendsten kunsthistorischen Lehrstuhl in Deutschland als Nachfolger von Herman Grimm. Dort griff er sofort mit Albrecht Dürer, dem »deutschesten der deutschen Künstler« ein Thema von nationalem Interesse auf. 1915 in München schloss er das Buch über *Kunstgeschichtliche Grundbegriffe* ab, ein Angebot von fünf einfachen Begriffspaaren, die das gebildete Publikum leicht auffassen und gewandt anwenden konnte. Wölfflins *Grundbegriffe* erzielten unwahrscheinlich viele Auflagen und Übersetzungen und wurden in mehr als zwanzig Sprachen für Jahrzehnte populär.[4]

Wie viele andere Kunsthistoriker und Kunstschriftsteller förderte Wölfflin die Ausweitung des Lesepublikums. Im letzten Drittel des 19. Jahrhunderts erreichten die Kunstpublikationen in Deutschland, Frankreich und England ein größeres Publikum als je zuvor. Mit der von Georg Meisenbach 1881 in München erfundenen Autotypie verbesserte und verbilligte sich die Wiedergabe von Abbildungen von Kunstwerken entscheidend.[5] In seinem Buch von 2017 über den Wandel des Blicks zeigt Pascal Griener auf, wie das illustrierte Buch in Deutschland, England und Frankreich parallel zum Museumsbesuch im 19. Jahrhundert das Bedürfnis der gebildeten Stände nach Kunst stimulierte und auch befriedigte.[6]

Das Kunstbuch liefert ein gutes Beispiel für die Verschränkung von Produktion und Rezeption nach Karl Marx. 1857 brachte er in der Einleitung zur *Kritik der Politischen Ökonomie* die These vor, dass ein Gegenstand nach einer durch die Produktion vermittelten Art konsumiert wird. Die These lautet: »Nicht nur der Gegenstand der Konsumtion, sondern auch die Weise der Konsumtion wird durch die Produktion produziert«, weshalb die Produktion sowohl den Rezipienten wie die Art der Rezeption schaffe. Dazu führt Marx weiter aus: »Die Produktion liefert dem Bedürfnis nicht nur ein Material, sondern sie liefert dem Material auch ein Bedürfnis.« Und so sei das Bedürfnis, das die Konsumtion nach dem Gegenstand fühlt, durch die Wahrnehmung geschaffen, was mit der Kunst erläutert wird: »Der Kunstgegenstand – ebenso wie jedes andere Produkt – schafft ein kunstsinniges und schönheitsgenussfähiges Publikum.«[7]

Das Kunstbuch und die illustrierten Kunstzeitschriften bewirkten eine unmessbare Erweiterung des Publikums, was die Vermehrung der Kunstschriftsteller förderte und die Kunstbuch- und Zeitschriftenproduktion in die Höhe trieb. Verleger und Autoren setzten zuerst auf legendärste Künstler wie Raffael, dann auf jene, die das Nationalgefühl stimulieren. Dürer etwa sollte durch populäre Publikationen und Zeitschriften zum Besitz des ganzen deutschen Volkes werden. Die vom 1. Oktober 1885 an erscheinende Zeitschrift *Die Kunst für Alle* von Friedrich Pecht, die sechzig Jahre erfolgreich blieb, erwähnt den Namen Dürer in fast jeder Nummer, da er als die »stärkste Inkarnation des spezifisch deutschen Geistes in den bildenden Künsten« galt, vergleichbar mit Holbein, Rembrandt und Menzel.[8] Die kulturellen Gaben sollten von oben nach unten gereicht und verbreitet werden. Ein schlagendes Exempel für diese Erteilung der Gnade von oben ist das anekdotische Gemälde *Freigesprochen* (Abb. 52) des Düsseldorfer Malers Ferdinand Brütt, das in Pechts Zeitschrift 1885 reproduziert wurde. In der Mitte der hohen, löwenbeherrschten Treppe eines Gerichtsgebäudes wird der Freigesprochene von seiner Frau und seinem Töchterchen in Empfang genommen, während oben die herrschende Klasse diskutiert und das Volk unten das Ergebnis der Verhandlung erfährt. Pecht schrieb dazu, der Maler habe dem Vorgang »eine Reihe interessanter Charaktere abzugewinnen gewusst«

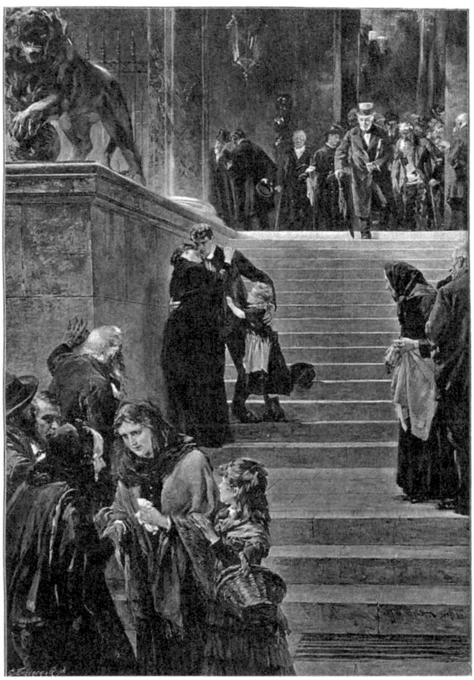

52 Ferdinand Brütt, *Freigesprochen*, 1885

und mit dem Freigesprochenen und seiner Familie einen »rührenden und tiefempfundenen Mittelpunkt« gegeben, ohne auf die politische Dimension einzugehen, die der Maler als Gabe von Oben nach Unten aufzeigt.[9] Der anonym publizierte Bestseller *Rembrandt als Erzieher* von Julius Langbehn setzte 1890 auf eine probate Masche, indem er den rapiden Verfall des geistigen Lebens des deutschen Volkes konstatierte und als Heilmittel die »künstlerische Bildung« propagierte.[10] Die Wende wird einem nationalen Superstar anvertraut, eben »dem deutschesten aller deutschen Künstler«, wozu wahlweise Dürer oder auch der »germanische« Rembrandt, Wagner oder Klinger dienen müssen. Für die ästhetische Erziehung des Volkes gründete Hermann Knackfuss, Historienmaler und Kunstschriftsteller, die Künstler-Monographien im Verlag Velhagen & Klasing in Bielefeld und Leipzig, die 1896 bereits die stattliche Zahl von 17 Bänden erreichten. Beginnend mit Raffael 1895, gefolgt von Rubens, Rembrandt, Michelangelo und Dürer, sollten die Bände dank des tiefen Preises von 2 bis 3 Mark eine maximale Verbreitung erfahren. Die Leser sollten angeleitet werden, ein Kunstwerk richtig zu betrachten, und zwar »nicht mit langatmigen, kunsthistorischen Erörterungen, sondern mit schlichter Deutlichkeit, der auch der Laie überall zu folgen vermag«.[11]

Ferdinand Avenarius, Verleger und Schriftsteller in Dresden, erhoffte sich vom Dürer-Bund, für den er mit einem Aufruf im 2. Septemberheft 1901 der Zeitschrift *Der Kunstwart* wirbt, die breiteste kulturelle Erneuerung in Deutschland. Wieder wird ein Niedergang konstatiert, diesmal des »ästhetischen Gefühls« und der Bau- und Handwerkskünste, was im Gegensatz steht zum allgemeinen wirtschaftlichen und wissenschaftlichen Aufschwung.[12] Für die Wende im deutschen Volk soll der beliebte langhaarige Nürnberger auf den Plan treten:

> Damit unser Volk dessen würdig werde, in dessen Namen wir arbeiten sollten, Albrecht Dürers des Großen, dem ja in seinem Volk und in seiner Heimat nichts zu klein war, und im Irdischen und im Ewigen auch nichts zu groß [...].[13]

Der Aufruf richtete sich an das Volk, und Avenarius erwartete Abertausende von Mitgliedern, was er erstaunlicherweise schon im folgenden Jahr erreichte.[14]

Über das Verhältnis der Deutschen zu Dürer äußerte sich Hans Thoma 1903 in einem Vortrag: »In Dürer erkennen und lieben wir am meisten das deutsche Wesen in der Kunst.«[15] Wölfflins Dürer-Buch von 1905 erfährt vier Jahre nach dem Erscheinen eine Popularisierung durch Johannes Damrich mit dem Ziel: »Die Kunst dem Volke«.[16] Gestützt auf Wölfflin, unternahm es der Verfasser, »die Werke des großen Nürnbergers dem Verständnis und Herzen des Volkes näherzubringen«, wofür er gleichfalls Grünewald, Holbein d. J., Raffael und Michelangelo heranzieht.[17]

Doch wie kann bei den Menschen, denen in Schule und Beruf keine Beziehung zur Kunst ermöglicht wurde, das Bedürfnis danach geweckt und der Zugang zu ihr geöffnet werden? Überall in Europa und in den Vereinigten Staaten fordern die in der Industriegesellschaft vielfach benachteiligten Arbeiter mit allen Mitteln des Arbeitskampfes die Verbesserung der Anstellungsbedingungen, der Arbeitszeiten, der Entlöhnung, der sozialen Absicherung und der Wohnverhältnisse. Der Zugang zu den Institutionen der Kunst und zum Genuss von Kunst gehört nicht zu den Prioritäten der Arbeiterführer. Mit dem neuen Gefühl für soziale Gerechtigkeit verlangen aber die gebildeten und vermögenden Schichten ganz philanthropisch, die Kunst allen zugänglich zu machen. Aus Menschenliebe verfällt man darauf, den Werbeplakaten durch künstlerische Gestaltung auf die Propagierung von Waren und Varietés die ästhetisch-erzieherische Funktion aufzupacken. So sollten die Arbeiter mit der Verlockung durch Konsumgüter und Vergnügungen beiläufig eine kostenlose ästhetische Erziehung erhalten, während sie in der Morgenfrühe zur Arbeit hasten und am Abend erschöpft in ihre Hütten schleichen. Die ästhetischen Menschenfreunde, die der Idee nachhängen, die Arbeiter mit der künstlerischen Darstellung unerreichbarer Konsumgüter eine ästhetische Erziehung angedeihen zu lassen, entdecken ihren Zynismus nicht.[18]

Um 1900 wollten die Arbeiter weder Religion noch Kunst, sie wollen Brot, wie es Giovanni Pellizza da Volpedo in seinem monumentalen Gemälde darstellt, das ihre unwiderstehliche Kraft verherrlicht. 1895 und 1901 entstanden die beiden Fassungen über die marschierenden Arbeiter: die erste, nicht zu Ende gemalte Version mit dem Titel *La Fiumana – Der Menschenstrom* zeigt eine nach vorn schreitende Gruppe einer Frau mit Kind und zwei Männern vor einer unübersehbaren Menge von Landarbeitern, die das kirchenähnliche Gebäude und ihre Hütten hinter sich lassen und unaufhaltsam nach vorn strömen.[19] In der Version von 1901 mit dem Titel *Il Quarto Stato – Der vierte Stand* (Abb. 53) ist das sakrale Gebäude verschwunden, die Anführer sind furchtlos in ihrer Kraft und unbeeindruckt vom Flehen der Raffaelischen Mutter mit Kind. In der zweiten Reihe tragen die Männer mit ihren nach oben gedrehten leeren Händen die Anklage vor. Pellizza da Volpedos Manifest der Arbeiter, die sich dem Publikum vor dem Bild mit aller Macht aufdrängen – ähnlich wie Delacroix' *Liberté* –, wurde erstmals 1902 in einer Ausstellung in Turin gezeigt, erlangte aber erst später große Popularität.[20] Zur Geschichte des Gemäldes zählen auch die Appropriationen von Joseph Beuys 1972 für seine Künstlerpropaganda und von Bernardo Bertolucci 1976 für seinen Film *Novecento*.[21]

Exemplarisch für die Propagierung der erzieherischen Wirkung des Plakats war Jean Louis Sponsel vom Kupferstichkabinett Dresden, der 1897 eine Übersicht über das moderne Plakatschaffen vorlegte, das von »Kunstforschern, Kunstschriftstellern und Kunstfreunden wesentlich gefördert« worden sei und einen Beitrag zur Veredelung unseres Daseins »durch die Kunst« darstelle.[22] So meinte Sponsel bereits eine positive Wirkung auf das Volk feststellen zu können:

> Das Plakat in seiner neuen Form ist vielleicht der mächtigste Agent in der Erziehung des Volkes zum Kunstempfinden und zum Kunstbedürfnis. Jedenfalls hat aber das moderne künstlerische Plakat in den breitesten Schichten die Erörterung

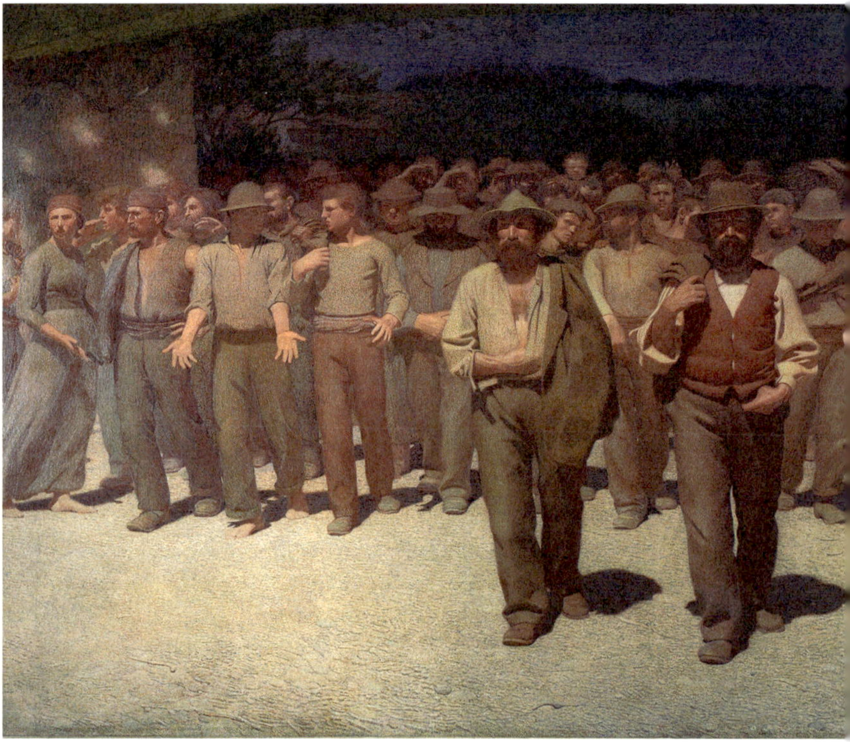

> künstlerischer Fragen, die vordem durch andere Interessen zurückgedrängt waren, zum Tagesgespräch gemacht.[23]

Sorge bereitet dem Verfasser jedoch die Beleidigung des deutschen sittlichen Empfindens durch die bekannt sittenlosen Plakate von Jules Chéret und anderer Franzosen, von denen der Autor im Kapitel »Frankreich« aber nur bereinigte Beispiele abbildet, darunter auch die wunderbare Serpentinata in *La Loïe Fuller* der Folies-Bergère.[24] Das deutsche Plakatschaffen sollte die neuen Gestaltungsprinzipien annehmen, aber ohne die »unserem Volkstum eigentümliche Denkart und Empfindungsweise hintanzusetzen.«[25] Der Autor befürwortet die behördliche Kontrolle, dank der das »Plakatunwesen« sich in Deutschland nicht so stark ausbreitet wie in den Großstädten in Frankreich, England und den Vereinigten Staaten. Die in Deutschland erreichte technische Perfektion der mehrfarbigen Lithographie behinderte aber den Wechsel zum modernen, an japanischen Holzschnitten orientierten Plakat.

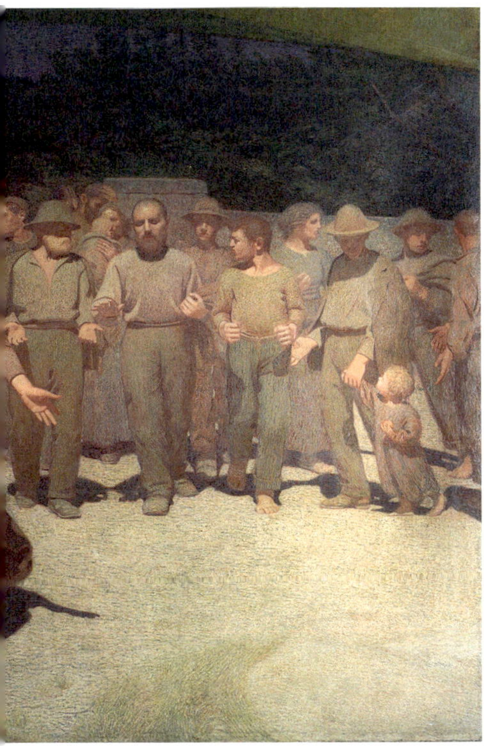

53 Giuseppe Pellizza da Volpedo, *Il Quarto Stato*, 1901

Eine wichtige Kritik des Plakats erschien 1896 unter dem Titel ‚L'âge de l'affiche' – ‚Die Epoche des Plakats' in der Zeitschrift *La Revue des deux Mondes.* Der Verfasser, der Journalist Maurice Talmeyr, bezeichnete die allgegenwärtige Reklame als die brutalste und diabolischste Modernität, deren Kennzeichen die Beschleunigung aller Tätigkeiten und Lebensvorgänge sei.[26] Ähnlich wie die Menschen am Abend noch in Paris, am nächsten Morgen schon in Marseille sind, so sind die Plakate: aufgeklebt am Morgen, weggerissen am Abend. Aber in der Zwischenzeit verrichten sie ihr verderbliches Werk, indem sie unaufhörlich das Publikum verführerisch umschlingen und zum Konsum von Waren und Spektakeln auffordern, wie in London, so jetzt in Paris. Die von Jules Chéret angeregte Revue *Les maîtres de l'affiche* publiziert von Dezember 1895 bis November 1900 monatlich die große Zahl von 256 Plakaten von 97 Künstlern und erscheint auch in einer Luxusausgabe von 100 Exemplaren auf Japanpapier.[27] Aufgenommen wurden nur »affiches artistiques«, Künstlerplakate aus Frankreich, Belgien, England und den USA. Talmeyr nimmt die öffentlich ausgebreiteten farbigen, zeichnerischen und erotischen Reize zum Anlass für eine unnachsichtige puritanische Verdammung.

Koloman Moser kritisierte die Farbgebung von Ferdinand Hodler abwertend als »plakatartig«, d. h. grell und aufdringlich. Für Hodler diente aber die flächige Darstellung in intensiven Farben wie die repetitive Figurendarstellung und die einfache Komposition dem Ziel, auf das Publikum eine unmittelbare Anziehung auszuüben und ein sofortiges Verständnis zu ermöglichen. Gegenüber seinem Biografen Carl Albert Loosli betonte Hodler einen anderen Aspekt:

> Die Darstellung, die ich anstrebe, soll unmittelbar, durch die Vermittlung der Zeichnung, der Form und der Farbe wirken, nicht durch einen geheimen Sinn, den man mir nachträglich unterschieben will.[28]

Hodler sah im »unbefangenen Volk« den idealen Rezipienten seiner Kunst, in den Kunstgelehrten und Gebildeten aber die »Feinde« des Künstlers.

Max Raphael, dem aus politischen Gründen die Tätigkeit als Dozent an der Berliner Volkshochschule verunmöglicht wurde, emigrierte 1932 nach Frankreich, hielt sich in Paris mit Vorträgen und Führungen mit Mühe über Wasser und arbeitete an seinem Hauptwerk *Arbeiter, Kunst und Künstler*, aus dem er 1938/39 im Louvre vortrug.[29] Raphael verdankt im ersten Satz das zahlreiche Erscheinen des

Publikums und stellt die Frage, ob »der klassenbewusste Proletarier sich überhaupt mit Kunst beschäftigen darf«, da der Verdacht bestehe, die Kunst sei gleich der Religion ein Opium, das »nach der Revolution aus dem geistigen Leben der neuen Gesellschaft verschwinden müsse.«[30] Bei Arbeitern, vermutet Raphael, könnte die Erfahrung der Verwirrung im Museum sie demotivieren, ihre »freien Sonntagsstunden« dort zu verbringen. Doch das widerspricht dem Klassenbewusstsein des Proletariers, der entdeckt, dass die »herrschende Klasse« ihm den Zugang verweigert aus Angst, dass er sich ein Wissen aneignet und für den Klassenkampf einsetzt. Raphael verspricht die Entwicklung einer »proletarischen Kunstauffassung«, die als Weg dienen soll in einer gesellschaftlichen Verunsicherung der Künstler: »Das Bürgertum trägt ihre Kunst nicht mehr, das Proletariat trägt sie noch nicht.« Dazu schlägt Raphael vor, die Kunstwerke, die den Ausdrucksmitteln der beherrschten Klasse entsprechen, zu unterscheiden in materialistische, dialektische und sozialkritische. Die Darstellungen der unterdrückten Bauern durch Louis Le Nain werden positiv bewertet, nicht aber »die sentimentalen Bauern-Schäfer-Bilder«.[31] Der Marxist Raphael hätte die Idee, die Arbeiter durch Plakatkunst mit unerreichbaren Waren und Veranstaltungen zu locken, scharf zurückweisen müssen.

Die Heranführung der Arbeiter zur Kunst wurde zu einem großen Anliegen für pädagogische, religiöse und politische Gruppierungen, die ihren Einflussbereich ausdehnen wollten.[32] Der Stuttgarter Verlag für Volkskunst von Richard Keutel gab 1910 einen Quartband des Theologen David Koch mit Illustrationen von Eugène Burnand unter dem Titel *Die Gleichnisse Jesu* heraus. Dieser wurde angepriesen als »Konfirmationsbuch für das deutsche Volk«, kostete jedoch 15 Mark, sieben Mal mehr als die kleinformatigen Bücher, versprach aber mit qualitätvollen Illustrationen die »Einheit von Religion und Kunst« zu befördern.[33] Im gleichen Verlag erschien zwei Jahre später die Schrift *Arbeiter und Kunst* von August Springer mit dem Ziel, das Kunstbedürfnis des Arbeiters und sein Kunstverständnis zu wecken, was dem Menschenrecht auf Kunst entspreche.[34] Die abgebildeten Werke von Constantin Meunier, Adolph Menzel, Eugène Burnand, Fritz von Uhde und anderen zeigen Arbeiter, eine Gießerei, Fabriken, Hafenarbeiter, die Arbeiter im Weinberg usw. Mit den Abbildungen aus der Arbeitswelt und der religiösen Unterweisung wurde das Zielpublikum der missionarischen Broschüre angesprochen, die für das Recht der Arbeiter auf Kunst und für soziale Reformen eintritt, vom Urlaub bis zu den Wohnverhältnissen.[35]

Im letzten Drittel des 19. Jahrhunderts setzen die Sozialreformen von Kunst und Handwerk in England ein und die Bewegung breitet sich auf das Festland aus. Die Kluft zwischen Kunst und Handwerk soll sich schließen, der Geschmack des Publikums soll gehoben und eine neue Gestaltung der Dinge soll für Produktion und Konsumtion durchgesetzt werden. Die Ziele werden unterschiedlich definiert und verfolgt, aber den verschiedenen Gruppierungen – vom Arts & Crafts Movement bis zum Deutschen Werkbund, der Wiener Werkstätte und dem Bauhaus, um nur diese zu nennen – liegen die Erziehung des Publikums durch eine bessere Gestaltung der Gegenstände oder durch »die ideale Gemeinschaft von Schaffenden und Genießenden« nahe, wie Gustav Klimt sich 1908 in Wien ausdrückt und als Ziel der 1903 gegründeten Wiener Werkstätten propagiert. Das Problem der Trennung von Künstlern und Publikum bringt Klimt gleich im ersten Satz vor:

> Wir betrachten ja bekanntlich die Ausstellung keineswegs als die ideale Form zur Herstellung des Kontaktes zwischen Künstler und Publikum; die Lösung großer öffentlicher Kunstaufgaben z. B. wäre uns für diesen Zweck ungleich erwünschter.[36]

Auf der Einladungskarte zur Kunstschau Wien 1908 wird als Dresscode für Männer der festliche »Gehrock« vorgegeben, also eine doppelreihige lange Manteljacke aus dunklem Stoff, die über die Knie des gehobenen Publikums reicht, während vom kurzen Sakko, das bereits im Aufkommen ist, die Meinung gilt, dass es nicht dem Stand entspreche. Klimts Kunden kommen vom Wiener Geldadel, und die Wiener Werkstätten produzieren Schmuck, Möbel, Stoffe und Modeaccessoires für den exklusiven Geschmack, der von entsprechenden finanziellen Ressourcen gestützt wird.

Das Programm »Volksbildung«, das in Deutschland von einigen engagierten Museumsdirektoren wie Alfred Lichtwark, Gustav Pauli, Fritz Wichert und anderen aufgenommen wurde, sollte der überall beklagten Entfremdung zwischen Publikum und Kunst durch Kunsterziehung entgegenwirken. Lichtwark begründete die Museumspädagogik. Fritz Wichert, der erste Direktor der Mannheimer Kunsthalle, organisierte 1910 sowohl die »Akademie für Jedermann« als auch den Verein »Der freie Bund zur Einbürgerung der bildenden Kunst in Mannheim«, zwei Muster für die Volksbildung und die Popularisierung der Museen.[37] Nach dem Vorbild von Ludwig Justis Museum im Kronprinzenpalais in Berlin richtete Alfred H. Barr im 1929 eröffneten Museum of Modern Art in New York den Display auf die Erziehung der Besucher aus.[38]

Mit diesen museumspädagogischen Initiativen machten die damaligen Direktoren deutlich, dass sie sich sowohl für die Kunst wie auch für das Publikum verantwortlich fühlen.[39] Diese Verantwortung nahmen die »Besucherschulen« in den 1960er und 1970er Jahren wieder auf, die Bazon Brocks Forderung nach zwei documentas vortragen sollten: nämlich einer, die das von einem Kurator Ausgewählte zeigt und einer, die präsentiert, was der Kurator nicht zeigt, sodass das Publikum befähigt wird, das Gezeigte an Hand des Nichtgezeigten zu beurteilen. Joseph Beuys und Wolf Vostell suchten wie andere Künstler des Happenings und der Performance den direkten Kontakt zum Publikum und waren sozusagen als ihre eigenen Kunstvermittler tätig. Die Schulung des Publikums, zu der auch Spektakel dienten, fassten sie als politische Tätigkeit auf.[40]

»Besucherschulen« wurden außerhalb Deutschlands nicht unter diesem Namen angeboten, aber es gibt heute kein Museum ohne Kunstvermittlung und diverse »education programs« für Kinder, Jugendliche und Erwachsene. Amerikanische Museen offerieren eine ausgefeilte Unterrichtung des Publikums, berücksichtigen verschiedene Interessen und bringen das differenzierte Konzept auch nach Europa. Das Guggenheim Museum in Venedig z. B. verspricht eine umfassende Betreuung und Instruktion der Besucher aller Kategorien, und zu »Public programs« heißt es: »Ein Programm zur Bereicherung der Erfahrung und des Verständnisses sowohl der ständigen Sammlung wie auch der Wechselausstellungen.«[41] Parallel zu solchen Erziehungsprogrammen wird überall die digitale Vermittlung vorangetrieben. Direktorinnen und Direktoren von großen Häusern schreiben in ihre Programme eine Initiative »Öffnung der Sammlungen für die gesamte Gesellschaft«.[42]

Der Kunstschriftsteller Julius Meier-Graefe legte im ersten Band seines Werks *Entwickelungsgeschichte der modernen Kunst* von 1904 eine Kritik des zeitgenössischen Kunstbetriebs vor, die alle Beteiligten und Vorgänge traf: die Kunst ist ohne Funktion, die Künstler haben kein Berufsethos, ihre »unsinnige Massenproduktion« zerstört den Rest an Kunstbewusstsein, und die Staaten fördern mit »törichten Mitteln« den Unsinn von Produktion und Konsumption von Waren, die als Kunst ausgegeben werden, und das Volk lässt sich durch seine Neigung für das Seichte täuschen wie gewohnt:

> Die Täuschung des Publikums gelingt dem Künstler leichter als irgendeinem anderen Beruf, weil ihm, abgesehen von der leichten Empfänglichkeit des Volkes für alles Seichte, der Nimbus zu Hilfe

> kommt und eine Fülle von gerade die Mittelmäßigkeit begünstigenden Einrichtungen, die dem Stand als solchem eine scheinbare Bedeutung erhalten, und die der Geschickte auszunutzen versteht.[43]

Die exklusive Liebe zur Kunst und der Ärger über die Masse verleiten Meier-Graefe zur Künstler- und Publikumsbeschimpfung. Aus Besorgnis über die Vermassung versucht er ein Kunstverständnis hochzuhalten, das als »elitär« zu bezeichnen ist. Das Publikum, das er als Masse verachtet, war weit davon entfernt, seine eigene Vorliebe für die neuere französische Malerei zu teilen, nicht anders als die gesellschaftliche Elite.[44]

Wassily Kandinsky knüpfte mit seiner Kritik am Ausstellungsbetrieb und an den Künstlern an Meier-Graefe an und gab dem Materialismus und dem Kunstbetrieb die Schuld für die Gleichgültigkeit des Publikums in den Ausstellungen. 1910 notierte er:

> Die Zeit der Entfremdung zwischen Künstler und Publikum sollte ihr Ende finden. Das innere unzertrennbare Band zwischen diesen beiden Elementen muss auch eine Form finden, in welcher es sich verkünden kann.[45]

Kandinsky erwog, Menschen, denen die Kunst eine Notwendigkeit ist, nach ihrem Kunstempfinden, nach ihren Kunsterwartungen und ihren Kunstfreuden zu befragen. 1912 beurteilte er die Kunst in der Phase des Niedergangs als »entseelt«, während Abertausende von Künstlern nur nach »neuer Manier« suchen, kleine Gruppen sich »in ihren eroberten Stätten verschanzen«, das »zurückgebliebene Publikum« das Interesse für die unzugängliche Kunst verliert und der Künstler seine pädagogische Aufgabe, die »Heranbildung des Zuschauers« auf seinen Standpunkt nicht mehr erfüllen kann.[46]

Den Wunsch nach einem Publikum als Stütze äußerte Paul Klee, Meister am Bauhaus, anlässlich seiner Ausstellung im Museum Jena 1924. Mit dem Vortrag *Über die moderne Kunst* warb er um Verständnis für seine Werke und schloss mit einer Reflexion über die Situation der Künstler angesichts der Entfernung vom Publikum. Sein Künstlertraum ist ein umfassendes Werk »von einer ganz großen Spannweite durch das ganze elementare, gegenständliche, inhaltliche und stilistische Gebiet.« Zur Realisierung fehlt eine wesentliche Voraussetzung, die Einbettung in den gesellschaftlichen Zusammenhang, in das »Volk«, wie Klee sagt:

> Wir müssen es noch suchen. Wir fanden Teile dazu, aber noch nicht das Ganze. Wir haben noch nicht diese letzte Kraft, denn:

> uns trägt kein Volk. Aber wir suchen ein Volk, wir begannen damit, drüben am staatlichen Bauhaus. Wir begannen da mit einer Gemeinschaft, an die wir alles hingeben, was wir haben. Mehr können wir nicht tun.[47]

Das ist, angesichts des Streits im Bauhaus und dessen zunehmender Gefährdung durch die Rechtsparteien, ein überdeutlicher Zweckoptimismus, aber nicht im Hinblick auf die vielfachen Anstrengungen, die Kluft zwischen Kunst und Publikum zu verringern. Das Bauhaus in Weimar wurde am 26. Dezember 1924 geschlossen und 1925 nach Dessau umgesiedelt. Am 31. März 1924 gründen Lionel Feininger, Wassily Kandinsky, Alexej von Jawlensky und Paul Klee mit Emmy Scheyer die Gruppe »Die Blaue Vier« mit dem Ziel, »in Nordamerika mit einer Auswahl wichtigster Werke auf die Jugend einzuwirken« und an Universitäten »der Jugend Amerikas diese Kunst zu vermitteln«, wie der *Cicerone* mitteilt, die Zeitschrift für Kunstforscher und Sammler.[48] Es ging darum, in den USA statt in der alten Welt ein neues junges Publikum zu heranzuziehen und einen neuen Markt zu erschließen.

In den 1920er Jahren unternahmen die Weimarer Republik und viele Institutionen in Deutschland neue Initiativen, im Rahmen der Volksbildungsbewegung die Kunst für alle zu öffnen. Die Erwartungen waren außerordentlich hoch: die Förderung von »mündigen Staatsbürgern« durch die Beschäftigung mit Kunst, dann die nationale Integration durch deutsche Kunst und weiter die Anerkennung eines weltoffenen Deutschlands durch internationale Kontakte nach dem zerstörerischen Krieg.[49] Für die Verbreitung von Informationen und zur Volksbildung auch im Bereich der Kunstgeschichte wird seit der Mitte der 1920er Jahre in Deutschland auch der Rundfunk genutzt.[50]

Kandinsky schrieb 1912 »‚Verstehen' ist Heranbildung des Zuschauers auf den Standpunkt des Künstlers«, und kritisierte gleichzeitig, dass Abertausende von Künstlern Millionen von Kunstwerken schaffen und wild nach Erfolg jagen, während das Publikum zurückbleibt und das Interesse verliert.[51] 1944 in Frankreich nach dem Krieg befand es der Maler André Lhote für angebracht, das unverständige Publikum streng zu belehren, die Künste nicht zu seinem Vergnügen zu nutzen:

> Es ist unerlässlich, das Publikum daran zu erinnern, dass es nicht zum Beurteilen taugt, und ihm beizubringen, dass weder die Malerei noch die Bildhauerei oder die Architektur ‚Vergnügungskünste' sind, sondern Quellen unendlicher Qualen und bedeutender Widerwärtigkeiten.[52]

Große Player

Am Wettbewerb um Aufmerksamkeit im globalen Kunstbetrieb nehmen heute alle Beteiligten teil: Künstler, Händler, Sammler, Messeveranstalter, Medien, Social Media, Verlage, Autoren, Trittbrettprofiteure usw. Wer hier einen großen Aufmerksamkeitswert erkämpft hat, gilt in den Medien als »Player« oder als »Big Player«. Im Kunstmarkt der obersten Etage mit den Milliardärssuiten und goldenen WC-Schüsseln à la Maurizio Cattelan übersteigt die Anzahl von Vorfällen wie Geldwäscherei, Shill Bidding, Überfakturierung und andere kriminelle oder kriminalitätsnahe Taten jede noch so illusionslose Vorstellung. Gespielt wird um Einsätze von schätzungsweise 70 Milliarden USD pro Jahr.[1] Jedoch sollten die Milliardärskunst und ihre Sensationen nicht vergessen machen, dass im Kunstmarkt nach wie vor viele seriöse Häuser die gelehrte Tradition und die gewissenshafte Prüfung des Angebots pflegen, und dass in der Kunstproduktion nach wie vor viele Künstlerinnen und Künstler ernsthaft tätig sind, die mit der Kunst und dem Publikum kein eitles Spiel treiben.

Die 200 wichtigsten Teilnehmer an der Konkurrenz der Sammlerinnen und Sammlerwerden alljährlich in der Zeitschrift *ARTnews* publiziert, nach dem Muster der seit 1987 erstellten »World Billionaires List« der Zeitschrift *Forbes*, die 2022 wieder 400 Milliardärinnen und Milliardäre verzeichnen konnte. Selbstverständlich kommen einige Namen in beiden Listen vor. In *ARTnews* werden Porträts der Sammlerinnen und Sammler in die Liste aufgenommen, ein Stichwort weist auf die Herkunft des Vermögens hin: z. B. »Luxury goods«, »Investments« oder »Inheritance«, und der Schwerpunkt der Sammlung wird genannt: »Contemporary art« ist die häufigste Angabe, noch vor »Modern art«, was bestätigt, dass die Mehrheit das Gleiche sammelt und alle Konkurrenten sind.[2] Die Herkunft der Vermögen ist nach professionellen Waschungen – wo notwendig – überall unverdächtig, und die Summen können keinen Anstoß erregen, da sie weit jenseits aller Vorstellung des Publikums in den äußeren Kreisen liegen. Für die Veranstalter von Kunstevents ist diese Liste wertvoll: zum einen um exklusive Klienten zu finden und an sich zu binden und zum anderen um ein unendliches Publikum mit sensationellen Ergebnissen über die Massenmedien in Bann zu schlagen. Italien wollte selbstverständlich nicht hinter den USA zurückstehen, und die Monatsschrift *Il Giornale dell' Arte* verkündete im September 2021 die eigene Liste *Power 100. I top Player dell' arte contemporanea 2.0*, mit der Illustration auf der Titelseite von vier geschwollenen Bizepsen von Body-Buildern.[3] Aufgenommen mit Photographie und Kurztext sind Künstler und Künstlerinnen, Kuratorinnen, Kuratoren, Direktorinnen, Direktoren, und viele weitere Interessierte an den Rankings. Eine Folge mit den zweiten hundert Top Playern ist angekündigt. Erstaunlich ist, dass alle Player mitmachen sowohl bei der globalen Liste wie bei der italienischen Heimaufstellung. Das globale Geschehen ließe sich einem Hurrikan vergleichen. Die Teilnehmerinnen und Teilnehmer an diesem Kunstwirbel scheinen als Individuen im Einzelnen rational zu handeln, mindestens hinsichtlich ihrer Gewinn-Spiel-Geltungssucht. Im Ganzen aber ergibt sich der Befund eines weiteren kollektiven Irrsinns, dessen Vorgänge und Geschwindigkeit nicht mehr zu steuern sind.

Sicher sind wir uns noch nicht im Klaren über die zerstörerischen Auswirkungen des Wettbewerbs der Superreichen auf die Mentalität aller Beteiligten, auf die Korruption des Kunstmarkts und der Kunstinstitutionen, auf die Unterwerfung der Player unter den rücksichtslosen Wettbewerb von allen gegen alle und schließlich auf die nachhaltige Verheerung der öffentlichen Kunsterwartung und der Kunstproduktion.

Die Bedeutung der Massenaufmerksamkeit erschließt sich punktuell in einer Ankündigung auf der Website von YSI (Yorkshire Sculpture International) zu einer Ausstellung von bemalten Kolossalfiguren von Damien Hirst in Leeds, der Stadt, in der er aufgewachsen war. Als Ziel wird die Erregung unbegrenzter Aufmerksamkeit klar genannt:

> Eines der Ziele des YSI ist es, durch Skulpturen ein Massenpublikum anzusprechen, und um dieses zu erreichen, spielen Damiens Werke eine Hauptrolle. YSI verspricht, etwas Besonderes zu werden, unvergesslich und wegweisend für Yorkshires wachsende Kunstszene.[4]

Dazu wird eine relativ einfache Strategie befolgt, wozu beispielsweise ein Interview der Kuratorin mit dem eloquenten Künstler gehört, der sich des Wortes bemächtigt und der Kuratorin nichts mehr zugesteht als wiederholte »Yeah«. Die messbare Zahl der Masse ist für solche Veranstaltungen der Maßstab des Erfolgs, wie es das Publikum für Christie's und Sotheby's usw. ist, die mit ihren glitzernden Bankkonti Exklusivität garantieren. Der Kunsthandel setzt auf exklusive Angebote, um exorbitante Gebote herauszufordern, was die Aufmerksamkeit der Medien und der Massen steigert. Die Sensation, die sich nach kurzer Zeit verflüchtigt, fordert sofort von einer neuen übertroffen zu werden, die wieder abgelöst wird und nach einer neuen verlangt mit nach oben geschraubter Aufmerksamkeit.

Die bisher erfolgreichste Steigerung von Sensationen durch die Multiplikation der Aufmerksamkeit eines globalen Publikums setzte 2005 in den USA ein und erreichte 2017 in New York den Höhepunkt. Am Anfang steht eine ruinierte Holztafel, die kaum noch als »belle croûte« gelten konnte. Sie wird wiederhergestellt durch eine geschickte Restauratorin, die alle Fehlstellen und Farbverluste ergänzt und der Darstellung eine geheimnisvolle Unschärfe verschafft, ähnlich wie sie Gerhard Richter in seinen Gemälden hervorbringt.[5] Dann wird die Idee in die Welt gesetzt, das ehemals als »after Leonardo« in der Auktion vom April 2005 in New Orleans für bloß 1.175 USD zugeschlagene Gemälde stamme von Leonardo da Vinci, worauf zur Bestätigung von Autorschaft und zur Abklärung von Geschichte und Provenienz Experten beauftragt werden.[6] Zur Verwunderung der Kunstwelt und der Fachleute sind sich die von den Eigentümern aufgebotenen Experten ziemlich rasch vorteilhaft einig, da sie kritische Sachverständige gar nicht anhören. Mit professionellen Runden von Preissteigerungen werden die Erwartungen des globalen Publikums und der potentiellen Bieter befeuert.[7] Die Ausstellungen kulminieren nach einem Propagandacircuit um die halbe Welt 2011 in der National Gallery in London, die ein Gemälde, einen Karton von Leonardo und Werke aus seinem Umkreis in ihrem Besitz hat und also für die neu bemalte Holztafel die notwendige authentische Gesellschaft bietet. Der Höhepunkt ihrer wundersamen Verwandlung ist die hyperexklusive Veranstaltung am 15. November 2017 im Sitz von Christie's im Rockefeller Center in New York, zu der die ausgeschlossene Welt per Internet eingeladen ist, den Vorgang live in den Medien mitzuverfolgen. Im Saal ist jeder Sitz und jeder Stehplatz besetzt, und man vermutet in den nicht einsehbaren Kabinen im Mezzaningeschoss enthobene und beinahe nicht mehr nennbare Exklusivitäten, wie etwa den Eigentümer der Firma, den Multimilliardär François Pinault.[8]

Von größerem Interesse als die begleitenden Betrügereien, die geschickte Tarnung eines Händlers als Agenten, die Honorare der Experten, die geheime Mitwisserschaft eines der beiden großen Auktionshäuser und die unverschämte Bereicherung ist hier die Publizität, die dem sensationellen Höhenflug von Seiten selbst seriöser Medien wie der *New York Times* oder *The New Yorker* zuteil wird. Die Auktionen erzielen in den 2010er Jahre immer häufiger Ergebnisse, deren schwindelerregende Höhen globale mediale Aufmerksamkeit erreichen. Die Auktionshäuser betreiben professionell die Wiederholung solcher Sensationen, die von willfährigen Medien zu Globalsensationen hinauf katapultiert werden. Eine Vorbereitung für den Vorgang vom 15. November 2017 war Christie's Auktion 3789 vom 9. November 2015, an der Amadeo Modiglianis Gemälde *Nu couché* von einem geschickten Auktionator und kampfsüchtigen Bietern in die Höhe von 170.405 USD getrieben wurde. Der neue Besitzer konnte sich stolz als glorioser Sieger eines brutalen Kampfes in der Auktionsmanege fühlen und den Rekord knappe zwei Jahre halten.[9]

Eine Basis für die Leonardo-Sensation 2017 in New York ist die Faszination des Massenpublikums durch die *Mona Lisa* im Louvre, wo die neue Installation des Gemäldes 2005 und die Verbreitung der digitalen Kameras eine grenzenlose virtuelle Aneignung des Werkes ermöglichen. Zur Exaltierung des Interesses an Leonardo da Vinci trug der Bestseller *The Da Vinci Code* von Dan Brown bei, der 2006 von Ron Howard verfilmt wurde mit Tom Hanks in der Hauptrolle. Drehort war der Louvre, was – Gerüchten zu Folge – dem Museum einen Tagessatz zwischen 15.000 und 24.000 Euro einbrachte. Die vielen negativen Kommentare über das Buch und den Film durch religiöse und staatliche Organisationen befeuerten das weltweite Interesse, wodurch der Film bereits am ersten Wochenende 224 Millionen Dollar einspielte und 2006 insgesamt auf 760 Millionen kam, was erneut der Propaganda diente.[10] Für Millionen von Touristen wurde die *Mona Lisa* 2005 wieder populär, als der Louvre nach längeren Arbeiten die Salle des Etats mit dem berühmten Gemälde wieder öffnete.[11] Während Jahrzehnten war das Gemälde fast unsichtbar hinter grünlichem Panzerglas in einem Gehäuse an der Seitenwand des Saales verborgen gewesen, bevor es während der Restaurierung in die Grande Galerie ausgelagert wurde. In der Salle des Etats errichtete man eine gewaltige, annähernd quadratische Wand mit einer flachen rechteckigen Nische, die das beidseits mit Panzerglas geschützte Gemälde aufnahm. Mental, visuell und körperlich auf Distanz gehalten wird das Publikum durch einen Tisch und ein hölzernes Kreissegment. Im Sommer 2019 erhalten der Rahmen und der Saal einen Anstrich in schwärzlichem Blau und es wird eine neue Steuerung der Besuchermassen entworfen für eine maximale Verweildauer von 50 Sekunden vor dem Bild.

Die Inszenierung von Leonardos Gemälde im Louvre spielt mit dem vergangenen Bilderkult: der Tisch ist eine Altarmensa, der hölzerne Bogen nimmt Form und Funktion einer Chorschranke auf, und das Gemälde Leonardos wird wie ein wundertätiges Bild zur Verehrung präsentiert. Ohne weitere Anweisung übernimmt das Publikum vor Leonardos *Mona Lisa* das Verhalten (Abb. 54), das Gläubige vor Gnadenbildern befolgen. Scharen von Besuchern strecken beide Hände in die Höhe, halten ein Kästchen in die Höhe und richten den Blick auf dessen Rückseite, wo die Mona Lisa klein aufleuchtet. In Verehrung verharren die Gläubigen einige Sekunden, lächeln zufrieden oder machen einen weiteren Versuch. Einige platzieren die Partnerin oder den Partner vor das Gemälde Leonardos, um beide in das Kästchen aufzunehmen. Diese Art der digitalen Aneignung wird heute weitgehend abgelöst von einem Selfie mit der *Mona Lisa.*

In der kultischen Inszenierung der *Mona Lisa* kann man mit Walter Benjamin einen Versuch sehen, den Verlust der Aura und des Kultwerts wettzumachen.[12] Mit der Digitalkamera bietet das Publikum dem Gemälde eine *veneratio* wie einem Gnadenbild an und empfängt die Gnade in Form einer leuchtenden Miniatur. Das Verlangen des Publikums nach digitaler Aneignung ist übermächtig, und so hat der Louvre wie andere Museen dem Publikum vollständig nachgegeben und das zunächst erlassene Verbot des Photographierens wieder aufgehoben.

Die Institutionen bieten zunehmend einem unbegrenzten Publikum virtuelle Besuche der Sammlungen und Ausstellungen an. Dadurch verlieren die sorgfältig gepflegten Publikumshierarchien der Museen an Bedeutung, ebenso wie der Wettbewerb des Publikums um Beachtung im prominenten Auftritt. Die Schauplätze dieser Wettbewerbe sind vor allem Vernissagen, Messen und Auktionen. Eine Suchmaschine öffnet auf »Vernissage exposition photos« eine Reihe von Aufnahmen des Publikums einer Ausstellungseröffnung unter »Retour en image sur le vernissage de l'exposition collective« der Galerie Itinerrance in Paris am 27. Februar 2017.[13] In den Photographien zeigt sich das Publikum zu zweit, in Gruppen oder auch einzeln. Die meisten schauen direkt in die Kamera, viele Bilder sind Kniestücke, und die

Porträtierten lächeln dezent. Die Einzelfiguren, die Doppelporträts und die Gruppenbilder sind alle zentriert. Einige Paare sind vor einem Gemälde aufgestellt, andere kommen nahe zur Kamera, und links und rechts neben den zentrierten Figuren sind Gruppen des Publikums im Raum zu sehen. Eine Aufnahme zeigt das Publikum im Saal, eine Männergruppe vor dem Signet der Galerie liefert ein Gruppenbild, das sie für spaßig hält.

Das soziale Niveau der Veranstaltung ist kenntlich an der schlichten winterlichen Bekleidung des Publikums und an den Getränkeflaschen »Desperados«, einem Lagerbier mit Tequila-Aromen, das aus der Flasche getrunken wird. Die Porträts des Vernissage-Publikums bleiben anonym, außer für die Dargestellten, die sich auf dem Bildschirm wiedererkennen können. Für die Aufnahmen stellen sich die Besucherinnen und Besucher bereitwillig zur Verfügung, ja, sie sind wie üblich begierig, mit Hilfe des Photographen aus der Menge herauszutreten und Prominenz zu erlangen. Der mächtige Photograph kann Individuen aus der Menge isolieren, das Bild speichern, in den Medien veröffentlichen oder mit »delete« im Nirgendwo verschwinden lassen.

Die Publikation solcher Bilddokumente in Lifestyle-Magazinen erfolgt meist in einem absichtlich amateurhaften Layout mit teilüberschnittenen, weiß gerahmten Abbildungen. Zu sehen sind Leute, die lachend mit einem Glas in der Hand große Fröhlichkeit performen, und der Begleittext nennt das Publikum etwa »hochkarätig« und die Diskussion ein »Talk-Highlight«, gerne wird auch »provokativ« angeführt in schwacher Erinnerung, dass die Kunst einmal außerhalb des Mainstreams agieren und das Bewusstsein verändern wollte. Neben Museums- und Galeriedirektoren, Galeristinnen, Sammlerinnen, hohem Geldadel und kleinem Geburtsadel, schlüpfen auch Künstlerinnen und Künstler in hofnarrenähnliche Rollen.

Auf hohe Aufmerksamkeit zielen die bizarren Aktionen einiger Street Art-Künstler (oder besser: Graffiti-Künstler), wie die des berühmten Banksy, geb. 1974 in Bristol. Eine seiner Aktionen erregte weltweites Aufsehen und rief eine große Zahl von Kommentaren hervor, die auf YouTube zu konsultieren sind. Die ikonoklastische künstlerische Aktion fand im Auktionssaal von Sotheby's London am 5. Oktober 2018 statt. Versteigert wurde als Lot 67 das Rührungswerk *Girl with Balloon* von 2006 in einem vergoldeten Rahmen des Künstlers zum Schätzpreis zwischen GBP 200.000–300.000. Bei etwas über 1 Million Pfund fiel der Hammer, worauf ein Pfiff ertönte und eine vom Künstler in den Rahmen eingebaute Shredder-Maschine das

Bild fein säuberlich in Streifen schnitt. Das Publikum im vollen Saal schaute ungläubig, belustigt oder schockiert zu, ebenso wahrscheinlich das virtuelle Publikum, das die Auktion in den Medien verfolgte. Obwohl der Rahmen die auffällig große Tiefe von 18 cm aufwies, war dem Haus Sotheby's bei der Einlieferung angeblich nichts aufgefallen. So leugnen die Auktionatoren, etwas vom eingebauten Shredder-Mechanismus gewusst zu haben, drücken unglaubhaft Erschrecken aus und nehmen den Mangel an Professionalität auf sich. Der Künstler behauptete, durch das Schreddern sei ein neues Kunstwerk mit neuem Wert entstanden, das er benannte: *Love is in the Bin*.[14] Mit der Aktion erwies sich der Künstler sowohl als verblüffender Zerstörer wie als gewiefter Produzent und Propagator.

Die weltweite Aufmerksamkeit für die Auktion, für den Künstler und das Auktionshaus Sotheby's London am 5. Oktober 2018 war kaum geringer als die Aufmerksamkeit für Christie's New York am 15. November 2017 bei der Versteigerung des *Salvator Mundi*. Auf YouTube gibt es für die Auktion von Banksy 43.559 likes und 1.620 dislikes, während der *Salvator* nur 40.691 likes und 1.690 dislikes erhält (Stand 1. Juni 2021). Wir können diese Zahlen (die nicht geprüft sind) als Kurswert eines Ereignisses oder eines Künstlers betrachten. Im Fall von Banksy ist für die Buchführung sein publicity team zuständig. Die Anzahl der Reaktionen des weiteren Publikums, die in den Medien die Auktion und die Resultate mitverfolgten, übersteigt bei weitem die Anzahl der Kommentare in den früheren Besucherbüchern der Ausstellungen und Museen. In *Artnet News* vom Oktober 2018 wird die Show abschließend so kommentiert:

> In einem Bereich, der so rammelvoll ist mit Taschenspielertricks wie die Kunstwelt, zählt am Ende des Tages nur, dass das Publikum die Show genossen hat. Mit seinem Starauftritt bei Sotheby's hat Banksy uns allen eine souveräne Vorstellung geboten.[15]

Event-Veranstalter suchen nach einer Gelegenheit, den Aufmerksamkeitswert von Banksy abzuschöpfen, wie etwa durch die Propagierung einer Blockbuster-Ausstellung von digitalen Reproduktionen in der Schau »The Mystery of Banksy – A Genius Mind« in mehreren Städten im Frühjahr 2023. Auch kamen andere Künstler darauf, das Aufsehen von Banksy sich selbst zuzuleiten, wie etwa einer, der seinen Namen »Burnt Banksy« mit einer Bildverbrennung fand. Er kaufte bei Taglialatella Galleries in Chelsea New York einen screen print Banksys mit dem Titel *Morons (White)* für immerhin 95.000 USD, geliehen von

Investoren, und startete eine Verbrennungsaktion.[16] Für die Performance tritt »Burnt Banksy« von Kopf bis Fuß schwarz gekleidet auf, und ein Photograph macht eine Aufnahme, die als NFT geprägt und auf einer online Auktions-Plattform hochgeladen wird.[17] Die Aktion droht zu scheitern, weil Banksys Print zuerst nicht brennen will. Fünfzigtausend Leute (die Zahl ist nicht zertifiziert) verfolgen auf Twitter, wie Burnt Banksy einen Banksy verbrennt. Ein anonymer Käufer erwirbt Burnt Banksys NFT für 380.000 USD in Kryptowährung.[18] So weit ist die Anzapfung des Aufmerksamkeitswerts und die Appropriation des Künstlernamens erfolgreich, wenn auch vielleicht nur für die berühmten Warhol'schen 15 Minuten.[19] Denn damit die extreme Privatisierung eines digitalen Werks mittels NFT funktioniert, muss der Weltöffentlichkeit mit einer Reproduktion und den Dollarmillionen vorgehalten werden, dass ihr das Unikat für immer entzogen wird. Es wird auch die Auffassung vertreten, dass »der Akt des Kaufens selbst gekauft« werde und das gekaufte Gut lediglich das Zeugnis des Kaufaktes sei, wobei die Nachfrage steigt, je mehr der Preis in die Höhe geht.[20] Die Medien, das Internet, die social media machen aus dem NFT-Markt eine Sensation, doch wie weit das Publikum beeindruckt ist oder nur die Schultern zuckt, weiß man nicht, da weder Äußerungen zur Privatisierung noch gegen Ikonoklasmus und Namensdiebstahl zu hören sind.

Mit Hilfe von NFT und der Fraktionierung von Kunstwerken, »tokenisieren« genannt, eröffnen sich ungeahnte Möglichkeiten der Teilhabe an Kunstwerken und der Ausbeutung von Interessenten. Im Juli 2021 präsentieren Artemundi und die Sygnum Bank (Schweiz und Singapur) Teile eines Gemäldes von Picasso ab 1.000 CHF, um am Kaufen und Verkaufen von Blue Chip-Kunst teilzunehmen ohne die Gebühren des traditionellen Kunstmarkts erlegen zu müssen. Zudem können Interessenten leichter zur Investition in Kunst motiviert werden, weil sie nicht mehr dutzende oder hunderte von Millionen in ein physisches Objekt investieren müssen. Das menschenfreundliche Angebot, mit Krypto-Währungen Token von Kunstwerken zu erwerben, ermöglicht es dem größeren Publikum, mit einem relativ kleinen Einsatz den Status von »Playern« zu erlangen und ähnlich wie im Spielcasino sein Vermögen aufs Spiel zu setzen.[21]

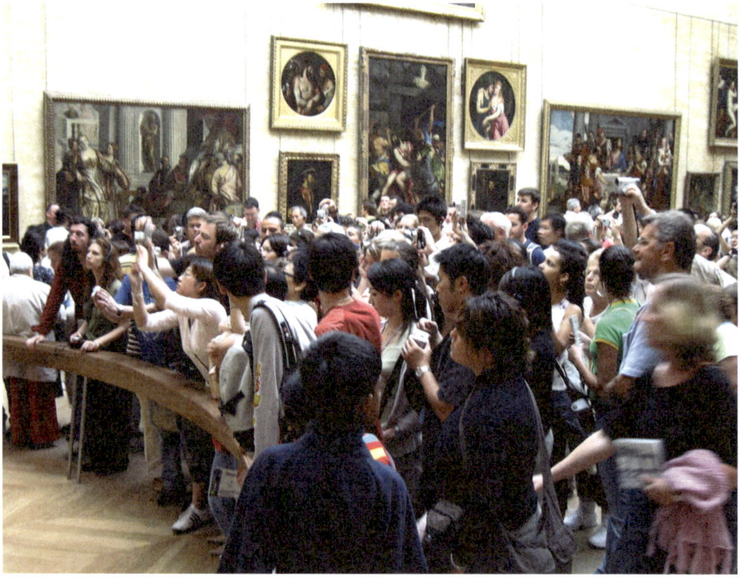

54 *Pilgerschar vor Leonardos Mona Lisa*, 2005

Epilog

Die bildlichen und textlichen Dokumente, die ich für dieses Buch herangezogen habe, stammen aus dem kleinen Teil der Erde, der sich während Jahrhunderten als deren Zentrum wähnte und heute eingeschränkt ist auf »westliche Welt«. Die unbeabsichtigte Beschränkung ergibt sich aus der unsystematischen Auffindung der bildlichen und literarischen Dokumente. Den Mängeln steht die Hoffnung entgegen, mit Exempeln und Fragestellungen ein Forschungsgebiet für die Kunstgeschichte weiter geöffnet zu haben. Die diachronischen Gänge sind Versuche, Geschichte und Analytik zu verbinden, in der Erwartung, nicht gänzlich im Stand eines »compilateur d'anecdotes« zu verbleiben.[1] Ich bin zuversichtlich, dass die Forschung über das Kunstpublikum weiter ausgebaut und vertieft wird. Dazu hoffe ich, dass die bildende Kunst in allen Ihren Facetten noch lange Zeit produktiv sein kann und ein interessiertes Publikum finden wird.

Anmerkungen

Die bibliographischen Angaben sind unten im Literaturverzeichnis aufgeschlüsselt.

Prolog

1 Z. B.: Wilder 2020, wo vom »Beholder« viel und vom Publikum auf 315 Seiten nicht ein einziges Mal die Rede ist. – Die Ausnahme: Schneemann 2011.
2 Die Ausnahme: Klonk 2009.
3 Das Hauptwerk erschien erst 1974: Arnold Hauser, *Soziologie der Kunst*, München: Beck, 1974; Bourdieu / Darbel 1966; Bourdieu 1979.
4 *Soziologie der Kunst. Produzenten, Vermittler und Rezipienten*, hrsg. von Jürgen Gerhards, Opladen: Westdeutscher Verlag, 1997.
5 Hans-Joachim Klein, *Der gläserne Besucher. Publikumsstrukturen einer Museumslandschaft* (Berliner Schriften zur Museumskunde, Bd. 8), Berlin: Mann, 1990.
6 Vgl.z. B. Nora Wegner, ‚Besucherforschung und Evaluation in Museen: Forschungsstand, Befunde und Perspektiven', in: *Das Kulturpublikum. Fragestellungen und Befunde der empirischen Forschung*, hrsg. von Patrick Glogner, Patrick S. Föhl, Wiesbaden: VS Verlag für Sozialwissenschaften, 2001, pp. 97–152; Patrick Glogner-Pilz, *Publikumsforschung. Grundlagen und Methoden*, Wiesbaden: VS Verlag für Sozialwissenschaften, 2012.
7 Paul Buckermann, *Die Vermessung der Kunstwelt. Quantifizierende Beobachtungen und plurale Ordnungen der Kunst*, Weilerswist: Velbrück Wissenschaft, 2020.
8 Vgl. Patrick Glogner-Pilz, Patrick S. Föhl, *Handbuch Kulturpublikum. Forschungsfragen und -Befunde*, Wiesbaden: Springer, 2015, pp. 25–26.
9 Schultheis 2015.
10 Die Analyse des Massen-Tourismus und des Kulturellen Übertourismus, die bis 2020 immer unübersehbarer wurden, muss der Soziologie, der Tourismusforschung bzw. der Kulturökonomie überlassen bleiben, vgl. Frey 2020.
11 Charles-Antoine Coypel, ‚Dialogue sur l'exposition des Tableaux dans le Sallon du Louvre, en 1747', in: *Mercure*, November 1751, p. 59 (BnF Gallica), pp. 5–6.
12 *Lettres de Gauguin à sa femme et à ses amis*, hrsg. von Maurice Malingue, Paris: Grasset, 1946, p. 298: »[...] curieux et fou public qui exige du peintre le plus originalité possible et ne l'admet cependant que lorsqu'il ressemble aux autres.«
13 Umberto Eco, *Das offene Kunstwerk*, übersetzt von Günter Memmert, Frankfurt a. M.: Suhrkamp, 1977.
14 Zur bibliographischen Orientierung: Rosenberg 1964; Belting 1981; Schlink 1982; Crow 1985; Junge 1992; Wrigley 1993, Kap. 3: ‚In Search of an Art Public', pp. 97–119; Busch 1993; Schneemann 1994, Kap. 3, ‚Das Publikum', pp. 55–93; Bätschmann 1997 und 1997a; *Enduring Instant* 2003; Penzel 2007; Kernbauer 2011; Kemp 2015, Kap. ‚Der Krieg findet im Saal statt: Die Lehr- und Prügeljahre des Publikums', pp. 51–63; *The Public in the Picture* 2015; *Paradigmen der Kunstbetrachtung* 2015; Griener 2017; Weisenseel 2017; Pfisterer 2020, Kap. ‚Das große Publikum', pp. 252–258.

15 Ernst Kris, Otto Kurz, *Die Legende vom Künstler. Ein geschichtlicher Versuch*, Wien: Krystall-Verlag, 1934, pp. 101–107.
16 Charlotte Klonk, *Spaces of Experience. Art Gallery Interiors from 1800 to 2000*, New Haven and London: Yale University Press, 2009.

Der Anteil des Publikums

1 *Texte zum Werk von Thomas Struth*, hrsg. von Hans Rudolf Reust und James Lingwood, München: Schirmer/Mosel, 2009; *Thomas Struth: museum photographs*. Katalog der Ausstellung in der Hamburger Kunsthalle 1993/94, München: Schirmer/Mosel, 1993.
2 Struth 1993/94, p. 22: *Stanze di Raffaello I*, Rom, 1990; Thomas Struth, *Museum Photographs*, München: Schimer/Mosel, 2005, p. 51.
3 *Thomas Struth. Fotografien 1978–2010.* Katalog der Ausstellungen in Zürich, Düsseldorf, London, Porto 2010–2012, München: Schirmer/Mosel, 2010, pp. 198–199: Museum Photographs 1.
4 Struth 1993/94, pp. 44–45: *Kunsthistorisches Museum III*, Wien 1989, 145 × 187 cm.
5 Thomas Bernhard, *Alte Meister. Komödie*, Frankfurt a. M.: Suhrkamp, 1985.
6 Struth 2005, p. 85.
7 Struth 2010, p. 47: *Audience 7, Florenz 2004*, Chromogener Abzug, 179,5 × 288,3 cm, Düsseldorf, Kunstsammlung Nordrhein-Westfalen. – Aus der zahlreichen Literatur: Norman Bryson, ‚Not Cold, Not Too Warm. The Oblique Photography of Thomas Struth – Thomas Struths Photographie der Diagonalen', in: *Parkett*, 50/51, 1997, pp. 157–165 (http://www.e-periodica.ch).
8 Galleria dell'Accademia di Firenze, Ordine di Servizio, 13.12.2018; vgl. auch Le Gallerie degli Uffizi, Regolamento: Qualche regola da seguire (2021): »Tutti I visitatori sono tenuti a osservare un comportamento conforme alle communi regole di buona educazione.« Es folgen 16 Verbote mit absoluter Geltung. Über die Durchsetzung der Reglemente ist nichts bekannt.
9 Wolfgang Kemp, ‚Kunstwerk und Betrachter: Der rezeptionsästhetische Ansatz', in: *Kunstgeschichte. Eine Einführung*, 2008, pp. 247–265; Wolfgang Kemp, Art. ‚Rezeptionsästhetik', in: *Metzler Lexikon Kunstwissenschaft. Ideen, Methoden, Begriffe,* hrsg. von Ulrich Pfisterer, Stuttgart, Weimar: Metzler, ^{2}2011, pp. 388–391.
10 Francis Haskell, ‚Ein Türke und seine Bilder im Paris des 19. Jahrhunderts', in: ders., *Wandel der Kunst in Stil und Geschmack. Ausgewählte Schriften*, Köln: DuMont, 1990, pp. 305–321; vgl. ders., ‚A Turk and his Pictures in Nineteenth-Century Paris', in: ders., *Past and Present in Art and Taste. Selected Essays*, New Haven und London: Yale University Press, 1987, pp. 175–185.
11 Oskar Bätschmann, ‚The Artist on Show: Gustave Courbet', in: *Representation and Show. Studies in Nineteenth-Century Art*, ed. by Candida Syndikus, SMC Publishing Inc., Taipei 2013, pp. 1–39.
12 Martin Disler, *Die Umgebung der Liebe*, hrsg. von Tilman Osterwold, Stuttgart: Württembergischer Kunstverein, 1993.
13 Martin Disler, *Bilder vom Maler*, 3. Aufl., Dudweiler: AQ-Verlag, 1983; in die Neuauflage *Bilder vom Maler. Roman*, Zürich: Pearlbooksedition, 2015, ist das Märchen vom Volksmaler als 19. Bild (pp. 85–88) und der Text vom Maler im Stadion als 20. Bild (pp. 89–90) aufgenommen. – *Martin Disler 1949–1996*, hrsg. von Franz Müller, Zürich: Schweizerisches Institut für Kunstwissenschaft und Scheidegger & Spiess, 2007, vgl. Regula Krähenbühl, ‚»Bilder vom Maler« als Vexierbild vom Schriftsteller', pp. 225–246.
14 Vgl. zum Frontispiz und zu den Kompositkörpern: Horst Bredekamp, *Thomas Hobbes. Visuelle Strategien. Der Leviathan: Urbild des modernen Staates. Werkillustrationen und Portraits*, Berlin: Akademie-Verlag, 1999. – Disler war von 1961 bis 1968 Schüler im Kapuzinerkollegium in Stans, Schweiz, und 1969 in der Kantonsschule Solothurn. Damals wurde

in Katholischen Gymnasien Philosophie unterrichtet.
15 Gumbrecht 2020.
16 Herbert Killian, *Gustav Mahler in den Erinnerungen von Natalie Bauer-Lechner* (mit Anmerkungen und Erklärungen von Knud Martner. Revidierte und erweiterte Ausgabe), Hamburg 1984, p. 130. Ich verdanke Johann Layer, Hamburg, den Hinweis.
17 Jean Cocteau, *Le coq et l'arlequin. Notes autour de la musique 1918*, Paris: Stock, 1979, pp. 94–95: »La salle joua le rôle qu'elle devait jouer; elle se révolta tout de suite. On rit, conspua, siffla, imita les cris d'animaux, et peut-être se serait-on lassé, à la longue, si la foule des esthétes et quelques musiciens, emportés par leur zèle excessif, n'eussent insulté, bousculé même, le public des loges. Le vacarme dégénéra en lutte.«
18 Cocteau 1979, p. 95; Mélanie de Pourtalès, Comtesse Edmond de Pourtalès, 1836–1914.
19 ‚Grande Serata Futurista, Firenze, Teatro Verdi, 12 Dicembre 1912', in: *Lacerba*, 1, No. 24, 15. Dezember 1913, p. 1.
20 Schultheis 2015, pp. 129–130.
21 Horaz, *De arte poetica – Das Buch von der Dichtkunst*, in: Horaz, *Sämtliche Werke*, München: Heimeran, 1957, V. 99–114.
22 Alberti 2011, *De Pictura, 41*, pp. 268–271: »Fit namque natura [...] ut lugentibus conglugeamus, ridentibus adrideamus, dolentibus condoleamus.«
23 Art. ‚Fluidum, das' in: DWDS Der deutsche Wortschatz von 1600 bis heute, seit dem 19. Jahrhundert »Wirkung oder Ausstrahlung eines Gegenstandes, eines Menschen, die wohl durch Übertragung des Ausdrucks auf magnetische und elektrische Ströme ausgelöst wird.« Vgl. Wörterbuch der deutschen Gegenwartssprache (WDG), Art. ‚Fluidum': »unwägbare, von einer Person oder Sache ausgehende Wirkung: das F. des Künstlers, der großen Persönlichkeit; das F. zwischen Bühne und Parterre [...]«. – Christine Göttler, ‚Vapours and veils: the edge of the unseen', in: *Spirits Unseen. The Representation of Subtle Bodies in Early Modern European Culture*, hrsg. von Christine Göttler und Wolfgang Neuber, Leiden, Boston: Brill, 2008, pp. xv–xxv.
24 Joachim Bauer, *Warum ich fühle was du fühlst – intuitive Kommunikation und das Geheimnis der Spiegelneuronen*, Hamburg: Hoffmann und Campe, 2005.
25 Pelowski 2017, pp. 245–264.
26 Die Literatur ist außerordentlich zahlreich: vgl. Goldberg 1988; Fischer-Lichte 2014.
27 Abramović / Kaplan 2017, pp. 69, 81–85.
28 Abramović / Kaplan 2017, pp. 395–412; vgl. das Video auf Youtube; Marcel Bleuler, ‚Imaginierter Schmerz. Marina Abramović und die Produktion von Empathie', in: *Paradigmen der Kunstbetrachtung* 2015, pp. 157–177.
29 Marina Abramović, *Measuring the Magic of Mutual Gaze* (Internet).

Hierarchische Kategorien

1 *Lexikon zur Soziologie*, 5. Überarbeitete Auflage, ed. Werner Fuchs-Heinritz et al., Heidelberg/New York: VS Verlag, 2011, pp. 542–543. – John Fiske, *Television Culture*, London: Routledge, 2004 (Reprint).
2 Karl Ernst Georges, *Ausführliches Lateinisch-Deutsches Handwörterbuch*, 8. Auflage, hrsg. von Heinrich Georges, 2 Bde., Hannover und Leipzig: Hahnsche Buchhandlung, 1918, Bd. 2, col. 2061–2063.
3 Vgl. das Lemma ‚public' in: *The Oxford English Dictionary*, second edition, prepared by J. A. Simpson und E. S. C. Weiner, Vol. XII, Oxford: Clarendon Press, 1989, pp. 778–781; und das Lemma ‚audience', in: Vol. 1, pp. 779–780.
4 *Le dictionnaire érudit de la langue française*, Paris: Larousse, 2014, pp. 1529–1530.
5 *Grande Dizionario italiano dell'uso*, hrsg. von Tullio de Mauro, Bd. V, Turin: UTET, 2000, p. 264.
6 Habermas 1968, § 5, pp. 46–60, Zitat p. 53.

7 Museum of Modern Art New York: www.moma.org/become a member/patron program.
8 Vgl. com/themuseumofmodernart, Stand 07.06.2021.
9 National Gallery London, Website: Membership: »Art for everyone // By supporting us you'll be supporting free art for everyone. Not only can art benefit your own wellbeing, you are helping others too.«
10 https://www.vangoghmuseum.com, Stand 09.06.2021.
11 Zur Klassifikation der Art Basel vgl. Schultheis 2015, pp. 104–106.
12 Wassily Kandinsky, *Über das Geistige in der Kunst, insbesondere in der Malerei*, München: Piper, 1912 [erschienen im Dezember 1911], p. 11.
13 Kandinsky 1912, pp. 12–14.
14 De.statista.com, 2020. Für andere Rankings vgl. etwa ArtFacts.net usw.
15 Institut für Museumsforschung, Berlin, Webseite, Abfrage 27.1.2020; *Zahlen & Materialien aus dem Institut für Museumsforschung*, Bd. 75, 2021, Heidelberg: arthistoricum.net, 2021.

Das Apelles-Problem

1 Zu den vielfachen Erwähnungen des Wettbewerbs vgl. Christiane J. Hessler, *Zum Paragone: Malerei, Skulptur und Dichtung in der Rangstreitkultur des Quattrocento*, Berlin: De Gruyter, 2014, pp. 690–693.
2 Plinius, *Nat. hist.* 35, 84: »idem perfecta opera proponebat in pergula transeuntibus atque, ipse post tabula latens, vitia, quae notarentur, auscultabat, volgum diligentiorem iudicem quam se praeferens.«
3 Georges 1918, Bd. 2, col. 3561.
4 Plinius, *Nat. hist.* 35, 85–85: »ne supra crepidam iudicaret« – wörtlich: er solle nicht oberhalb des Halbschuhs urteilen. – Magdalena Eickelkamp, *Apelles an der Kunstakademie. Studien zur Bedeutung des antiken »Malerfürsten« für die akademische Kunst und Kunsttheorie vom 16.–19. Jahrhundert* (Dissertation Universität Bonn), Bonn 2016, S. 81–84. (online).
5 Philostratos, *Eikones*, II/6, vgl. Philostratos, *Die Bilder*, griechisch-deutsch, übersetzt von Ernst Kalinka und Otto Schönberger, München: Heimeran, 1968, pp. 186–191; vgl. *Beschreibungkunst – Kunstbeschreibung*, hrsg. von Gottfried Boehm und Helmut Pfotenhauer, München: Fink, 1995, bes. die Beiträge von Fritz Graf, ‚Ekphrasis: die Entstehung der Gattung in der Antike', pp. 143–155; Otto Schönberger, ‚Die »Bilder« des Philostratos', pp. 157–176.
6 Mohamed Yacoub, *Splendeurs des mosaiques de Tunisie*, Tunis: Agence Nationale du patrimoine, 1995, p. 307, Abb. 156b; Katharina Preindl, ‚Fans und Hooligans in der Antike', in: *Forum Archaeologiae*, 42/III/2007 (http://farch.net).
7 Publius Vergilius Maro, *Aeneis*, I, vv. 453–495.
8 Julia Frick, ‚Visual Narrative: The *Aeneid* Woodcuts from Sebastian Brant's Edition of Virgil (Strasbourg 1502) in Thomas Murner's Translation of the *Aeneid* (Strasbourg 1515)', in: *Early Printed Narrative Literature in Western Europe*, ed. By Bart Besamusca et alii, Berlin and Boston: De Gruyter, 2019, pp. 241–272.
9 Alberti 2011, *De Pictura*, 62, pp. 310–313.
10 Alberti, *De Pictura*, 41, pp. 268–271: »Animos deinde spectantium movebit historia, cum qui aderunt picti homines suum animi motum maxime prae se ferent.« – »Ferner wird ein Vorgang (Historia) die Seelen der Betrachter dann bewegen, wenn die gemalten Menschen, die auf dem Bild zu sehen sind, ihre eigene Seelenregung ganz deutlich zu erkennen geben.«; Horaz, *De Arte poetica – Das Buch von der Dichtkunst*, 99–113, in: Horaz, *Sämtliche Werke*, München: Heimeran, 1957.
11 Baxandall 1971, pp. 133–134.
12 Alberti 2011, *De Pictura*, 42, pp. 270–273: »Denique et quae illi com spectantibus et quae inter se picti exequentur, omnia ad agendam et docendam historiam congruant necesse est.«
13 Martin McLaughlin, ‚Alberti's Commentarium to His First Literary Work:

Self-Commentary as Self-Presentation in the Philodoxeos', in: *Self-Commentary in Early Modern European Literature, 1400–1700*, hrsg. von Francesco Venturi, Leiden: Brill, 2019, pp. 28–49.

14 Leon Battista Alberti, *De re aedificatoria libri decem*, dt.: *Zehn Bücher über die Baukunst*, übers. von Max Theuer [1912], Darmstadt: WBG, 1975, pp. 442–453.

15 Alberti 2011, *De Pictura*, 44, pp. 276–279; Volker Saftien, *Ars Saltandi in Renaissance und Barock*, Hildeheim u. a.: Olms, 1994, pp. 35–41.

16 Leon Battista Alberti, *Vita*, lat.-dt., hrsg. von Christine Tauber, Frankfurt a. M./Basel: Stroemfeld/Roter Stern, 2004, pp. 36–41.

17 Alberti, *Vita*, 2004, pp. 42–45.

18 Alberti, *Vita*, 2014, pp. 36–43, p. 42: »Vituperatoribus rerum quas conscriberet modo coram sententiam suam depromerent gratias agebat, in eamque id partem accipiebat ut se fieri elimatiorem emendatorum admonitu vehementer congratularetur.«

19 Alberti 2011, *De Pictura*, 63, pp. 312–315: »faciem meam in suis historiis pingant«.

20 Heinrich Wölfflin, *Die Klassische Kunst. Eine Einführung in die italienische Renaissance*, München: F. Bruckmann, 1899, p. 36.

21 Giorgio Vasari, *Das Leben des Leonardo da Vinci*, übers. und komm. von Victoria Lorini und Sabine Feser, Berlin: Wagenbach, 2006, pp. 36, 101–102. – Giorgio Vasari, *Le Vite de più eccellenti Pittori, Scultori ed Architettori*, hrsg. Rosanna Bettarini und Paola Barocchi, Bd. 4 Testo, Florenz: Sansoni, 1976, Bd. 4, p. 29: »Finalmente fece un cartone dentrovi una Nostra Donna ed una Sant'Anna con un Cristo, la quale non pure fece maravigliare tutti gli artefici, ma finita ch'ella fu, nella stanza durarono due giorni d'andare a vederla gli uomini e le donne, i giovani ed i vecchi, come si va alle feste solenni; per veder le maraviglie di Leonardo, che fecero stupire tutto quell popolo.«

22 Susanne Kubersky-Pirotta, ‚»…Et sia ritratto nella stessa forma medesima«. Das Florentiner Gnadenbild der SS. Annunziata und seine Repliken', in: *Multiples in pre-modern art, hrsg. von Walter Cupperi*, Zürich, Berlin: Diaphanes, 2014, pp. 201–227, bes. p. 205.

23 Luca Landucci, *Diario Fiorentino dal 1450 al 1516*, hrsg. von Iodoco del Badia, Florenz: Sansoni, 1883, p. 287. Für ähnliche Versammlungen Neugieriger braucht Landucci »Vi venne tutto Firenze a vedere…«, p. 233–234, erwähnt aber Leonardos Präsentation nicht.

24 *Enduring Instant* 2003: ‚Introduction: The Times of Spectatorship', pp. 32–35 und Anm. 43.

25 Leonardo da Vinci, *Sämtliche Gemälde und die Schriften zur Malerei*, hrsg. von André Chastel, Darmstadt: WBG, 1990, pp. 378–379 (A 108r, A 106r); Leonardo da Vinci, *Libro di Pittura (Codice Urbinate lat. 1270)*, hrsg. von Carlo Pedretti, Transkription Carlo Vecce, 2 Bde, Florenz: Giunti, 1995, Bd. 1, pp. 180–182, Nrn. 71, 75.

26 Giorgio Vasari, *Das Leben des Perugino und des Pinturicchio*, übers. Von Viktoria Lorini, hrsg. von Alessandro Nova u. a., Berlin: Wagenbach, 2011, pp. 23–50; vgl. Robert Williams, ‚Repetition, Variation, and the Idea of Art in Renaissance Italy', in: *California Renaissance Studies*, 6. 2016, pp. 1–20.

27 Vgl. die Analyse der philosophischen Darstellungen: Susanna Berger, *The Art of Philosophy. Visual Thinking in Europe from the Late Renaissance to the Early Enlightenment*, Princeton and Oxford: Princeton University Press, 2017.

28 Jacob Burckhardt, *Der Cicerone. Eine Anleitung zum Genuss der Kunstwerke Italiens*, Basel: Schweighauser, 1855, p. 912. In der Anmerkung sind einige der schon erbrachten Vorschläge notiert. – Von jesuitischer Seite wurde der Kardinal Egidio da Viterbo als Berater genannt; vgl. die Beiträge von Silvia Ferino Pagden und Matthias Winner in: *Raffaello a Roma. Il convegno del 1983*, Rom: Edizione dell'Elefante, 1986, pp. 13–27 und 29–45.

29 Schlink 1987 (1988).

1 Giovan Pietro Bellori, *Le Vite de'Pittori, Scultori e Architetti Moderni*, ed. Evelina Borea, Turin: Einaudi, 1976, p. 427: »…e seppe così bene essaminare le parti e le bellezze di quest'opera mirabile che gli altri, persuasi ed indotti da suo essempio, si rivolsero anch'essi allo studio di Domenichino.«
2 [André Félibien] *Entretiens sur les vies et sur les ouvrages des plus excellens peintres anciens et modernes, Quatrième partie, Huitième entretien*, Paris: Marbre-Cramoisy, 1685, p. 254.
3 Vgl. zur Analyse der Dokumente: Felix Thürlemann, ‚Betrachterperspektiven im Konflikt. Zur Überlieferungsgeschichte der »vecchiarella«-Anekdote', in: *Der Betrachter ist im Bild. Kunstwissenschaft und Rezeptionsästhetik,* hrsg. von Wolfgang Kemp, Berlin: Reimer, 1992, pp. 169–207.
4 Abraham Bosse, *Sentimens sur la Distinction des diverses Manieres de Peintures, Dessein & Graveure, & des Orginaux d'avec leurs Copies*, Paris: beim Autor, 1649.
5 *Bernini in Paris. Das Tagebuch des Paul Fréart de Chantelou über den Aufenthalt Gianlorenzo Berninis am Hof Ludwigs XIV*, hrsg. von Pablo Schneider und Philipp Zitzlsperger, Berlin: Akademie Verlag, 2006, p. 131 (5. September 1665); Chantelou, *Journal de voyage du Cavalier Bernin en France*, hrsg. von Milovan Stanić, Paris: Macula, 2001, pp. 156–157: »[le Cavalier] a répété qu'Annibal Carrache voulait qu'on exposât à la censure publique un tableau aussitôt qu'il était fait; que le public ne se trompait pas et ne flattait point, qu'il ne manquait jamais de dire: ‚Il est sec, il est dur', lorsqu'il l'était, et ainsi du reste.«
6 *Bernini in Paris*, 2006, p. 132; Chantelou 2001, p. 156; vgl. zu weiteren Aspekten von Bernini in Paris: Heiko Damm, ‚Berninis Expertisen. Künstlerurteil und Laienkompetenz im Spiegel der Aufzeichnungen des Paul Fréart de Chantelou', in: *Zeigen – Überzeugen – Beweisen. Methoden der Wissensproduktion in Kunstliteratur, Kennerschaft und Sammlungspraxis der Frühen Neuzeit*, hrsg. von Elisabeth Oy-Marra, Irina Schmiedel, Merzhausen: ad picturam, 2020, pp. 111–176 (online).
7 Vgl. zu den Brüdern Fréart de Chantelou: Henri Chardon, *Les Frères Fréart de Chantelou, amateurs d'art et collectionneurs manceaux du 17ème siècle*, Le Mans: Monnoyer, 1867, bes. pp. 22–66.
8 Fréart de Chambray 1662.
9 Fréart de Chambray 1662, Widmung, nicht paginiert.
10 Fréart de Chambray 1662, Préface, fol. a recto: »Il n'y a presque personne qui n'ait quelque inclination pour la Peinture, & qui ne pretende mesme auoir vn jugement naturel & vn sens commun capables de contrôller les Ouurages qu'elle produit. Car non seulement les gens de lettres & de condition, qui sont vray-semblablement toûjours les plus raisonnables, se piquent de s'y connoistre; mais encore le vulgaire se mesle d'en dire son sentiment: si bien qu'il semble qu'elle soit en quelque façon le mestier de tout le monde.«
11 Fréart de Chambray 1662, Préface, fol. a-a verso: »Cette présomption n'est pas un vice particulier des François, ou de nostre Siecle. Il est aussi vieu que la Peinture, & il est né auec celle dans la Grece. On le peut iuger par ce que Pline a remarqué d'Apelles, qu'il avoit acoustumé, avant de mettre la derniere main à ses Tableaux, de les exposer publiquement à la censure de touts les passans, & se tenoit cependant caché derriere, pour escouter ce qu'ils disoient, & pour en faire son proffit: d'où est venu le Prouerbe, *Apelles post tabulam*.«
12 Fréart de Chambray 1662, Préface, fol. a verso-a1 recto.
13 Fréart de Chambray 1662, Préface, fol. a1 recto.
14 Fréart de Chambray 1662, fol. a 3 recto- fol. v verso: »La Peinture mesme, dont nous regrettons la decadence, & qui semble n'estre née que pour la Paix, n'a peut estre jamais esté en plus haute estime parmi nous, ny plus recherchée que maintenant; et cela pourroit bien estre en partie la cause de sa corruption.«

15 Brief vom 1. März 1665, in: Nicolas Poussin, *Correspondance*, hrsg. von Ch. Jouanny, Paris: F. de Nobele [s.d.], Lettre 210, pp. 461–464.
16 Chantelou 2001; *Bernini in Paris* 2006,
17 Vgl. zur frühen Kennerschaft: Jan Blanc, ,Mettre des mots sur l'art: peintres et connaisseurs dans la théorie de l'art française et néerlandais du XVIIe siècle', in: *Nederlands kunshistorisch jaarboek*, 29, 2019, pp. 74–105.
18 [Roger de Piles] *Conversations sur la connoissance de la Peinture et sur le Jugement qu'on doit faire des Tableaux. Où par occasion il est parlé de la vie de Rubens, & de quelques uns de ses plus beaux Ouvrages*, Paris: N. Langlois, 1677 [BnF Gallica].
19 De Piles 1677, p. 94: »Le Spectateur n'est point obligé de sçavoir ce que sçait un peintre, il n'a qu'à s'abandonner à son sens commun pour juger de ce qu'il voit.«
20 République Française, Ministère de la Culture, Ancien hôtel du Cardinal de Richelieu, 21 Place des Vosges. – Die Zugänglichkeit der Sammlungen ist meist ein vernachlässigter Aspekt: vgl. die Sammlungsgeschichten, für Wien: Gudrun Swoboda, *Die Wege der Bilder. Eine Geschichte der kaiserlichen Gemäldesammlungen von 1600 bis 1800*, Wien: Kunsthistorisches Museum und Verlag Ch. Brandstätter, 2008; *Die kaiserliche Gemäldegalerie in Wien und die Anfänge des öffentlichen Kunstmuseums*, hrsg. von Gudrun Swoboda, 2 Bde., Wien: Kunsthistorisches Museum und Böhlau Verlag, 2013. – Im Druck nehmen die Beschreibungen siebzig Seiten ein, De Piles 1677, pp. 110–181.
21 De Piles 1677, p. 124: »Ce Tableau, comme vous voyez, est un sujet de desordre....«; pp. 169–170; pp. 179–181. Es folgt der »Abrége de la vie de Rubens«, erzählt von Philarque, pp. 181–308.
22 Dubos 1733, 2. Teil, Section XXII, pp. 323–353.
23 Dubos 1733, 2. Teil, Section XXII, pp. 334–335: »Le mot de public ne renferme ici que les personnes qui ont acquis des lumieres, soit par la lecture, soit par le commerce du monde. Elles sont les seules qui puissent marquer le rang des Poëmes & des tableaux, quoiqu'il se rencontre dans les ouvrages excellens des beautez capables de se faire sentir au peuple du plus bas étage & de l'obliger à se récrier.«
24 Friedrich Gottlieb Klopstock, [Vom Publikum], in: *Der nordische Aufseher*, 1, 49. Stück, 1758, pp. 445–451. – Dubos 1733, 2. Teil, section XXI, pp. 320–322.
25 Klopstock 1758, pp. 449–450.
26 Charles-Antoine Coypel, ,Dialogue sur l'exposition des Tableaux dans le Sallon du Louvre, en 1747', in: *Mercure*, November 1751, p. 59 (BnF Gallica), pp. 5–6: »Ah, convenez plutôt, Celigni, que dans ces petits ouvrages l'Ecrivain empruntant le nom du public sous une humble, mais fausse apparence, ose s'ériger en Juge souverain. Le grand Corneille demandoit autrefois où logeoit le public? Moi, je soutiens que dans le Salon où l'on expose les Tableaux, le public change vingt fois le jour. Ce qu'admiroit le public à dix heures du matin est blâmé publiquement à midi. Oui, vous dis-je, ce lieu peut vous offrir dans le cours d'une seule journée vingt publics de caractères & de tons differens. Public simple en certains momens, & ce public n'est pas celui qu'on devroit le moins écouter: public partial, public leger, public envieux, public esclave du bel air, qui pour décider veut tout voir, & n'examine rien.«

Sensationelle Attraktionen

1 *Der Genter Altar der Brüder van Eyck*, hrsg. von Stephan Kemperdick und Johannes Rössler, Petersberg: Imhof, 2014; Sandra Hindriks, *Der »vlaemische Apelles«. Jan van Eycks früher Ruhm und die niederländische »Renaissance«*, Petersberg: Imhof, 2019.
2 Volker Herzner, ,Die Inschrift des Genter Altars entstand im 16. Jahrhundert', in: *Kunstgeschichte. Open Peer Reviewed Journal*, 2021, pp. 1–11 (https://www.kunstgeschichte-e.journal.net/578/). – *Der Genter Altar der Brüder van Eyck. Geschichte und Würdigung.* Katalog der Ausstellung

in der Gemäldegalerie Berlin, hrsg. von Stephan Kemperdick und Johannes Rössler, Petersberg: Imhof, 2014, pp. 22–28 (Kemperdick); vgl. die philologischen Abklärungen von Christina Meckelnborg, ‚Die Inschrift des Genter Altars. Eine philologische Betrachtung', in: *Der Genter Altar der Brüder van Eyck*, pp. 112–121.
3 Meckelnborg 2014, p. 119.
4 »tueor« in: Georges 1918, Sp. 3248–3249.
5 Für Elisabeth Dhanens, ‚La visite organisée du retable de Gand, XVe–XVIIIe siècle', in: *Gazette des Beaux-Arts*, 89, 1977, pp. 153–154. Ist es wahrscheinlich, dass nach einem Höflichkeitsbesuch bei den Stiftern die Erlaubnis zur Besichtigung des Retabels erteilt wurde.
6 Hindriks 2019, pp. 299–300.
7 Carel van Mander, *Het Leven der Doorluchtighe Nederlandtsche en Hooghduytsche Schilders – Das Leben der niederländischen und deutschen Maler*, übers. von Hanns Floerke, 2 Bde, München und Leipzig: G. Müller, Bd. 1, pp. 36–37.
8 Hindriks 2019, p. 302.
9 *Dürer. Schriftlicher Nachlass*, hrsg. von Hans Rupprich, 3 Bde., Berlin: Deutscher Verein für Kunstwissenschaft, 1956–1969, Bd. 1, p. 168.
10 Albrecht Dürer, Tagebuch der Reise in die Niederlande, in: *Schriftlicher Nachlass*, hrsg. von Hans Rupprich, Bd. 1, Berlin: Deutscher Verein für Kunstwissenschaft, 1956, p. 168.
11 Hindriks 2019, pp. 298–299.
12 R.L.M. Morris, *Court Festvals in the Holy Roman Empire 1555–1619*, Tournhout:
13 *Bernini Scultore. La nascita del barocco in Casa Borghese.* Katalog der Ausstellung in Rom 1998, hrsg. von Anna Coliva und Sebastian Schütze, Rom: De Luca, 1998, Nr. 27, pp. 252–275; Andrea Bolland, ‚*Desiderio* and *Diletto:* Vision, Touch, and the Poetics of Bernini's *Apollo and Daphne*', *in: The Art Bulletin*, 82, 2000, pp. 309–330.
14 Ovid, Met. I, 452–568; Wolfgang Stechow, *Apollo & Daphne*, Leipzig: Teubner, 1932.
15 [Filippo Baldinucci] *Vita del Cavaliere Gio: Lorenzo Bernino Scultore, Architetto, e Pittore, scritta da Filippo Baldinucci Fiorentino alla Sacra e Reale Maestà do Cristina Regina di Svezia*, Florenz: Vincenzio Vangelisti, 1682, p. 9: »La Dafne del Bernino, senz'altro più; e bastimi solamente il dire, che non solo subito, che ella fu fatta veder finita, sene sparse un tal grido, che tutta Roma concorse a vederla per un miracolo [...].« (Vgl. Bibliotheca Hertziana, Digitalisate, Ca-BER 1921–2820 raro).
16 Filippo de' Rossi, *Ritratto di Roma moderna*, Rom: bei Filippo de' Rossi, 1652; [Giovan Pietro Bellori] *Nota delli Musei, Librerie, Galerie, et Ornamenti di Statue e Pitture*, Rom: B. Deversin, F. Cesaretti, 1664, p. 13; Bellori ed. 1976.
17 Vgl. zur frühen Rezeption: Joris van Gastel, *Il marmo spirante. Sculpture and Experience in Seventeenth-Century Rome*, Berlin: Akademie Verlag und Leiden, Leiden University Press, 2013, bes. pp. 192–212.
18 Domenico de' Rossi, *Raccolta di statue antiche e moderne*, Rom: Stamperia alla Pace, 1704, co. 73, zitiert Baldinucci; Filippo de' Rossi, *Descrizione di Roma moderna, formata nuovamente, von le autorità, del Card. Cesare Baronio* [...] *E d'altri celebri Scrittori* [...], Bd. 2, Rom: nella Libraria di Michel' Angelo e Pier Vincenzo Rossi, 1708.
19 Carole Paul, *The Borghese Collections and the Display of Art in the Age of the Grand Tour*, Aldershot: Ashgate, 2008, schenkt dieser Sensation und dem in der Stadt bestaunten Bernini keine Beachtung.
20 Heinrich Wölfflin, *Renaissance und Barock. Eine Untersuchung über Wesen und Entstehung des Barockstils in Italien*, München: Ackermann, 1888, p. 135: »Villae Burghesiae Pincianae / Custos haec edico: / Quisquis es, si liber, / Legum compedes ne hic timeas, / Ito quo voles, carpito quae voles, / Abito quando voles. / Exteris magis haec parantur quam hero, / In aureo Seculo, ubi cuncta aurea / Temporum securitas fecit, / Ferreas leges praefigere herus vetat: / Sit hic amico pro lege honesta voluntas. / Verum si quis dolo malo / Lubens sciens / Aureas urbanitatis

leges fregerit, / caveat ne sibi / Tesseram amicitiae subiratus villicus / Advorsum frangat«. Dt. Übersetzung von Christoph Schäublin.

21 Filippo de' Rossi, *Ritratto di Roma moderna*, Rom: bei Filippo de' Rossi, 1652, pp. 346–348.

22 Baldinucci 1682, pp. 75–78. Für den Hinweis danke ich Tristan Weddigen; Elena Tamburini, Gian Lorenzo Bernini e il teatro dell'arte, Florenz: Le Lettere, 2012.

23 Vgl. Mary Beard, John Henderson, *Classical Art from Greece to Rome*, Oxford: Oxford University Press, 2001, pp. 199–202.

24 Vgl. Patricia Lee Rubin, *Seen from behind. Perspectives on the male body and Renaissance Art*, New Haven und London: Yale University Press, 2018, ch. 4: Models, Motif, and the Migration of Meaning, pp. 111–143, zu Goltzius' *Hercules Farnese* pp. 138–143.

25 Raffael, *Die Vision der Heiligen Cäcilia*, 1515/16, Bologna, Pinacoteca Nazionale; Marcantonio Raimondi und Giulio Bonasone haben Raffaels Komposition gestochen.

26 *Hendrick Goltzius (1558–1617): Drawings, prints and paintings*, Katalog der Ausstellungen in Amsterdam und New York, hrsg. Huigen Leeflang, Zwolle: Wanders, 2003, Nr. 42, pp. 132–136; vgl. die Zeichnung Nr. 42.3, ca. 1592.

27 ‚Briefe aus Rom', Nr. 1 in: *Der Teutsche Merkur*, 4. Vierteljahr 1785, pp. 251–267; Nr. 2 in *Der Teutsche Merkur*, 1. Vierteljahr 1786, pp. 69–82.

28 Zu Davids Gemälde: *Jacques-Louis David, 1748–1825*. Katalog der Ausstellung in Paris 1989–1990, Paris: RMN, 1989, Kat. 67, pp. 162–167.

29 David 1989, Chronologie, pp. 562–571; Tischbein 1922, pp. 203–205, 211–212.

30 Tischbein 1922, p. 204.

31 Tischbein 1922, p. 212.

32 Tischbein 1786, p. 179.

33 David spielt auf das Lustspiel von George Maréchal, Marquis de Bièvre an: *Le Séducteur. Comédie en cinq actes et en vers. Représentée à Fontainebleau, devant Sa Majesté, le 4 Novembre 1783, & à Paris le 8 du même mois.* Par Mr. Le Marquis de Bièvre, Paris: Prault, 1783.

34 Wildenstein 1973, Nr. 152, p. 19: »Il faut que je vous informe, Monsieur le Marquis, du succès inattendu de mon tableau sachant la peine que le peuple Romain a d'accorder quelque mérite à un peintre français. Mais cette fois-ci, ils se sont rendus de bon cœur et il y a un concours de monde à mon tableau presque aussi nombreus qu'à la Comédie du Séducteur. Quel plaisir ce serait pour vous qui m'aimez d'en être témoin, au moins je dois vous en faire la description. D'abord, les artistes étrangers on commencé, ensuite, les Italiens, et par les éloges outrés qu'ils en ont faits, la noblesse a été avertie. Elle s'y est transporté en foule, et on ne parles plus dans Rome que du peintre français et les Horaces. Ce matin, j'ai l'appointement avec l'ambassadeur de Venise. Les cardinaux veulent voir cet animal rare, et se transportent tous chez moi, et, comme l'on sait que le tableau doit partir incessament, chacun s'empresse à le voir.« Vgl. auch Nrn. 145–160, pp. 18–22.

35 Zu Davids Gemälde: *Jacques-Louis David, 1748–1825*. Katalog der Ausstellung in Paris 1989–1990, Paris: RMN, 1989, Kat. 146–156, pp. 323–353.

36 *Le Tableau des Sabines, exposé publiquement au Palais National des Sciences et des Arts. Salle de la ci-devant Académie d'Architecture.* Par le C[itoyen] David, Membre de l'Institut National, A Paris, de l'Imprimerie de P. Didot l'Ainé, au Palais National des Sciences et Arts. An VIII [1800], p. 7: »Pour moi, je ne connois point d'honneur au-dessus de celui d'avoir le public pour juge. Je ne crains de sa part ni passion ni partialité: ses rétributions sont des dons volontaires qui prouvent son goût pour les arts; ses éloges sont l'expression libre du plaisir qu'il éprouve; et de telles récompenses valent bien, sans doute, celles des temps académiques.«

37 Bätschmann 1997, pp. 64–66; Karl-Detlef Müller, ‚Schiller und das Mäzenat. Zu den Entstehungsbedingungen der

»Briefe über die ästhetische Erziehung des Menschen«', in: *Unser Commercium. Goethes und Schillers Literaturpolitik*, Stuttgart: Cotta, 1984, pp. 151–167.
38 Etienne Bréton, Pascal Zuber, *Louis-Léopold Boilly (1761–1845). Le peintre de la société parisienne de Louis XVI à Louis-Philippe,* 2 Bde., Paris: Athena, 2019, Bd. 1, pp. 71–72, Bd., 2, Cat. 761, pp. 674–675: *Le Tableau du Sacre exposé aus regards du Public dans le grand Salon du Louvre*, 1810.
39 Bréton / Zuber 2019, Cat. 2057 E, pp. 880–881.

Genuss, Bildung und Erhöhung

1 Vgl. die Beiträge in: *The First Modern Museums of Art. The Birth of an Institution in 18th- and Early 19th Century Europe*, hrsg. von Carole Paul, Los Angeles: The J. Paul Getty Museum, 2012; *Tempel der Kunst. Die Geburt des öffentlichen Museums in Deutschland 1701–1815*, hrsg. von Bénédicte Savoy, Köln u. a.: Böhlau, 2015.
2 Die Bezeichnung beginnt mit: »Obige Erinnerung von der Hand I[hrer] Kais: [erlichen] H.[ohheit] der Frau Erzherzogin Sophie, Mutter S[einer] M.[ajestät] der [sic] Kaiser Franz Joseph I.« Die Unterschrift: SKoller.
3 Die Frage der Zugänglichkeit der Sammlungen wird meist vernachlässigt: vgl. die Sammlungsgeschichten, für Wien: Gudrun Swoboda, *Die Wege der Bilder. Eine Geschichte der kaiserlichen Gemäldesammlungen von 1600 bis 1800*, Wien: Kunsthistorisches Museum und Verlag Ch. Brandstätter, 2008; *Die kaiserliche Gemäldegalerie in Wien und die Anfänge des öffentlichen Kunstmuseums*, hrsg. von Gudrun Swoboda, 2 Bde., Wien: Kunsthistorisches Museum und Böhlau Verlag, 2013.
4 Siehe unter der überaus reichen Literatur: Micheal Yonan, ,Kunsthistorisches Museum / Belvedere, Vienna: Dynasticism and the Funktion of Art', in: *The First Museums of Art 2012*, pp. 166–189.
5 Auskunft von Gudrun Swoboda, Kunsthistorisches Museum, Wien; vgl. Annette Schryen, ,Die k. k. Bilder Gallerie im oberen Belvedere in Wien', in: *Tempel der Kunst. Die Geburt des öffentlichen Museums in Deutschland 1701–1815*, hrsg. von Bénédicte Savoy, Köln u. a.: Böhlau, 2015, pp. 443–489.
6 *Die Bildergallerie in München. Ein Handbuch für die Liebhaber, und Kunstfreunde*, München, J. Leutner, 1787 (Bayerische Staatsbibliothek, online).
7 Sabine Koch, ,Die Düsseldorfer Gemäldegalerie', in: *Tempel der Kunst* 2015, pp. 183–184.
8 Katharina Pilz, ,Die Gemäldegalerie in Dresden', in: *Tempel der Kunst* 2015, pp. 272–275.
9 *Liste des Tableaux et des Ouvrages de Sculpture, exposez dans la Grande Gallerie du Louvre, per Messieurs les Peintres, & Sculpteurs de l'Académie Royale, en la presente année 1699*, Paris: J. B. Coignard, 1699, p. 3: »[...] que les Peintres & Sculpteurs de son Académie Royale, auroient bien souhaité renouveller l'ancienne coûtume d'exposer leurs Ouvrages au Public pour en avoir son sentiment, & pour entretenir entre eux cette loüable emulation si necessaire à l'avancement des beaux Arts [...].« (BnF Gallica). – Udolpho van de Sandt, Histoire des expositions de l'Adadémie royale de peinture et de sculpture 1663–1691 (version numérique), 2019.
10 Extrait du Mercure galant de septembre 1699 relatif au Salon de la même année, BnF Archives et Manuscrits (BnF Gallica): »le peuple a marqué par son concours le plaisir que lui donne l'exposition de tant de chefs-d'œuvres les etrangers les ont admiré et tous sont demeurés d'accord qu'il n'y a que la france capable de produire tant de merveilles [...].«
11 *Explication des Peintures, Sculptures, et autres Ouvrages de Messieurs de l'Academie Royale*, Paris: Jacques Collombat, 1742, pp. 5–6: »Comme les suffrages du Public éclairé donnent à chaque genre de travail son veritable prix, c'est de ses suffrages rëünis que se forme sa réputation.« (BnF Gallica).
12 Zu den verschiedenen Typen von Reisen siehe Thomas Grosser, ,Reisen

und soziale Eliten. Kavalierstour – Patrizierreise – bürgerliche Bildungsreise', in: *Neue Impulse der Reiseforschung*, hrsg. von Michael Maurer, Berlin: Akademie Verlag, 1999, pp. 135–177. – Die klassische enzyklopädische Darstellung: Ludwig Schudt, *Italienreisen im 17. und 18. Jahrhundert* (Veröffenlichungen der Bibliotheca Hertziana), Wien: Schroll, 1959; zu den Guiden: *Le Guide di Roma. Materialien zu einer Geschichte der römischen Topographie. Unter Benützung des handschriftlichen Nachlasses von Oskar Pollak*, hrsg. von Ludwig Schudt, Wien / Augsburg: Filser, 1930, Bibliotheca Hertziana (online).

13 Richard Lassels, *The Voyage of Italy: or a Complet Journey Through Italy*, 2 Teile, Paris: Vincent du Moutier, 1670.

14 Lassels 1670, Part 2, p. 173: »5. The statue also of *Daphne,* and *Apollo* in alabaster; *Apollo* running after *Daphne*, and she stiffening into a tree being overtaken: her fingers shooting into branches, and her toes into roots, are admirably well done. It must be Berninis work.«

15 Lassels 1670, Part 2, p. 198–208: »O but, said a Hollander to me, the Pope allowes whores in *Rome*.«

16 Lassels 1670, Part 2, pp. 218–224.

17 Carole Paul, ‚The Grand Tour and Princely Collections in Rome', in: *The First Modern Museums of Art. The Birth of an Institution in 18th- and Early 19th Century Europe*, hrsg. von Carole Paul, Los Angeles: The J. Paul Getty Museum, 2012, pp. 1–19.

18 Lassels 1670, Part 2, p. 406: »Taking therefore a *Gondola*, we went to the Arsenal, where after the ordinary formalities of leaving our swords at the door, and paying the Porters fees, we were admitted, and led through this great shop of *Mars*.«

19 [François Maximilien Misson] *Nouveau Voyage d'Italie, Avec un Mémoire contenant des avis utiles à ceux qui voudront faire le mesme voyage, troisième Edition, beaucoup augmentée, & enrichie de nouvelles Figures*, 3 Bde., Den Haag; Henry de Bulderen, 1698.

20 François Maximilien Misson 1698, p. xii: »Ce que j'assure alors, c'est que tous ceux que j'ai vûs en parlent ainsi; c'est la voix & le sentiment du Public! Mais les bruits communs, quoique universellement répandus, ne laissent pas d'être souvent de faux bruits.« Der Autor weist auf die unterschiedlichen Längen von Meilen in Italien hin.

21 Misson 1698, Bd. 3, Vorwort, fol. 3 r.

22 Maximilian Misson, V*oyage d'Italie. Edition augmentée de Remarques nouvelles & interessantes*, 4 Bde., Amsterdam und Paris: Clousier etc., 1718, Bd. 1, p. xxv.

23 Misson 1718, Bd. 4, pp. 40–41.

24 Misson 1718, Bd. 4, pp. 54–58, Zitat p. 55: »Il faut prendre d'abord un bon Antiquaire & régler son temps avec lui, pour visiter les principales raretés de cette célébre ville.«

25 Misson 1718, Bd. 4, pp. 59–70.

26 Misson 1718, Bd. 3, p. 248: »Le David frondant Goliath, l'Enée qui emporte Anchise & la métamorphose de Daphné *(a)*, sont trois pièces modernes du Cavalier Bernin, qui méritent d'être mises au rang des premieres.«

27 Misson 1718, Bd. 3, pp. 250–251.

28 Misson 1718, Bd. 3, pp. 227–229.

29 Siehe Paula Findlin, ‚Uffizi Gallery, Florence: The Rebirth of a Museum in the Eighteenth Century', in: *The First Modern Museums of Art*, 2012, pp. 72–111. Ich danke Cecilia Hurley für die Einsicht in das betreffende Kapitel in ihrem demnächst erscheinenden Buch, vgl. inzwischen Cecilia Hurley, François Mairesse, ‚In the shadow of the Tribuna', in: *Studiolo*, 9, pp. 128–140.

30 Royal Collection Trust, Homepage / Collection / Explore the Collection / The Tribuna of the Uffizi.

31 Desmond Shawe-Taylor, *The Conversation Piece, Scenes of Fashionable Life*, London: The Royal Collection, Windsor Castle, 2009, Kat. 25, pp. 130–137.

32 Siehe die Key-plate in Shawe-Taylor 2009, pp. 136–137.

33 Raffael, *Niccolini-Cowper Madonna*, 1508, Washington, D.C., National Gallery of Art, inv. 1937.1.25.

34 Joseph Farington, *The Farington Diary*, hrsg. von James Greig, London: Hutchinson, 1924, Bd. 3, pp. 83–84.
35 Mario Praz, *Conversation Pieces. A Survey of the Informal Group Portrait in Europe and America*, University Park und London: Pennsylvania State University Press, 1971.
36 Die von Zoffany in seine Darstellung der *Tribuna* aufgenommenen Gentlemen sind nicht identisch mit den Mitgliedern der Society of Dilettanti, die 1734 in London gegründet wird von Absolventen des Grand Tour mit antiquarischem Interesse. Die Society erlangt eine bedeutende kulturelle Wirkung, unter anderem mit der Förderung der italienischen Oper, der Künstler und der Royal Academy of Arts: François-Charles Mougel, ‚La Société des Dilettanti', in: *Le Grand Tour et l'Académie de France à Rome*, hrsg. von Emilie Beck Saiello und Jean-Noël Bret, Paris: Hermann [2018], pp. 95–123.
37 Pontus Grate, *French Paintings II. Eighteenth Century*, Stockholm: Swedish National Art Museum, 1994, cat. 146, pp. 152–155; Jeffrey Collins, ‚Museo Pio-Clementino, Vatican City: Ideology an Aesthetics in the Age of the Grand Tour', in: *The First Modern Museums of Art*, 2012, pp. 112–143.
38 Collins 2012, p. 113.
39 London, Royal Academy of Arts, Inv. 04/1210; im British Museum die Photogravüre, inv. 1920,0420.193, und der Key Plate, inv. 1920,0124.4: »The remaining figures are representative of Aestheticism and Hero-worship, not of special persons.«
40 William Powell Frith, *My Autobiography and Reminiscences*, New York: Harper, 1888, pp. 441–445: »I therefore planned a group, consisting of a well-known apostle of the beautiful, with eager worshippers surrounding him. He is supposed to be explaining his theories to willing ears, taking some picture on the Academy walls for his text.«
41 Frith 1888, p. 443: »that obtained a large share of popular approval.«

Das fruchtbare Publikum

1 Vgl. Sabine Schneider, ‚Die Laokoon-Debatte: Kunstreflexion und Medienkonkurrenz im 18. Jahrhundert', in: *Handbuch Literatur: Visuelle Kultur*, hrsg. von Claudia Benthien und Brigitte Weingart, Berlin: De Gruyter, 2014, pp. 68–85.
2 Vgl. die umfassende Darstellung der Geschichte und der Rezeption der Laokoon-Gruppe von Christoph Schmälzle, *Laokoon in der Frühen Neuzeit*, 2 Bde., Frankfurt a. M./Basel: Stroemfeld, 2018.
3 Paul Klee, ‚Beitrag für den Sammelband »Schöpferische Konfession«', in: Paul Klee, *Schriften, Rezensionen und Aufsätze*, hrsg. von Christian Geelhaar, Köln: DuMont, 1976, pp. 118–122.
4 Gotthold Ephraim Lessing, *Laokoon: oder über die Grenzen der Mahlerey und Poesie. Mit beyläufigen Erläuterungen verschiedener Punkte der alten Kunstgeschichte*, Berlin: Ch. F. Voss, 1766; zitiert wird die von Friedrich Vollhardt herausgegebene Studienausgabe: Stuttgart: Reclam, 2012, p. 115.
5 Lessing 2012, p. 116.
6 Hans Adler, ‚Prägnanz – eine Denkfigur des 18. Jahrhunderts', in: *Literatur und Geschichte. Festschrift für Wulf Koepke zum 70. Geburtstag*, hrsg. von Karl Menges, Amsterdam: Rodopi, 1998, pp. 15–35, Zitat p. 18.
7 Vgl. dazu ausführlich: Oskar Bätschmann, ‚*Laokoons* Augenblick. Lessing installiert den fruchtbaren Betrachter', in: *Bild und Zeit. Temporalität in Kunst und Kunsttheorie seit 1800*, hrsg. von Thomas Kisser, München: Fink, 2011, pp. 21–48.
8 Wilhelm Schlink, *Ein Bild ist kein Tatsachenbericht. Le Bruns Akademierede von 1667 über Poussins »Mannawunder«*, Freiburg i.Br.: Rombach, 1996, pp. 46–47 (Übersetzung), p. 25: »A cela M. le Brun repartit qu'il n'en est pas de la peinture comme de l'histoire. Qu'un historien se fait entendre par un arrangement de paroles et une suite de discours qui forme une image des choses qu'il veut dire, et représente successivement telle action

qu'il lui plaît. Mais le peintre n'ayant qu'un instant dans lequel il doit prendre la chose qu'il veut figurer, pour représenter ce qui s'est passé dans ce moment-là, il est quelquefois nécessaire qu'il joigne ensemble beaucoup d'incidents que aient précédé, afin de faire comprendre le sujet qu'il expose, sans quoi ceux qui verroient son ouvrage se seroient pas mieux instruits que si cet historien, au lieu de raconter tout le sujet de son histoire, se contentoit d'en dire seulement la fin.«

9 Wilhelm Schlink, *Ein Bild ist kein Tatsachenbericht. Le Bruns Akademierede von 1667 über Poussins »Mannawunder«*, Freiburg i.Br.: Rombach, 1996, pp. 25–26 und 47–48; zum Problem der »unité« vgl. Thomas Puttfarken, *Roger de Piles' Theory of Art*, New Haven and London: Yale University Press, 1985; Hans Körner, *Auf der Suche nach der »wahren Einheit«. Ganzheitsvorstellungen in der französischen Malerei und Kunstliteratur vom mittleren 17. bis zum mittleren 19. Jahrhundert*, München: Fink, 1988.

10 [Anne-Claude-Philippe, Comte de Caylus] *Nouveaux sujets de peintre et de sculpture*, Paris: Duchesne, 1755, vgl. zur Begründung, pp. 5–9.

11 Caylus 1755, pp. 13–14: »Le Spectateur n'ignore pas que ces jeunes gens moururent après une action si remplie de zèle, & dont le Peintre lui présente les plus beaux instants.« Caylus gibt die literarische Quelle Herodot, Historien, I/31, nicht preis.

12 Lessing 2012, p. 98; zum Argument der Verständlichkeit vgl. Peter Johannes Schneemann, *Geschichte als Vorbild. Die Modelle der französischen Historienmalerei 1747–1789*, Berlin: Akademie-Verlag, 1994, Kap. 3, ‚Das Publikum', pp. 55–93.

13 Lessing 2012, pp. 25–26.

14 W., ‚Beschreibung des Torso im Belvedere zu Rom [1759]', in: Johann Joachim Winckelmann, *Kleine Schriften, Vorreden, Entwürfe*, hrsg. von Walther Rehm, Berlin: De Gruyter, 1968, pp. 169–173, Zitat p. 172.

15 Oskar Bätschmann, ‚Pygmalion als Betrachter. Die Rezeption von Plastik und Malerei in der zweiten Hälfte des 18. Jahrhunderts', in: *Der Betrachter ist im Bild. Kunstwissenschaft und Rezeptionsästhetik*, hrsg. von W. Kemp, Berlin: Reimer 1992, pp. 237–278; vgl. die Analysen in: *Pygmalion. Die Geschichte des Mythos in der abendländischen Kultur*, hrsg. von Matthias Mayer und Gerhard Neumann, Freiburg i.Br.: Rombach, 1997.

16 Lessing 2012, p. 26.

17 Alberti, *De pictura,* 42: »eaque potissimum pingenda sunt, quae plus animis quod excogitent relinquant, quam quae oculis intuetantur.« – »und zumal die Dinge malen, die dem Geist noch etwas übriglassen, was er sich selbst ausdenken kann – jenseits dessen, was sich dem Auge zur Betrachtung darbietet.«

18 Johann Wolfgang Goethe, ‚Über Laokoon', in: *Propyläen*, 1, 1798, p. 133; Inka Mülder-Bach: ‚Sichtbarkeit und Lesbarkeit. Goethes Aufsatz »Über Laokoon«' (29.01.2004). In: *Goethezeitportal.* http://www.goethezeitportal.de/db/wiss/goethe/laokoon_muelder-bach.pdf.

19 Oskar Bätschmann, ‚Belebung durch Bewunderung: Pygmalion als Modell der Kunstrezeption' in: *Pygmalion. Die Geschichte des Mythos in der abendländischen Kultur*, hrsg. von Matthias Mayer und Gerhard Neumann, Freiburg i.Br.: Rombach, 1997, pp. 325–370.

20 Bettina Brandl-Risi, *BilderSzenen.* Tableaux vivants *zwischen bildender Kunst, Theater und Literatur im 19. Jahrhundert*, Freiburg i. Br.: Rombach, 2013.

21 Sich kostümiert als Ägypter oder Pierrot auf einem Podest unbeweglich darzubieten, um eine Gabe von den Passanten zu erhalten, ist derzeit überall in den touristischen Städten Mode geworden.

22 Johann Wolfgang Goethe, *Die Wahlverwandtschaften*, Teil 2, Kap. 5, pp. 393–394; Birgit Jooss, ‚Lebende Bilder als Charakterbeschreibungen in Goethes Roman *Die Wahrverwandtschaften*' in: *Erzählen und Wissen: Paradigmen und Aporien ihrer Inszenierung in Goethes Wahlverwandtschaften*, hrsg. von Gabriele Brandstetter, Freiburg i.Br.: Rombach, 2003, pp. 111–136.

23 Zur höfischen Praxis der Lebenden Bilder und zur Wiedergabe im Festbuch vgl. Ivo Raband, *Vergängliche Kunst und fortwährende Macht: Die ‚Blijde Inkomst' für Erzherzog Ernst von Österreich in Brüssel und Antwerpen, 1594*, Heidelberg: arthistoricum.net, 2019. https://doi.org/10.11588/arthistoricum.449; p. 81, B–9.
24 Raband 2019, Ill. A–9.
25 *200 Jahre Zürcher Kunstgesellschaft 1787–1987*, hrsg. von der Zürcher Kunstgesellschaft, mit Beiträgen von Christian Klemm, Bernhard von Waldkirch, Zürich: Zürcher Kunstgesellschaft, 1987.
26 Städel Museum Website/Geschichte; vgl. die Beiträge in der Festschrift: *...zum Besten hiesiger Stadt und Bürgerschaft. 200 Jahre Städel. Eine Festschrift*, Redaktion Carolyn Meyding, München: Prestel, 2015.
27 Corina Meyer, *Die Geburt des bürgerlichen Kunstmuseums: Johann Friedrich Städel und sein Kunstinstitut in Frankfurt am Main*, Berlin: G+H Verlag, 2014.
28 [Jacob Burckhardt], Art. ‚Kunstvereine', in: *Allgemeine deutsche Real-Encyklopädie für die gebildeten Stände*, 9. Auflage, Leipzig: Brockhaus, 1843–1848, Bd. 8, 1845, pp. 436–437.
29 Wilhelm Schlink, *Jacob Burckhardt und die Kunsterwartung im Vormärz* (Frankfurter Historische Vorträge, Bd. 8), Wiesbaden: Steiner, 1982.
30 Schlink 1982, pp. 6–7, mit Verweis auf Habermas 1968, pp. 52–60; 115–117.
31 Schlink 1982, p. 7; vgl. die Beiträge in: *Tatort Kunstverein*, hrsg. von Bernd Milla und Heike Munder, Nürnberg: Verlag für moderne Kunst, 2001.

Empfindsame und Gerührte

1 *La mort de Léonard. Naissance d'un mythe.* Katalog der Ausstellung im Château royal d'Ambois 2019, hrsg. von Gennaro Toscano, Amboise und Paris: BnF: Gourcuff Gradenigo, 2019.
2 *François Ier reçoit les derniers soupirs de Léonard de Vinci*, 1818, 40 × 50,5 cm, Öl/Lw., Paris, Musée du Petit Palais.
3 [Pierre-Jean-Baptiste Chaussard] *Le Pausanias français; état des arts du dessin en France, à l'ouverture du XIXe siècle; Salon de 1806*, Paris: F. Buisson, 1806.
4 Chaussard 1806, pp. 85–86: »Ce Tableau est un de ceux qui remplit le mieux les intentions de la Peinture. Le sujet émeut, intéresse; il exerce sans effort toute la séduction d'un dramatique puisé dans la Nature et dans les grands souvenirs. Le plus sublime génie éclipsé avant son midi; l'hommage rendu au suprême talent par la puissance-elle-même; les larmes de ses rivaux; cette dernière merveille du pinceau suspendue comme un trophée au-dessus du lit funèbre; de si vastes espérances éteintes tout-à-coup dans les regrets d'une perte irréparable, ce deuil de la religion, dont ces mains habiles et aujourd'hui glacées, décoraient naguère l'édifice; ce concours pieux, attendri, de nobles, de lettrés, d'Artistes, d'élèves, de peuple, frappés avec une énergie diverse, mais profonde d'un sentiment de désolation comme dans une calamité publique, tout porte ice dans l'ame une mélancolie irrésistible, car pour l'éprouver il n'est pas besoin d'être Artiste ou Savant, il suffit d'être sensible. Le sujet est si bien expliqué sur la toile, qu'il se fait entendre au vulgaire ignorant.« Ein Umrissstich des Gemäldes erleichtert das Verständnis des Textes.
5 Plinius, *Nat. hist.*, 35, pp. 73–74; Alberti, *De Pictura*, p. 42; vgl. Jennifer Montagu, ‚Interpretations of Timanthes' Sacrifice of Iphigenia', in: *Sight and Insight. Essays on Art and Culture in Honour of E.H. Gombrich at 85*, hrsg. von John Onians, London: Phaidon, pp. 305–326; Thomas Kirchner, *L'expression des passions: Ausdruck als Darstellungsproblem in der französischen Kunst und Kunsttheorie des 17. und 18. Jahrhunderts*, Mainz: v. Zabern, 1991; Jennifer Montagu, *The Expression of the Passions. The Origin and Influence of Charles Le Brun's Conférence sur l'expression générale et particulière*, New Haven & London: Yale University Press, 1994. – Werner Busch, *Das sentimentalische Bild. Die Krise der Kunst im 18. Jahrhundert und die Geburt*

der Moderne, München: Beck, 1993, hat diese Kategorie der Rührungswerke des 18. und des 19. Jahrhunderts materiell und chronologisch erweitert und unter den Begriff des sentimentalischen Bildes gefasst.
6 Chaussard 1806, pp. 119–120.
7 Fried 1980, wertet »absorption« (d. h. Leugnung einer Beziehung zum Publikum) der dargestellten Figuren als positive Qualität, »theatricality« als negative.
8 *Jacques-Louis David, 1748–1825*, Kat. 85–91, pp. 194–206.
9 Vgl. Anselm Gerhard, *Die Verstädterung der Oper. Paris und das Musiktheater des 19. Jahrhunderts*, Stuttgart, Weimar: Metzler, 1992, p. 80.
10 Johnson 1981–2002, Bd. 1, Nr. 105, pp. 83–91.
11 Stendhal 2002, pp. 64–65.
12 Vgl. *La Grèce en révolte. Delacroix et les peintres français 1815–1848.* Katalog der Ausstellungen 1996/97 in Bordeaux, Paris, Athen, Paris: RMN, 1996.
13 Drost 2019, pp. 59–84.
14 Vgl. Michael Marrinan, *Painting Politics for Louis-Philippe 1830–1848*, New Haven und London: Yale University Press, 1988, pp. 27–77.
15 Lee Johnson, *The Paintings of Delacroix. A Critical Catalogue*, 6 Bde., Oxford: Clarnedon, 1981–2002, Bd. 1, No. 144, pp. 144–151. Die Literatur dazu ist überaus zahlreich, vgl. Jörg Traeger, ‚L'épiphanie de la Liberté. La Révolution vue par Eugène Delacroix', in: *Revue de l'Art*, no. 98, 1992, pp. 1–28.
16 Heinrich Heine, ‚Französische Maler. Gemäldeausstellung in Paris 1831', in: Heinrich Heine, *Historisch-Kritische Gesamtausgabe*, hrsg. von Manfred Windfuhr (Düsseldorfer Heine Ausgabe, online, Bd. 12/1), pp. 9–62, Zitat p. 51 (Nachtrag 1833); Drost 2019, pp. 85–98.
17 Heinrich Heine, ‚Französische Maler. Gemäldeausstellung in Paris 1831', in: Heinrich Heine, *Historisch-Kritische Gesamtausgabe*, hrsg. von Manfred Windfuhr (Düsseldorfer Heine Ausgabe, online, Bd. 12/1), pp. 9–62, Zitat p. 20. – Heines Besprechung des Salon erschien mehrfach, zuerst in Fortsetzungen im *Morgenblatt für gebildete Stände,* 1831; vgl. *Heinrich Heine und die Kunstkritik seiner Zeit. Akten des Internationalen und interdisziplinären Kolloquiums in Paris 2006*, hrsg. von Ralph Häfner, Heidelberg: Winter, 2010, besonders die Beiträge von Wolfgang Drost (pp. 3–30) und France Nerlich (pp. 101–132).
18 Lee Johnson, *The Paintings of Delacroix. A Critical Catalogue*, 6 Bde., Oxford: Clarendon, 1981–2002, Bd. 1, Nr. 144, pp. 144–151.
19 Théophile Gautier, *Les Beaux-Arts en Europe – 1855*, hrsg. von Marie-Hélène Girard (*Œuvres complètes*, hrsg. von Alain Montandon, Bd. VII, iv), Paris: Champion, 2011: »Cette Liberté [...] étonne et surprend par son aspect fantastique au milieu de personnages d'une réalité crue et brutale [...].«
20 Heine Bd. 12/1, p. 21.
21 Heinrich Heine, ‚Französische Maler. Gemäldeausstellung in Paris 1831', in: Heinrich Heine, *Historisch-Kritische Gesamtausgabe*, hrsg. von Manfred Windfuhr (Düsseldorfer Heine Ausgabe, online, Bd. 12/1), pp. 9–62, Zitat p. 20.
22 Neben Delacroix waren es Ary Scheffer, Horace Vernet, Alexandre-Gabriel Decamps, Emile Aubert Lessore, Jean-Victor Schnetz, Léopold Robert und Paul Delaroche.
23 Heine, p. 12.
24 Stendhal, *Salons*, hrsg. von S. Guégan, M. Reid, Paris: Le Promeneur, 2002, p. 66: »Négligeant les clameurs du parti contraire, je vais dire au public, avec franchise et simplesse, ce que je sens sur chacun des tableaux qu'il honorera de son attention.« (Ü: Autor).
25 Anonym, ‚Das kunstliebende Publikum', in: *Morgenblatt für gebildete Leser: Kunstblatt*, 1830, 11, Nr. 5, pp. 18–20, und Nr. 6, pp. 22–23 (UB Heidelberg, online). – Vgl. den Artikel ‚Schorn (Joh. Karl Ludw. von)' in: *Allgemeine deutsche Real-Encyklopädie für die gebildeten Stände. Conversations-Lexikon*, Neunte Originalauflage, Bd. 12, Leipzig: Brockhaus, 1847, pp. 747–748.

26 Anonym 1830, p. 19.
27 Anonym 1830, p. 19.
28 Anonym 1830, p. 20.
29 Stephen Bann, ›The Victim as Spectacle: Paul Delaroche's »Lady Jane Grey« and Mademoiselle Anaïs‹, in: *Painting History. Delaroche and Lady Jane Grey*, Kat. der Ausstellung in der National Gallery London 2010, hrsg. von Stephen Bann und Linda Whiteley, London: National Gallery, 2010, pp. 35–45.
30 *Explication des ouvrages de Peinture, Sculture [...] des artistes vivans*, Paris: Vinchon, Ballard, 1834, Nr. 503, p. 52, mit Zitat nach *Martyrologue des Protestans*, 1588. Diese Ausgabe ist in den Bibliotheken Frankreichs nicht zu eruieren, möglicherweise war die verbreitete Ausgabe gemeint: *Histoire abregée des martirs français du temps de la réformation*, Amsterdam: Hoogenhuyse, 1684.
31 Painting History, Nr. 53, pp. 102–111.
32 Painting History, Nrn. 76–78, pp. 138–139.
33 Heine, *Lutezia*, Bd. 13/1, p. 148, »Rührwerk« gebildet nach »Rührstück« oder Melodrama der Dramenliteratur und des Musikdramas des 18. Jahrhunderts.
34 La Caricature, No. 188, ca. 1833, British Museum, Nr. 1989,0128.32.
35 British Museum, no. 1989,0128.12.
36 Vgl. *Dalla scena al dipinto. La magia del teatro nella pittura dell'Ottocento. Da David a Delacroix, da Füssli a Degas*, Katalog der Ausstellungen in Marseille, Rovereto, Toronto 2009/10, hrsg. von Guy Cogeval und Beatrice Avanzi, Genf – Mailand: Skira, 2010, vgl. den Beitrag von Sébastien Allard, pp. 131–139.
37 *Explications des ouvrages de Peinture* [...] 1834, Nr. 52 (Delaroche) und Nr. 903 (Granet).
38 Collow in: *Kunstblatt*, 15, No. 35, 1834, p. 137: »charmant, superbe, admirable, étonnant, capital« – »finesse, délicatesse, elégance, clarté, harmonie, vérité«.
39 Eduard Collow, ›Briefe über die Kunstausstellung in Paris 1834‹, in: *Kunstblatt*, 15, 1834, Nr. 32 vom 22. 4. 1834, Erster Brief, pp. 125–126.
40 Gustave Planche, *Salon de 1831*, Paris: Pinard, 1831, pp. 38–40; vgl. Auguste Jal, Salon de 1831. Ébauches critiques, Paris: Dénain, 1831, pp. 39–45 (Delacroix), 105–125 (Delaroche).
41 William Hauptman, *Charles Gleyre, 1806–1874* (Catalogues raisonnés of Swiss Artists, Bd. 17, 1–2), 2 Bde., Zürich: Swiss Institute for Art Research, Princeton: Princeton University Press, 1996, Bd. 1, pp. 165–190; Bd. 2, Kat. 545–562, pp. 316–334.
42 Hauptman 1996, Bd. 2, Kat. 566, p. 335.

Grinsen, Lachen, Spotten

1 Valentine Green, *A Review Of The Polite Arts in France, At the Time of their Establishment under Louis XIVth, Compared With Their Present State In England: In Which Their National Importance And Several Pursuits, Are Briefly Stated and Considered. In A Letter to Sir Joshua Reynolds, President of the Royal Academy, and F.R.S. By Valentine Green, Fellow of the Society of Antiquaries, Mezzotint Engraver to His Majesty, and to the Elector Palatine; Member of the Royal Academy, London, and Professor of the Electoral Academy, Dusseldorff*, London: T. Cadell, 1782, pp. 50–51.
2 John Singleton Copley, *The Death of the Earl of Chatham*, 1781, Öl/Lw., 228,5 × 307,5 cm, London, National Portrait Gallery. – Die Radierung von Angus entstand für eine Publikation, die offenbar nicht zustande kam.
3 Michael P. Costeloe, *William Bullock. Connoisseur and Virtuoso of the Egyptian Hall: Piccadilly to Mexico (1773–1849)*, Bristol: HiPLAM, 2008, pp. 57–82.
4 George Cruikshank, *A scene at the London Museum Piccadilly, – or A peep at the spoils of ambition, taken at the battle of Waterloo – beeing a new tax on John Bull for 1816 &c &c*, London, British Museum, inv. 1853,0112.272.
5 Georg Wilhelm Friedrich Hegel, *Grundlinien der Philosophie des Rechts,* Berlin: Nicolaische Buchhandlung, 1821, § 244, p. 232.

6 Hegel 1821, § 245, p. 233.
7 Linda Nochlin, *Misère. The Visual Representation of Misery in the 19th Century*, London: Thames & Hudson, 2018.
8 [Charles Dickens], *Oliver Twist, or, The Parish Boy's Progress, By »BOZ.« Plates designed and etched by George Cruikshank*, London: R. Bentley, 1838.
9 Victor Hugo, *Les misérables*, Neuchâtel: Marolf, 1862; *Les Misérables*, illustriert von Gustave Brion, Paris: Hetzel et Lacroix, [1867], online BnF Gallica.
10 Ronald Paulson, *Hogarth's Graphic Works*, 3rd Edition, London: The Print Room, 1989, Nr. 130, p. 86.
11 Isaac Cruikshank, *A peep at the Parisot' with Q in the corner*, 1796, Radierung, koloriert, 25,2 × 35 cm, London, British Museum, inv. 1935,0522.4.72.
12 Vgl. den Kommentar von Dorothy George, *Catalogue of Political and Personal Satires in the British Museum*, VII, 1942, Abdruck in: British Museum online inv. 1868,0808.6523.
13 Vgl. den Kommentar von Dorothy George, *Catalogue*, VIII, 1947, Abdruck in: British Museum online Inv. 1933,1014.639.
14 Ovid, *Met.*, 11, 85–193; vgl. Anneke Thiel: *Midas*. In: *Mythenrezeption. Die antike Mythologie in Literatur, Musik und Kunst von den Anfängen bis zur Gegenwart*, hrsg. von Maria Moog-Grünewald (*Der Neue Pauly. Supplemente.* Bd. 5). Metzler, Stuttgart/Weimar 2008, pp. 429–432.
15 Jean Michel Massing, *Du texte à l'image; la Calomnie d'Apelle et son iconographie*, Strassburg: Presses Universitaires de Strasbourg, 1990.
16 Jürgen Müller, *Der sokratische Künstler. Studien zu Rembrandts* Nachtwache, Leiden: Brill, 2015, p. 1–15, mit Diskussion verschiedener Auslegungen.
17 Vgl. Oskar Bätschmann, *Ausstellungskünstler. Kult und Karriere im modernen Kunstsystem*, Köln: DuMont, 1997, p. 54–55 mit Abb.
18 Vgl. zu Wessel (1688?–1760), aus Braunschweig, seit 1729 in Genf, Buchhändler und Buchbinder, vgl. *Répertoire des imprimeurs et éditeurs suisses avant 1800* (online). Rodolphe Töpffer, *Correspondance complète*, hrsg. von Jacques Droin et al., Bd. 4, Genf: Droz, 2009, p. 308, n. 10.
19 *Infinite Jest. Caricature and Satire from Leonardo to Levine, Kat. der Ausstellung im Metropolitan Museum of Art, New York 2011/12*, hrsg. Von Constance C. McPhee und Nadine M. Orenstein, New Haven und London: Yale University Press, 2011, Nrn. 20–23, pp. 43.
20 *Infinite Jest* 2011, pp. 13–14, Fig. 9.
21 Adolphe Tabarant, *Manet et ses œuvres*, Paris: Gallimard, 1947, p. 67: »Ils ont tellement ri que les gens qui se préparaient à entrer pestaient contre les lenteurs du tourniquet. ‚On entrait là comme à Londres, chez Mme Tussaud, dans la chambre des horreurs. On riait dès la porte', a écrit le peintre refusé Charles Cazin.«
22 »Ah pour le coup volià une composition qui es réellement insensée! et quelle couleur!« – »Crétin de bourgeois, va !«
23 Charles Baudelaire, ‚De l'essence du rire et généralement du comique dans les arts plastiques' [1855], in: *Curiosités esthétiques, L'Art romantique et autres Œuvres critiques*, hrsg. von Henri Lemaître, Paris: Garnier, 1962, pp. 241–262: dt. ‚Vom Wesen des Lachens und allgemein von dem Komischen in der Bildenden Kunst', in: Charles Baudelaire, *Sämtliche Werke/ Briefe*, 8 Bde., hrsg. von Friedhelm Kemp u. a., Frankfurt a. M., 2001, o. J., Bd. 1, pp. 284–305.
24 Baudelaire, Bd. 1, p. 292; Baudelaire 1962, pp. 250–252: »Le rire est satanique, il est donc profondément humain.« – »C'est du choc perpétuel de ces deux infinis que se dégage le rire. Le comique, la puissance du rire est dans le rieur et nullement dans l'objet du rire.«
25 Daumier, Croquis pris au Salon, in: *Le Charivari*, 1. Juni 1865, D. 3442, H.D. 1562: »Les Crétins ...on leur peint un tableau religieux et ils rient ...ils n'ont même pas la religion de l'art.«
26 Emile Zola, ‚Mon Salon', in: *Ecrits sur l'art*, hrsg. von Jean-Pierre Leduc-Adine, Paris: Gallimard, 1991, pp. 94–135; Emile Zola, ‚Mein Salon', in: *Schriften zur Kunst.*

Die Salons von 1866–1896, übersetzt von Uli Aumüller, Frankfurt a. M.: Athenäum, 1988, pp. 3–44.
27 *Edouard Manet 1832–1883*. Katalog der Ausstellung im Grand Palais Paris 1983, hrsg. von Françoise Cachin, Paris: RMN, 1983, Kat. 89, 93; Zola 1991, p. 99; Zola 1988, p. 9.
28 *L'Evènement, journal quotidien*, geleitet von Auguste Dumont: erste Nummer 5. November 1865 – letzte Nummer 15. November 1866.
29 Zola, *Edouard Manet, étude biographique et critique* [1867], in: Zola, 1991, pp. 137–169; Zola, ‚Eine neue Malweise: Edouard Manet', in: Zola 1988, pp. 47–75.
30 Ludwig Kalisch, ‚Die Ritter vom Kronleuchter', in: *Die Gartenlaube*, Heft 49, 1867, pp. 782–784; vgl. Daumier, *Le claqueur*, Lithographie, in: *Le Charivari*, Februar 1842, p. 19.
31 Zola 1991, pp. 142–143; Zola 1988, pp. 48–49.
32 Zola 1991, p. 164: »Mettez dix personnes d'intelligence suffisante devant un tableau d'aspect neuf et original, et ces personnes à elles dix, ne feront plus qu'un grand enfant; elles se pousseront du coude, elles commenteront l'œuvre de la façon plus comique du monde. Les badauds arriveront à la file, grossissant le groupe; bientôt ce sera un véritable charivari, un accès de folie bête.« In der deutschen Übersetzung Zola 1988, fehlen vier wichtige Abschnitte.
33 Zola 1991, p. 165: »Et il y a toute une armée dont l'intérêt est d'entretenir la gaieté de la foule, et l'entretient d'une belle façon. Les caricaturistes s'emparent de l'homme et de l'œuvre; le chroniqueurs rient plus haut que les rieurs désintéressés. Au fond ce n'est que du rire, ce n'est que du vent.«
34 Zola 1991, p. 167: »Chaque artiste a tiré une foule à lui, la flattant, lui donnant les jouets qu'elle aime, dorés et ornés de faveurs roses. L'art es devenu chez nous une vaste boutique de confiserie, où il y a des bonbons pour tous les goûts.«
35 *Paul Klee / Hans Bloesch, Die Korrespondenz 1898–1940*, hrsg. von Marcel Baumgartner, Göttingen: Wallstein, 2021, pp. 472–481.

Die Massen

1 Adolphe Quetelet: Sur l'homme et le développement de ses facultés, ou essai de physique sociale, 2 Bde., Paris 1835; dt.: Über den Menschen und die Entwicklung seiner Fähigkeiten, oder Versuch einer Physik der Gesellschaft, dt. Ausgabe, übersetzt von V. A. Riecke, Stuttgart: E. Schweizerbart's Verlagshandlung, 1838.
2 Vgl. zur Expansion des Kunstbetriebs in der 2. Hälfte des 19. Jahrhunderts: Elizabeth Gilmore Holt (Hg.), *The Expanding World of Art 1874–1902*, Bd. 1: *Universal Exhibitions and State-Sponsored Fine Arts Exhibitions*, New Haven and London: Yale University Press, 1988.
3 Friedericke Vosskamp, ‚Die Präsentation der deutschen Kunst auf der Weltausstellung 1878 in Paris. Ausstellungspolitik zwischen nationaler Selbstdarstellung und diplomatischer Rücksichtnahme', in: *Zeitschrift für Kunstgeschichte*, 77, 2014, pp. 241–256.
4 Vosskamp 2014, pp. 254–256.
5 Brian R. Mitchell, *International historical statistics 1750–2000*, 3 Bde., Basingstoke: Palgrave Macmillan, 2003, Bd. 1.
6 Gustave Doré und Blanchard Jerrold, *London. A Pilgrimage*, London: Grant, 1872.
7 London 1872, p. 65: »the excitement in the clubs; the vivacity of the mob; and the abnormal mixture of classes and of strangers«.
8 London 1872, p. 74: »A flutter goes through the sea of heads on the Grand Stand«.
9 London 1872, pp. 78–79: »But the most curious spectacle is the human tide which, instantaneously and in a body, pours forth and rolls over the course behind the runners, like a wave of ink; the black and motionless crowd has suddenly melted and become molten; in a moment it spreads itself abroad in vast proportions till the eye cannot follow it, and appears in front of the stand.«

10 Zu Poes Kurzgeschichte: Kevin J. Hayes, ›Visual Culture and the Word in Edgar Allan Poe's »The Man of the Crowd«‹, in: *Nineteenth Century Literature*, 56, 2002, pp. 445–465.
11 Poe schreibt »fiend«, im Zusammenhang mit Retzsch ist darunter »Satan, Teufel« zu verstehen, vgl. *Umrisse zu Goethe's Faust gezeichnet von Retsch* [sic], Stuttgart und Tübingen: J. G. Cotta, 1816. Zu Moritz Retzschs Goethe Illustrationen vgl. Eva Krüger, *Bilder zu Goethes »Faust«. Moritz Retzsch und Dante Gabriel Rossetti*, Hildesheim: Olms, 2009.
12 Gustave Le Bon, *Psychologie des foules*, Paris: F. Alcan, 1895 (BnF Gallica); dt., *Psychologie der Massen*, Leipzig: Klinkhardt, 1911, pp. 10–11.
13 Le Bon 1911, pp. 24–25.
14 Le Bon 1911, p. 42; Le Bon 1895, p. 26: »Pour l'individu en foule, la notion d'impossibilité disparaît. L'individu isolé sent bien qu'il ne pourrait à lui seul incendier un palais, piller un magasin, et, s'il en est tenté, il résistera aisément à sa tentation. Faisant partie d'une foule, il a conscience du pouvoir que lui donne le nombre, et il suffit de lui suggérer des idées de meurtre et de pillage pour qu'il cède immédiatement à la tentation.«
15 Rolf Winau, ›Ansteckung – medizinhistorisch‹, in: *Ansteckung. Zur Körperlichkeit eines ästhetischen Prinzips*, hrsg. Mirjam Schaub, Nicola Suthor, Erika Fischer-Lichte, München: Fink, 2005, pp. 61–72,
16 Le Bon 1911, pp. 74–75; Le Bon 1895, p. 62: »Le héros que la foule acclame est véritablement un dieu pour elle. Napoléon le fut pendant quinze ans, et jamais divinité n'eut de plus parfaite adorateurs. Aucune n'envoya plus facilement les hommes à la mort.«
17 *Kunstmuseum Winterthur, Katalog der Gemälde und Skulpturen*, Bd. 2, hrsg. von Dieter Schwarz, Winterthur, Kunstmuseum und Richter Verlag, 2008, Kat. 44, pp. 52–54 (Lukas Gloor).

Trauernde Mengen

1 Die Datenbank Kubikat verzeichnet unter »Trauerfeier für Künstler« die Ankündigung der Trauerfeier für Arnold Böcklin durch die Münchner Künstler-Genossenschaft vom Februar 1901, aber keine Arbeiten oder Publikationen.
2 Tabea Schindler, *Bertel Thorvaldsen –* celebrity. *Visualisierungen eines Künstlerkults im frühen 19. Jahrhundert*, Berlin: De Gruyter, 2021, pp. 365–372.
3 Hans Christian Andersen, *Bertel Thorwaldsen. Eine biographische Skizze*, übersetzt von Julius Reuscher, Berlin: Wolff, 1845, p. 37.
4 Andersen 1845, p. 5.
5 Tabea Schindler, *Bertel Thorvaldsen,* celebrity. *Visualisierungen eines Künstlerkults im frühen 19. Jahrhundert*, Berlin: De Gruyter, 2021, pp. 364–381.
6 Eugène Plon, *Thorvaldsen. Sa vie et son œuvre*, Paris: Plon, 1867; dt.: *Thorwaldsen, sein Leben und seine Werke*, Wien: Gerold, 1875, p. 248.
7 Andersen 1845, p. 67.
8 Andersen 1845, pp. 69–70.
9 Andersen 1845, pp. 71–73; vgl. Schindler 2017, Kap. IV.3, Ms. pp. 306–311.
10 Vgl. David Bindmann, *Warm Flesh, Cold Marble. Canova, Thorvaldsen and their Critics*. New Haven, London: Yale University Press, 2014.
11 Sven Oliver Müller, *Richard Wagner und die Deutschen. Eine Geschichte von Hass und Hingabe*, München: Beck, 2013, pp. 9–11.
12 Vgl. die umfangreiche Pressedokumentation zu Makarts Leben, Krankheit und Tod: Ralf Behrens, *Hans Makart ist tot! Der wahre Vorreiter von »Sex sells!«. Der Farbenzauberer seiner Zeit und dessen Nachklang in einer Presseschau* (behrens_r@t-online.de), Version 28.01.2019, Ergänzung 1.10.2020, pp. 276–385.
13 *Die Presse*, Wien, Montag, 28. April 1879, pp. 2–5 (Österreichische Nationalbibliothek, Historische österreichische Zeitungen und Zeitschriften). – Vgl. zum Phänomen der »Malerfürsten«, den von fast allen Bevölkerungsschichten

gefeierten Künstlerstars des 19. Jahrhunderts: *Malerfürsten*, Katalog der Ausstellung in der Bundeskunsthalle Bonn, hrsg. von Doris Lehmann und Katharina Chrubasik, München: Hirmer, 2018 (vgl. besonders den Beitrag von Michael Stockhausen, pp. 82–89).
14 *Der Frühling*, 1883/84, Öl/Lw., 370 × 630cm, Salzburg, Museum Carolino Augusteum.
15 Zitate nach den Presseauszügen bei Behrens 2019/20, pp. 281–346; vgl. auch *Die Gartenlaube*, 1884, Nr. 43, pp. 709–710.
16 Anonym, ‚De uitvaart van Sir Laurens Alma Tadema', in: *Algemeen Handelsblad*, Samstag, 6. Juli 1912.
17 rma, ‚Abschied von Jean Tinguely', in: *Neue Zürcher Zeitung*, 5. September 1991, p. 22.
18 Play SRF Sendungen Beerdigung von Jean Tinguely, Nr. 205, 4.9.1991, p. 22.

Geschätztes Publikum

1 Hilaire Sazerac, *Lettres sur le Salon de 1834*, Paris: Delaunay, 1834, p. 38–39: »Hier la chambre était complète, c'était comme à *Don Juan*. L'aspect du Musée en était tout autre; on s'y sentait plus à l'aise au milieu de ce tribunal d'hommes et femmes de goût et d'esprit si divers [...].«
2 Sazerac 1834, pp. 39–40: »Il en est de la solennité d'une exposition de tableaux comme d'une représentation théâtrale: c'est le public qui anime, qui fait vivre l'une et l'autre. Sans le public toute est mort! Que le drame est représenté devant les banquettes, les plus beaux morceaux ne sont pas même applaudis!«
3 Sazerac 1834, pp. 39–40: »C'est de la foule assemblée que sortent presque toujours les jugements les plus impartiaux.«
4 Werner Busch, *Adolph Menzel. Auf der Suche nach der Wirklichkeit*, München: Beck, 2015, pp. 181–185.
5 Thomas W. Gaehtgens, ‚Menzels Théâtre du Gymnase', in: *Jahrbuch der Berliner Museen*, 41, Beiheft: Adolph Menzel (1997), 1999, pp. 105–115. – Vgl. auch Edgar Degas' lange Beschäftigung mit der Bühne, den Tänzerinnen und den Zuschauern: *Degas à l'Opéra*, Katalog der Ausstellung im Musée d'Orsay und im Grand Palais, Paris: RMN, 2019.
6 Vgl. das entsprechende Gemälde *Das Drama*, in München, Bayerische Staatsgemäldesammlungen, Neue Pinakothek. Inv. 8697.
7 *Catalogue des Tableaux de M. Edouard Manet, exposés Avenue de l'Alma*, Paris: L. Poupart-Davyl, 1867, p. 4: »Sans cela, le peintre serait trop facilement enfermé dans un cercle dont on ne sort plus. On le forcerait à empiler ses toiles où à les rouler dans un grenier.«
8 Manet 1867, p. 4: »L'admission, l'encouragement, les récompenses officielles sont en effet, dit-on, un brevet de talent aux yeux d'une partie du public prévenue dès lors pour ou contre les œuvres reçues ou refusées. Mais, d'un autre côté, on affirme au peintre que c'est l'impression spontanée de ce même public qui motive le peu d'accueil que font les divers jurys à ses toiles.« Vgl. die englische Übersetzung und den Kommentar von George Heard Hamilton, *Manet and his Critics*, New Haven und London: Yale University Press, 1954, neue Auflage 1986, ch. ‚Manet and Zola: 1866–67', pp. 81–111.
9 Manet 1967, p. 4: »Montrer est la question vitale, le sine qua non pour l'artiste«; pp. 6–7: »Il ne s'agit donc plus, pour le peintre, que de se concilier ce public dont on lui a fait un soi-disant ennemi.«
10 Oskar Bätschmann, *Edouard Manet*, München: Beck, 2015, Kap. 3: Schaustellen: Manet und das Publikum.
11 Vgl. *Edouard Manet, Le déjeuner – Un bar aux Folies Bergère.* Katalog der Ausstellung im Courtauld Institute of Art und in der Neuen Pinakothek München, 2004, Köln: DuMont, 2004.
12 Louvre, Departement des Antiquités grecques, étrusques et romaines, Inv. Cp 5194.1, um 520–510 v. Chr., 114 × 194 × 69,5 cm.
13 *Edouard Vuillard. Im Louvre – Bilder für eine Basler Villa*, hrsg. von Martin Schwander, München: Hirmer, 2021 (Katalog der

Ausstellung im Kunstforum Baloise Park in Basel 2021/22).
14 *La Collection La Caze. Chefs-d'œuvre des peintures des XVIIe et XVIII siècles*, hrsg. von Guillaume Faroult, Paris: Musée du Louvre Editions, 2007, darin ‚La salle La Caze au Louvre', pp. 177–183 (Sophie Eloy).

Die Befragung in Dresden 1871

1 *Benedetto Varchi, Paragone: Rangstreit der Künste*, eingel., übers., komment. und hrsg. von Oskar Bätschmann und Tristan Weddigen, Darmstadt: Wissenschaftliche Buchgesellschaft, 2013.
2 Gustav Theodor Fechner, *Bericht über das auf der Dresdner Holbein-Ausstellung ausgelegte Album. Mit einigen persönlichen Nebenbemerkungen*, Leipzig: Breitkopf und Härtel, 1872, p. 6.
3 Gustav Theodor Fechner, *Ueber die Aechtheitsfrage der Holbein'schen Madonna. Discussion und Acten*, Leipzig: Breitkopf und Härtel, 1871, pp. iii–iv.
4 Adolf Bayersdorfer, *Der Holbein-Streit. Geschichtliche Skizze der Madonnenfrage und kritische Begründung der auf dem Holbein-Congress in Dresden abgegebenen Erklärung der Kunstforscher*, München u. a.: Bruckmann, 1872, p. 8, n.
5 ‚Erklärung', in: *Zeitschrift für Bildende Kunst*, 6, 1871, p. 355.
6 ‚Zur Holbeinfrage', in: *Zeitschrift für Bildende Kunst*, 7, 1872, p. 28.
7 Gustav Theodor Fechner, *Bericht über das auf der Dresdner Holbein-Ausstellung ausgelegte Album. Mit einigen persönlichen Nebenbemerkungen*, Leipzig: Breitkopf und Härtel, 1872.
8 Lena Bader, 2013, pp. 105–108.
9 Gustav Theodor Fechner, *Zur experimentalen Aesthetik*, Leipzig 1871.
10 Fechner 1872, p. 6.
11 Fechner 1872, pp. 6–35.
12 Albert von Zahn, ‚Die Ergebnisse der Holbein-Ausstellung zu Dresden', in: *Jahrbücher für Kunstwissenschaft*, 5, 1873, pp. 147–170, pp. 193–220, bes. pp. 218–220.
13 Robert Lehmann, ‚Les Madones de Darmstadt et de Dresde', in: *Gazette des Beaux-Arts*, 1871, pp. 516–519.
14 Fechner 1872, p. 12.
15 Fechner 1872, p. 13.
16 Bayersdorfer 1872, p. 33 n.
17 Fechner 1872, p. 29.
18 Gustav Theodor Fechner, *Zur experimentalen Aesthetik* (Abhandlungen der Königlich-Sächsischen Gesellschaft der Wissenschaften: Mathematik-physische Classe, Bd. 9), Leipzig: S. Hirzel, 1871 (Internet Archive); ders.. *Vorschule der Aesthetik*, 2 Teile, Leipzig: Breitkopf & Härtel, 1876, p. 1; Christian G. Allesch, *Fechner: Vorschule der Ästhetik*, 2 Bde., Berlin: Springer, 2018; vgl. die Beiträge in: *Fechner und die Folgen außerhalb der Naturwissenschaften*, hrsg. von Ulla Fix und Irene Altmann, Tübingen: Niemeyer, 2003; und in: *Ästhetik von unten. Empirie und ästhetisches Wissen*, hrsg. von Marie Guthmüller und Wolfgang Klein, Tübingen und Basel: Francke, 2006.
19 Vgl. die Auswertung der Besucherbücher der documenta 5 in: Christian Saehrendt, *Kunst im Kreuzfeuer, documenta, Weimarer Republik, Pariser Salons: Moderne Kunst im Visier von Extremisten und Populisten*, Stuttgart: Steiner Verlag, 2020, pp. 108–116.
20 *Komar & Melamid. The Most Wanted – The Most Unwanted Painting.* Katalog der Ausstellung im Museum Ludwig Köln 1997, hrsg. von Evelyn Weiss, Ostfildern: Hatje Cantz, 1997, pp. 6–7.
21 *Komar & Melamid.* 1997, pp. 12–24 (Fragebogen und Auswertung von Christian Heiliger).
22 *Komar & Melamid »Schön – Hässlich«. Das beliebteste und das unbeliebteste Bild Österrreichs.* Katalog der Ausstellung in der Kunsthalle Wien 1998, Klagenfurt: Ritter, 1998, pp. 33–43.
23 *Komar & Melamid* 1998, p. 31.
24 Boris Groys, ‚Bilder der erfüllten Wünsche', in: *Komar & Melamid* 1998, pp. 77–81.
25 Peter Fischli, David Weiss, *Findet mich das Glück?*, Köln: König [2002]; dies., *Will*

Happiness Find Me?, London: Alberta Press [2003].

Ästhetische Erziehung

1 Herman Grimm, *Über Künstler und Kunstwerke*, No. 1, Januar 1865, pp. 1, 3 (Digitalisat UB Heidelberg). – Zu Grimm: Wilhelm Schlink, ‚Herman Grimm (1828–1901). Epigone und Vorläufer', in: Aspekte der Romantik: zur Verleihung des »Brüder-Grimm-Preises« der Philipps-Universität Marburg im Dezember 1999, in: *Schriften der Brüder-Grimm-Gesellschaft Kassel*, 32, 2001, pp. 73–93.
2 *Allgemeine deutsche Real-Encyklopädie für die gebildeten Stände*, 9. Auflage, Leipzig: Brockhaus, 1843–1848.
3 Heinrich Wölfflin, *Die Klassische Kunst. Eine Einführung in die italienische Renaissance*, München: F. Bruckmann, 1899.
4 *The Global Reception of Heinrich Wölfflin's Principles of Art History*, hrsg. von Evonne Levy und Tristan Weddigen, Washington, D.C., National Gallery of Art, New Haven und London: Yale University Press, 2020.
5 Otto F. W. Krüger, *Die Illustrationsverfahren. Eine vergleichende Behandlung der verschiedenen Reproduktionsarten, ihrer Vorteile, Nachteile und Kosten*, Leipzig: Brockhaus, 1914, pp. 74–127.
6 Griener 2017, ch. V: Le match Angleterre / France: Deux Pratiques du livre d'histoire de l'art pour le grand public, pp. 158–186; *Billige Bilder. Populäre Kunstgeschichte in Monografien und Mappenwerken seit 1900 am Beispiel Albrecht Dürer*, hrsg. von Joseph Imorde und Andreas Zeising, Berlin: Freie Universität, 2019.
7 Karl Marx, Einleitung [zur Kritik der politischen Ökonomie], in: Karl Marx – Friedrich Engels – Werke, Bd. 13, 7. Aufl., Berlin: Dietz, 1971, p. 624.
8 https://digi.ub.uni-heidelberg.de/diglit/kfa. Vgl. Michael Bringmann, *Friedrich Pecht (1914–1903). Massstäbe der deutschen Kunstkritik zwischen 1850 und 1900*, Berlin: Mann, 1982. – Friedrich Pecht, ‚Weihnachtsbücherschau', in: *Die Kunst für Alle*, Heft 5, 1. Dezember 1890, p. 73.
9 Friedrich Pecht, ‚Über die deutsche Malerei der Gegenwart', in: *Die Kunst für Alle*, Heft 1, 1. Okt. 1885, p. 4.
10 [Julius Langbehn] Von einem Deutschen, *Rembrandt als Erzieher*, Leipzig: Hirschfeld, 1890, pp. 1–3.
11 Künstler-Monographien, in Verbindung mit Anderen herausgegeben von H. Knackfuss, Verlagsprospekt von Velhagen & Klasing in Bielefeld und Leipzig; Subskriptionsliste 1895, p. 2.
12 Ferdinand Avenarius, ‚Zum Dürer-Bunde! Ein Aufruf', in: *Der Kunstwart*, Heft 24, 1901, pp. 469–474; vgl. Gerhard Kratzsch, *Kunstwart und Dürerbund. Ein Beitrag zur Geschichte der Gebildeten im Zeitalter des Imperialismus*, Göttingen: Vandenhoeck & Ruprecht, 1969; ders., »Der Kunstwart« und die bürgerlich-soziale Bewegung, in: *Ideengeschichte und Kunstwissenschaft*, hrsg. von Ekkehard Mai, Berlin: Mann, 1983, pp. 371–396; Vom Bruch 1998 Dürerbund.
13 Avenarius 1901 Aufruf, pp. 471–472.
14 Avanarius, ‚Der Dürerbund', in: *Der Kunstwart*, Heft 16, 1903, 1. Novemberheft, pp. 97–98.
15 Dürer 1955 Nachwelt, p. 232.
16 Johannes Damrich, *Albrecht Dürer*, München: Kommissionsverlag der Gesellschaft für christliche Kunst, 1909.
17 Damrich 1909, p. 3, Fußnote.
18 Vgl. unter der kaum überblickbaren Literatur: Barbara Wagner, ‚Zwischen Repräsentation und Sozialkritik: die Kunst als Begleiterin der Industrialisierung', in: *Karl Marx, 1818–1883. Leben, Werk. Zeit*, Katalog der Ausstellung in Trier 2018, hrsg. von Beatrix Bouvier und Rainer Auts, Darmstadt: WBG-Theiss, 2018, pp. 234–251; Dieter Marcos, ‚Eine soziale Bestimmung der Kunst? Marx, Proudhon, Morris und die Kunst ihrer Zeit', in: *Karl Marx, 1818–1883*, 2018, pp. 253–261; Patrick Brantlinger, ‚»News from Nowhere«: Morris's Socialist Anti-Novel', in: *Victorian Studies*, 19, No. 1, September 1975, pp. 35–49.
19 Giovanni Pellizza da Volpedo, *La Fiumana – Human Flood,* 1895, Öl/Lw., 255 ×

438 cm, Mailand, Pinacoteca di Brera, inv. 5555.
20 Michael F. Zimmermann, ‚Labour, Art and Mass Media: Giuseppe Pellizza's »Il Quarto Stato« and the Illustrated Press', in: *Pittura italiana nell'Ottocento*, hrsg. von Martina Hansmann und Max Seidel, Venedig: Marsilio, 2005, pp. 331–348.
21 Vgl. zum vielfältigen Brauch und Missbrauch des Bildes: Federico Valerio, ‚Il »Quarto Stato«: la forza di un immagine', 2012, youtube; und www.pellizza.it/index.htm>»Fortuna«del Quarto Stato.
22 Jean Louis Sponsel, *Das moderne Plakat*, Dresden: G. Kühtmann, 1897, p. v.
23 Sponsel 1897, p. v.
24 Sponsel 1897, nach p. 30.
25 Sponsel 1897, p. vi.
26 Maurice Talmeyr, ‚L'âge de l'affiche', in: *La Revue des deux Mondes*, bol. 137, no. 1, September 1896, pp. 201–216; vgl. ders., *La Cité du Sang (Tableaux du siècle passé)*, Paris: Perrin & Cie., 1901, pp. 255–288 (BnF Gallica).
27 *Les Maîtres de l'Affiche, 1896–1900*, hrsg. von L'imprimerie Chaix, siehe BnF Gallica.
28 Carl Albert Loosli, *Ferdinand Hodler. Leben, Werk und Nachlass*, 4 Bde., Bern: R. Suter, 1921–1924, Bd. 1, pp. 153, 204–213.
29 Posthum publiziert 1975: Max Raphael, *Arbeiter, Kunst und Künstler*, Frankfurt a.M.: S. Fischer, 1975; vgl. Ulrike Wendland, ‚Raphael, Max', in: Neue Deutsche Biographie, 21, 2003, pp. 150–151; *Biographisches Handbuch deutschsprachiger Kunsthistoriker im Exil*, 2 Bde., hrsg. von Ulrike Wendland, München: Saur, 1999.
30 Raphael 1975, p. 7.
31 Raphael 1975, pp. 33–45.
32 Vgl. zum Kunstunterricht: *Zeichenunterricht. Von der Künstlerausbildung zur ästhetischen Erziehung seit 1500.* Katalog der Ausstellung in der Graphischen Sammlung der ETH Zürich, hrsg. von Michael Matile, Petersberg: M. Imhof, 2017.
33 David Koch, D. Hesselbacher, *Die Gleichnisse Jesu*, illustriert von Eugène Burnand, Stuttgart: Verlag für Volkskunst und Volksbildung, 1910, p. 9.
34 *Arbeiter und Kunst.* Ein Beitrag von A. Springer, Stuttgart: Verlag für Volkskunst, s.a. [1912], pp. 65, 82–89.
35 *Arbeiter und Kunst* [1912]. – Von 1933 bis 1945 usurpieren in Deutschland die Nationalsozialisten das Thema Arbeiter und Kunst als Teil des Programms *Kraft durch Freude*, das die gesamte Freizeitaktivität des deutschen Volkes dem politischen Diktat unterwirft. Mit der Wirkung der neuen Plakate auf das Volk beschäftigen sich verschiedene Autoren. *NS-Kraft durch Freude: Der Arbeiter und die bildende Kunst: System und Aufgabe der Kunstausstellungen in den Betrieben (Werkausstellungen, Fabrikausstellungen)*, Berlin: NS-Gemeinschaft »Kraft durch Freude« Amt Feierabend, 1938; vgl. zu Propaganda, Unterdrückung, Ideologisierung und allen schrecklichen Folgen, die hier nicht ausgebreitet werden können, sowenig wie die Indoktinationen und Verfolgungen durch andere totalitäre Regimes exemplarisch: Forschungsstelle »Entartete Kunst« an der Freien Universität Berlin (Klaus Krüger, Meike Hoffmann), Datenbank »Entartete Kunst«, fsek@campus.fu-berlin.de.
36 Gustav Klimt, ‚Rede bei der Eröffnung der *Kunstschau Wien*', in: *Kunstschau Wien 1908*, Katalog der Ausstellung, 1908, pp. 2–5.
37 Barbara Becker, ‚»Ein künstlerischer Erzieher für eine ganze Stadt…« Eine biografische Annäherung an Fritz Wichert', in: *Teilhabe am Schönen. Kunstgeschichte und Volksbildung zwischen Kaiserreich und Diktatur*, hrsg. von Joseph Imorde und Andreas Zeising, Weimar: VDG, 2013, pp. 261–284.
38 Klonk 2009, ch. 4: The Spectator as Educated Consumer, pp. 135–171.
39 Bazon Brock nennt sie »Beispielgeber« in: ‚Beispielgeber im Beispiellosen. Ein Gespräch mit Künstler-Kritiker-Kurator Paolo Bianchi', in: *Kunstforum International*, Bd. 181: Die Kunst der

Selbstdarstellung, hrsg. von Paolo Bianchi, 2006.
40 Siehe Peter Weibels umfassende Dokumentation: *Beuys Brock Vostell. Aktion Demonstration Partizipation 1949–1983*, Katalog der Ausstellung in Karlsruhe, ZKM, 2014, hrsg. von Peter Weibel, Ostfildern: Hatje Cantz, 2016.
41 Website Peggy Guggenheim Museum Venedig: »A program designed to enrich the experience and understanding of both the permanent collection and the temporary exhibitions.«
42 Dagmar Hirschfelder für ihre Wahl zur Direktorin der Gemäldegalerie der Staatlichen Museen zu Berlin am 29. Juni 2021 (Information vom 30. Juni 2021).
43 Julius Meier-Graefe, *Entwickelungsgeschichte der modernen Kunst. Vergleichende Betrachtung der bildenden Künste, Als Beitrag zu einer neuen Aesthetik*, 3 Bde., Stuttgart: J. Hoffmann, 1904, Bd. 1, pp. 20–22.
44 *Julius Meier-Graefe: Grenzgänger der Künste*, hrsg. von Ingeborg Becker und Stephanie Marchal, Berlin: Deutscher Kunstverlag [2017]; auch in dieser jüngsten vielfältigen Beschäftigung mit Meier-Graefe ist dessen Beziehung zum Publikum kein Thema.
45 Wassily Kandinsky, *Gesammelte Schriften 1889–1916*, hrsg. von Helmut Friedel, München u. a.: Prestel, 2007, pp. 387–388: ‚An das Publikum'; vgl. Wassily Kandinsky, *Über das Geistige*, 1912, p. 8.
46 Kandinsky 1912, pp. 6–15.
47 Paul Klee, *Über die moderne Kunst*, Bern: Benteli, 1945, 2. Aufl. 1979, p. 53.
48 *Der Cicerone*, 16, 1924, p. 385: ‚Verschiedenes'; vgl. *Die Blaue Vier. Feininger, Jawlensky, Kandinsky, Klee in der Neuen Welt*, Katalog der Ausstellung in Bern und Düsseldorf 1997/98, hrsg. von Vivian Endicott Barnet und Josef Helfenstein, Köln: DuMont, 1997.
49 Vgl. Kristina Kratz-Kessemeier, ‚»… um uns zu einer wirklich höheren Kultur emporzuarbeiten«. Kunstvermittlung als republikanische Bildungskonzept des Weimarer Preussen', in: *Teilhabe am Schönen. Kunstgeschichte und Volksbildung zwischen Kaiserreich und Diktatur*, hrsg. von Joseph Imorde und Andreas Zeising, Weimar: VDG, 2013, pp. 29–46, bes. pp. 30–31.
50 Andreas Zeising, *Radiokunstgeschichte. Bildende Kunst und Kunstvermittlung im frühen Rundfunk der 1920er bis 1940er Jahre*, Köln, Weimar: Böhlau Verlag, 2018.
51 Kandinsky 1912, pp. 9, 15.
52 André Lhote, ‚Les attractions du Salon d'Automne', [1944], in: André Lhote, *La peinture libérée*, Paris: Grasset, 1956, p. 20: »Il est essentiel de rappeler le public à son indignité en tant que juge et de lui apprendre que ni la peinture ni la sculpture, pas plus que l'architecture, ne sont des ‚arts d'agrément', mais bien des sources d'infinis tourments, de désagréments considérables.«

Große Player

1 Vgl. zur Schätzung und zur Sammlung von Vorfällen: Monika Roth, *Kunst und Geld – Geld und Kunst. Schattenseiten und Grauzonen des Kunstmarkts*, Bern: Stämpfli, 2020.
2 *ARTnews.* Top 200 Collectors, Stand 14.06.2021; Franz Schultheis, u. a., Kunst und Kapital. Begegnungen auf der Art Basel, Köln: König [2015], pp. 108–113; Franz Schultheis u. a., *When Art meets Money. Encounters at the Art Basel*, transl. by James Feams, Köln: König [2015] (online, open access).
3 ‚Power 100. I top Player dell'arte contemporanea', in: *Il Giornale dell'Arte*, Sept. 2021, pp. 16–24.
4 Jane Bhoyroo, Curator and Producer of YSI, Leeds, United Kingdom, Website YSI, 2019; siehe Website Yorkshire Sculpture International:
»One of the aims of YSI is to engage a mass audience trough sculpture and Damien's works will play a key role in achieving this. YSI promises to be something special, memorable and game changing for Yorkshire's growing art scene.«
5 Vgl. Oskar Bätschmann, ‚Landschaften in Unschärfe', in: *Gerhard Richter. Landschaften*, hrsg. von Dietmar Elger

anlässlich der Ausstellung im Sprengel Museum Hannover, Ostfildern-Ruit: Hatje Cantz, 1998, pp. 24–38; bzw.: ‚Landscape at one Remove', in: *Gerhard Richter. Landscapes*, hrsg. von Dietmar Elger anlässlich der Ausstellung im Sprengel Museum Hannover, Ostfildern-Ruit: Hatje Cantz, 1998, pp. 24–38.

6 Margaret Dalivalle, Martin Kemp, Robert B. Simon, *Leonardo's Salvator Mundi & the collecting of Leonardo in the Stuart Courts*, Oxford: Oxford University Press, 2019.

7 Vgl. Lewis 2019, pp. 241–278.

8 Ben Lewis, *The Last Leonardo. A Masterpiece, a Mystery and the Dirty World of Art*, London: Harper Collins, 2019, pp. 293–321.

9 Christie's Aucions, Live auction 3789, 9. November 2015, das Ergebnis der Auktion betrug total USD 491.352.000.

10 *The Da Vinci Code (film)*, Wikipedia, the free encyclopedia (Stand 20.04.2021).

11 Zur *Mona Lisa:* Frank Zöllner, *Leonardo da Vinci. Mona Lisa. Das Porträt der Lisa del Giocondo. Legende und Geschichte*, Frankfurt a. M.: Fischer, 1994; zum Diebstahl vom 22. August 1911: Jérôme Coignard, *On a volé la Joconde*, Paris: A. Biro, 1990.

12 Walter Benjamin, ‚Das Kunstwerk im Zeitalter seiner technischen Reproduzierbarkeit' [1935], in: ders., *Gesammelte Schriften*, hrsg. von Rolf Tiedemann und Hermann Schweppenhäuser, Bd. I/2, Frankfurt a. M.: Suhrkamp, 1974, pp. 471–508.

13 Galerie Itinerrance, 24b Boulevard du Général d'Armée Jean Simon, F-75013 Paris.

14 Vgl. Kommentar ‚Behind the Banksy Stunt', The Art Assignement, auf YouTube.

15 Lenny Schachter, ‚What did Sotheby's know about the headline-grabbing stunt, if anything?', in: *Artnet news*, October 17, 2018: »In a realm as chockablock with legerdemain as the art world, what matters, at the end of the day, is that the audience enjoyed the show. With his star turn at Sotheby's, Banksy gave us all a command performance.«

16 Adam Iscoe, ‚Ars longa up in smoke', in: *The New Yorker*, 17. Mai 2021, pp. 14–16.

17 NFT: non fungible token, ein Zertifikat von Authentizität und Eigentum; vgl. Reichert 2021; Website www.digitale-bildkulturen.de.

18 NFT Art: Non Fungible Tokens: nicht austauschbare Token, die digitalen Werke werden fälschungssicher.

19 Siehe https://www.bbc.com>news>tech: Banksy art burned, destroyed and sold as token in ‚money'; https://www.newyorker.com>bur, Artikel von Adam Iscoe.

20 Reichert 2021, pp. 54–55.

21 https://www.artemundi.com/

Epilog

1 Vgl. aber die Rettung der Anekdote durch Werner Busch, *Die Künstleranekdote 1760–1960. Künstlerleben und Bildinterpretation*, München: Beck, 2020.

Ausgewählte Literatur

ABRAMOVIĆ / KAPLAN 2017
Abramović, Marina, und Kaplan, James, *The Walk Through Walls*, New York: Crown Archetype, 2016; *Durch Mauern gehen. Autobiografie*, dt. von Charlotte Breuer und Norbert Möllemann, München: Luchterhand, 2017.

ALBERTI 2011
Alberti, Leon Battista, *De Statua, De Pictura, Elementa Picturae – Das Standbild, Die Malkunst, Grundlagen der Malerei*, hrsg. von Oskar Bätschmann und Christoph Schäublin, 2. Aufl., Darmstadt: WBG, 2011.

BALDINUCCI 1682
[Baldinucci, Filippo] *Vita del Cavaliere Gio: Lorenzo Bernino Scultore, Architetto, e Pittore, scritta da Filippo Baldinucci Fiorentino alla Sacra e Reale Maestà do Cristina Regina di Svezia*, Florenz: Vincenzio Vangelisti, 1682.

BÄTSCHMANN 1997
Bätschmann, Oskar, *Ausstellungskünstler. Kult und Karriere im modernen Kunstsystem*, Köln: DuMont, 1997.

BÄTSCHMANN 1997a
Bätschmann, Oskar, *The Artist in the Modern World. The Conflict Between Market and Self-Expression*, New Haven and London: Yale, and Cologne: DuMont, 1997.

BAXANDALL 1971
Baxandall, Michael, *Giotto and the Orators. Humanist observers of painting in Italy and the discovery of pictorial composition 1350–1450*, Oxford: Clarendon Press, 1971.

BELTING 1981
Belting, Hans, *Das Bild und sein Publikum im Mittelalter. Form und Funktion früher Bildtafeln der Passion*, Berlin: Mann, 1981.

BERNINI IN PARIS 2006
Bernini in Paris. Das Tagebuch des Paul Fréart de Chantelou über den Aufenthalt Gianlorenzo Berninis am Hof Ludwigs XIV, hrsg. von Pablo Schneider und Philipp Zitzlsperger, Berlin: Akademie Verlag, 2006.

BOURDIEU / DARBEL 1966
Bourdieu, Pierre, Darbel, Alain, *L'amour de l'art. Les musées et leur Public*, Paris: Editions de Minuit, 1966; dt.: *Die Liebe zur Kunst. Europäische Kunstmuseen und ihre Besucher*, Konstanz: UVK, 2006.

BOURDIEU 1979
Bourdieu, Pierre, *La distinction. Critique sociale du jugement*, Paris: Les éditions du minuit, 1979; dt.: *Die feinen Unterschiede. Kritik der gesellschaftlichen Urteilskraft*, übers. von Bernd Schwibs und Achim Russer, Frankfurt a. M.: Suhrkamp, 1987.

BUSCH 1993
Busch, Werner, *Das sentimentalische Bild. Die Krise der Kunst im 18. Jahrhundert und die Geburt der Moderne*, München: Beck, 1993.

CROW 1985
Crow, Thomas E., *Painters and Public Life in Eighteenth-Century Paris*, New Haven & London: Yale University Press, 1985.

DISLER 2015
Disler, Martin, *Bilder vom Maler*, 3. Aufl., Dudweiler: AQ-Verlag, 1983; in die Neuauflage *Bilder vom Maler. Roman*, Zürich: Pearlbooksedition, 2015.

DROST 2019
Drost, Wolfgang, *Der Dichter und die Kunst. Kunstkritik in Frankreich. Baudelaire, Gautier und ihre Vorläufer Diderot, Stendhal und Heine*, Heidelberg: Winter Universitätsverlag, 2019.

DUBOS 1733
[Dubos, Jean-Baptiste] *Réflexions critiques sur la poesie et sur la peinture. Nouvelle édition revuë, corrigée & considerablement augmentée*, 3 Bde., Paris: Pierre-Jean Mariette, 1733.

ENDURING INSTANT 2003
The Enduring Instant. Time and the Spectator in the Visual Arts – Der bleibende Augenblick. Betrachterzeit in den Bildkünsten, hrsg. von Antoinette Roesler-Friedenthal und Johannes Nathan, Berlin: Mann, 2003.

FISCHER-LICHTE 2014
Fischer-Lichte, Erika, *Ästhetik des Performativen* [2004], 9. Auflage, Frankfurt a. M.: Suhrkamp, 2014.

FRÉART DE CHAMBRAY 1662
Fréart de Chambray, Roland, *Idée de la perfection de la peinture, démonstrée par les principes*, Le Mans: Iacques Ysambart, 1662.

FRÉART DE CHANTELOU 2001
Fréart de Chantelou, Paul, *Journal de voyage du Cavalier Bernin en France*, hrsg. von Milovan Stanić, Paris: Macula, 2001.

FREY 2020
Frey, Bruno S., *Venedig ist überall: Vom Übertourismus zum Neuen Original*, Wiesbaden: Springer, 2020.

FRIED 1980
Fried, Michael, *Absorption and Theatricality: Painting and Beholder in the Age of Diderot*, Berkeley: University of California Press, 1980.

GLOGNER / FÖHL 2015
Glogner-Pilz, Patrick, Föhl, Patrick S., *Handbuch Kulturpublikum. Forschungsfragen und -Befunde*, Wiesbaden: Springer, 2015.

GOLDBERG 2001
Goldberg, Rose Lee, *Performance Art. From Futurism to the Present.* Revised and expanded edition, London und New York: Thames & Hudson, 2001.

GRIENER 2017
Griener, Pascal, *Pour une histoire du regard. L'expérience du musée au XIXe siècle*, Paris: Musée du Louvre und Hazan, 2017.

GUMBRECHT 2020
Gumbrecht, Hans Ulrich, *Crowds. Das Stadion als Ritual von Intensität*, Frankfurt a. M.: Klostermann, 2020.

HABERMAS 1968
Habermas, Jürgen, *Strukturwandel der Öffentlichkeit. Untersuchungen zu einer Kategorie der bürgerlichen Gesellschaft*, 3. Aufl., Neuwied und Berlin: Luchterhand, 1968.

JUNGE 1992
Junge, Henrike, *Avantgarde und Publikum: zur Rezeption avantgardistischer Kunst in Deutschland 1905–1933*, Köln u. a.: Böhlau, 1992.

KANDINSKY 1912
Kandinsky, Wassily, *Über das Geistige in der Kunst, insbesondere in der Malerei*, München: Piper, 1912.

KEMP 2015
Kemp, Wolfgang, *Der explizite Betrachter. Zur Rezeption zeitgenössischer Kunst*, Konstanz: Konstanz University Press, 2015.

KERNBAUER 2011
Kernbauer, Eva, *Der Platz des Publikums. Modelle für Kunstöffentlichkeit im 18. Jahrhundert*, Köln u. a.: Böhlau, 2011.

KLONK 2009
Klonk, Charlotte, *Spaces of Experience. Art Gallery Interiors from 1800 to 2000*, New Haven and London: Yale University Press, 2009.

KULTURPUBLIKUM 2001
Das Kulturpublikum. Fragestellungen und Befunde der empirischen Forschung, hrsg. von Patrick Glogner, Patrick S. Föhl, Wiesbaden: VS Verlag für Sozialwissenschaften, 2001.

PARADIGMEN DER KUNSTBETRACHTUNG 2015
Paradigmen der Kunstbetrachtung. Aktuelle Positionen der Rezeptionsästhetik und Museumspädagogik, hrsg. von Peter J. Schneemann, Bern u. a.: Lang, 2015.

PELOWSKI 2017
Pelowski, Matthew, Forster, Michael, Tinio, Pablo P.L., Scholl, Maria, Leder, Helmut, ‚Beyond the Lab: An Examination of Key Factors Influencing Interaction with »Real« and Museum-Based Art', in: *Psychology of Aesthetics, Creativity, and the Arts*, 2017, 11, No. 3, 245–264.

PENZEL 2007
Penzel, Joachim, *Der Betrachter ist im Text. Konversations- und Lesekultur in deutschen Gemäldegalerien zwischen 1700 und 1914*, Berlin: Lit Verlag, 2007.

PFISTERER 2020
Pfisterer, Ulrich, *Kunstgeschichte zur Einführung*, Hamburg: Junius, 2020.

PHILOSTRATOS 1968
Philostratos, *Eikones – Die Bilder*, griechisch-deutsch, übersetzt von Ernst Kalinka und Otto Schönberger, München: Heimeran, 1968.

PILES 1677
[Piles, Roger de] *Conversations sur la connoissance de la Peinture et sur le Jugement qu'on doit faire des Tableaux. Où par occasion il est parlé de la vie de Rubens, & de quelques uns de ses plus beaux Ouvrages*, Paris: N. Langlois, 1677 [BnF Gallica].

PLINIUS 1992
C. Plinius Secundus d.Ä., *Naturkunde*, Buch 35, latein-deutsch., Darmstadt: WBG, 1992.

PUBLIC IN THE PICTURE 2015
The Public in the Picture: involving the Beholder in Antique, Islamic, Byzantine and Western medieval and Renaissance Art – Das Publikum im Bild: Beiträge aus der Kunst der Antike, des Islam, aus Byzanz und dem Westen, hrsg. von Beate Fricke und Urte Krass, Zürich: Diaphanes, 2015.

REICHERT 2021
Reichert, Kolja, *Krypto-Kunst. NFTs und digitales Eigentum*, Berlin: Wagenbach, 2021.

ROSENBERG 1964
Rosenberg, Harold, *The anxious object: art today and its audience*, New York: Horizon Press, 1964.

SCHLINK 1982
Schlink, Wilhelm, *Jacob Burckhardt und die Kunsterwartung im Vormärz* (Frankfurter Historische Vorträge, Bd. 8), Wiesbaden: Steiner, 1982.

SCHLINK 1987
Schlink, Wilhelm, ‚Jacob Burckhardts Künstlerrat', in: *Städel-Jahrbuch*, N.F. 11, 1987 (1988), pp. 269–290.

SCHNEEMANN 1994
Schneemann, Peter Johannes, *Geschichte als Vorbild. Die Modelle der französischen Historienmalerei 1747–1789*, Berlin: Akademie-Verlag, 1994.

SCHNEEMANN 2011
Schneemann, Peter Johannes, ‚Anweisung, Beobachtung und Nachricht. Rollenspiele für eine neue Rezeptionsästhetik', in: *Welt, Bild, Museum. Topographien der Kreativität*, hrsg. von Andreas Blühm u. Anja Ebert, Köln u. a.: Böhlau, 2011, pp. 277–290.

SCHULTHEIS 2015
Schultheis, Franz, u. a., *Kunst und Kapital. Begegnungen auf der Art Basel*, Köln: König [2015]; Franz Schultheis u. a., *When Art meets Money. Encounters at the Art Basel*, übersetzt von James Feams, Köln: König [2015] (online, open access).

STRUTH 2010
Thomas Struth. Fotografien 1978–2010. Katalog der Ausstellungen in Zürich, Düsseldorf, London, Porto 2010–2012, München: Schirmer/Mosel, 2010.

WEISENSEEL 2017
Weisenseel, Anja, *Bildbetrachtung in Bewegung. Der Rezipient in Texten und Bildern zur Pariser Salonausstellung des 18. Jahrhunderts*, Berlin: De Gruyter, 2017.

WILDER 2020
Wilder, Ken, *Beholding. Situated art and the aesthetics of reception*, London u. a.: Bloomsbury, 2020.

WRIGLEY 1993
Wrigley, Richard, *The Origins of French Art Criticism*, Oxford: Clarendon Press, 1993.

Bildnachweis

Abb. 1 Thomas Struth, *Museo del Prado 7,* 2005, Chromogenic print, 169,5 × 210,6 cm. © Thomas Struth.
Abb. 2 *Arena eines Amphitheaters mit Pferderennen und Zuschauern*, 6. Jh. n. Chr., Mosaik, Tunis, Musée national du Bardo. Inv. D-DAI-ROM-61.542.
Abb. 3 Anonym, *Aeneas und Achates in Betrachtung der Darstellungen der trojanischen Schlachten in Carthago*, 1502, Holzschnitt, in: Publius Vergilius Maro, *Opera*, ed. Sebastian Brant, Strasbourg: Johannes Grienzinger, 1502, fol. 141v–142r. Photo: Universitätsbibliothek Heidelberg.
Abb. 4 Frans Francken d. J., *Apelles und der Schuster*, um 1610–1615, Öl auf Kupfer, 28,6 × 21,9 cm, Kassel, Gemäldegalerie Alte Meister. Inv. GK 78.
Abb. 5 Masolino und Masaccio, *Die Erweckung des Sohnes von Theophilus*, 1427/28, Fresko, 230 × 598 cm, Florenz, Cappella Brancacci in S. Maria del Carmine.
Abb. 6 Leonardo da Vinci, *Die Jungfrau Maria mit Kind, Hl. Anna und Johannes dem Täufer* (The Burlington House Cartoon), 1499–1500, Kohle, weiß gehöht, auf Papier, auf Leinwand, 141,5 × 104,6 cm, London, The National Gallery. Inv. NG6337.
Abb. 7 François-Marius Granet, *Publikum und Poussin vor den Werken von Reni und Domenichino*, 1843, Feder, braune Tinte, schwarzer Stift, 25 × 38 cm, Paris, Musée du Louvre, département des Arts graphiques. Inv. 26928, recto. © 2023 RMN-Grand Palais/Franck Raux/Scala, Florenz.
Abb. 8 Ambrogio Brambilla (zugeschrieben), *Papstsegen auf dem Petersplatz*, um 1572, Kupferstich, 40,5 × 56,5 cm, New York, The Metropolitan Museum of Art. Acc. No. 41.72 (3.68).
Abb. 9 Gian Lorenzo Bernini, *Apoll und Daphne*, 1624, Radierung, in: Rossi und Maffei, *Raccolta di Statue*, Rom 1704, Tf. 81. Photo: Archäologisches Institut, Universität zu Köln.
Abb. 10 Johann Wilhelm Baur, *Prospekt der Villa Borghese*, 1630–1637, Tempera auf Pergament, 30 × 45 cm, Rom, Galleria Borghese. Inv. 519.
Abb. 11 Hendrick Goltzius, *Hercules Farnese*, um 1592, datiert 1617, Kupferstich, 42,1 × 30,4 cm, New York, The Metropolitan Museum of Art. Acc. No. 17.37.59.
Abb. 12 Jacques-Louis David, *Der Schwur der Horatier*, 1784, Öl auf Leinwand, 330 × 425 cm, Paris, Musée du Louvre. Inv. 3692.
Abb. 13 Louis-Léopold Boilly, *Das Publikum betrachtet Davids Krönung im Louvre*, 1810, Öl auf Leinwand, 61,6 × 82,6 cm, New York, The Metropolitan Museum of Art. Acc. No. 2012.156.
Abb. 14 Louis-Léopold Boilly, *Les amateurs de tableaux*, 1823–1828, Lithographie, koloriert, 26 × 21 cm, Minneapolis Institute of Art. Acc. No. P.17,510.
Abb. 15 Anonym, *Adlige Besucher in der Galerie des Prinzen Eugen im Schloss Belvedere in Wien*, 18. Jh., Gouache auf

Pergament auf Holz, 31 × 51 cm, Privatsammlung.
Abb. 16 Johann Joseph Zoffany, *Die Tribuna in den Uffizien*, 1772–1777, Öl auf Leinwand, 123,5 × 155 cm, The Royal Collection Trust. Inv. RCIN 406983. © 2023 His Majesty King Charles III.
Abb. 17 Bénigne Gagneraux, *König Gustav III. von Schweden besucht das Museo Pio Clementino in Gesellschaft von Papst Pius VI.*, 1785, Öl auf Leinwand, 164 × 262 cm, Stockholm, Nationalmuseum. Inv. NM 829. Photo: Erik Cornelius.
Abb. 18 William Powell Frith, *A Private View at the Royal Academy, 1881*, 1883, Öl auf Leinwand, 103 × 195,5 cm, Privatsammlung.
Abb. 19 Nicolas Beatrizet, *Laochoon*, 16. Jh., Kupferstich, in: *Speculum Romanae Magnificentiae*, Bd. 2, Tf. 78, New York, The Metropolitan Museum of Art. Acc. No. 41.72 (2,78).
Abb. 20 *Der Torso im Belvedere*, Radierung, in: Rossi und Maffei, *Raccolta di Statue*, Rom 1704, Tf. 9. Photo: Archäologisches Institut, Universität zu Köln.
Abb. 21 Benjamin Zix, *Napoléon I. und Marie-Louise besuchen mit Gefolge die Laokoon-Gruppe mit Fackelschein*, um 1810, Feder, laviert, 26 × 29 cm, Paris, Musée du Louvre, Cabinet des dessins. Inv. 33406-recto.
Abb. 22 Adolphe Mouilleron (nach Eugène Delacroix), *Die Freiheit führt das Volk (28. Juli 1830)*, 1831, Lithographie, 31 × 39,5 cm, Musée Carnavalet, Histoire de Paris.
Abb. 23 Paul Delaroche, *Die Hinrichtung der Lady Jane Grey*, 1833, Öl auf Leinwand, 246 × 297 cm, London, The National Gallery. Inv. NG1909.
Abb. 24 Charles Gleyre, *Major Davel*, 1850, Öl auf Leinwand, 300 × 270 cm, zerstört, ehemals Lausanne, Musée cantonal des Beaux-Arts. Inv. 1387.
Abb. 25 William Angus (nach Daniel Dodd), *The Death of Lord Chatham in the House of Peers*, 1781, Radierung, 12 × 17,7 cm, London, British Museum. Inv. 1882,0311.1100.
Abb. 26 Pierre Antoine Martini (nach Johann Heinrich Ramberg), *The Exhibition of the Royal Academy*, 1787, Radierung, koloriert, 37,4 × 52,5 cm, Amsterdam, Rijksmuseum.
Abb. 27 Thomas Rowlandson, *Eine Auktion bei Christie's*, um 1808, Feder, koloriert, 20 × 28,4 cm, London, British Museum. Inv. 1899,0420.99.
Abb. 28 Thomas Rowlandson, *Ausstellung von Napoleons Kutsche in Bullocks Museum*, 1816, Radierung, koloriert, 21,6 × 32,4 cm, New York, The Metropolitan Museum of Art. Acc. No. 17.3.888–17.
Abb. 29 William Hogarth, *The Laughing Audience – Das lachende Publikum*, 1733, Radierung, 19 × 17,3 cm, New York, The Metropolitan Museum of Art. Acc. No. 91.1.37.
Abb. 30 Thomas Rowlandson, *John Bull at the Italian Opera – John Bull in der italienischen Oper*, 1811, Radierung, koloriert, 34,1 × 24,5 cm, New York, The Metropolitan Museum of Art. Acc. No. 59.533.1426.
Abb. 31 Johan Frederick Clemens (nach Nicolai Abildgaard), *Le Sort des Artistes – Das Schicksal der Künstler*, 1786, Radierung, 17,5 × 22,9 cm, Kopenhagen, Statens Museum for Kunst. Inv. KKS gb5950.
Abb. 32 Wolfgang-Adam Töpffer, *Das Publikum vor dem Laden von Rodolphe Tobie Wessel in Genf*, um 1817, Radierung, koloriert, 23 × 32,5 cm, Genf, Collection Pictet.
Abb. 33 Pierre-Nolasque Bergeret, *Les musards de la rue du Coq*, 1805, Lithographie, koloriert, 31,3 × 44,8 cm, New York, The Metropolitan Museum of Art. Acc. No. 1984.1026.1.
Abb. 34 Honoré Daumier, *Aspect du salon le jour de l'ouverture, … rien que de vrais connaisseurs, total soixante mille personnes – Ansicht des Salon am Tag der Eröffnung, … nichts als echte Kenner, total 60.000 Personen*, 1857, Lithographie, 19,7 × 25,4 cm, in: *Le Charivari*, 22. Juni 1857, Los Angeles County Museum of Art. Inv. M 91.82.305.
Abb. 35 Honoré Daumier, *Der Besucher und der Künstler*, 1864, Lithographie,

22,4 × 23,1 in: *Le Charivari*, 30. Mai 1864, New York, The Metropolitan Museum of Art. Acc. No. Ref. Daumier.2.
Abb. 36 *Das Publikum* vor *dem Palais du Champ-de-Mars 1878* (Weltausstellung 1878 in Paris), Holzschnitt, koloriert, 29 × 38 cm, Paris, Bibliothèque nationale de France. FOL-LI-59 (9).
Abb. 37 Leo von Elliot, *In der deutschen Kunstausstellung*, 1878, Lithographie, in: *Illustrirte Zeitung*, 7. Sept. 1878, p. 182. München, Bayerische Staatsbibliothek.
Abb. 38 Gustave Doré, *Das Derby in Epsom*, 1872, Holzstich, in: Gustave Doré und Blanchard Jerold, *London. A Pilgrimage*, London: Grant, 1872.
Abb. 39 Félix Vallotton, *Feu d'artifice – Feuerwerk* (Blatt 6 der Folge *L'exposition universelle*), 1901, Holzschnitt, 16,4 × 12,2 cm, Genf, Musée d'art et d'histoire. Inv. Est 1208–0006.
Abb. 40 Camille Pissarro, *Le Boulevard Montmartre, mardi gras, soleil couchant*, 1897, Öl auf Leinwand, 54 × 65 cm, Winterthur, Kunst Museum. Inv. Nr. KV 756.
Abb. 41 Joel Ballin, *Thorvaldsens Trauerfeier*, 1844, Lithographie, 44 × 27,5 cm, Kopenhagen, Thorvaldsen Museum. Inv. E2285. Photo: Jakob Faurvig.
Abb. 42 Adolph Menzel, *Das Théâtre du Gymnase*, 1856, Öl auf Leinwand, 46 × 62 cm, Staatliche Museen zu Berlin, Nationalgalerie. Inv. A I 901.
Abb. 43 Honoré Daumier, *Der Schauspieler und der Straßenbengel*, 1864, Lithographie, 24,3 × 22,4 cm, in: *Le Charivari*, 18. April 1864, New York, The Metropolitan Museum of Art. Acc. No. 53.650.2.
Abb. 44 Edouard Manet, *Au paradis – im oberen Rang*, 1877, Lithographie, Format unregelmäßig, ca. 24 × 34 cm, Washington D.C., National Gallery of Art. Acc. No. 1943.3.5764.
Abb. 45 Edouard Manet, *Lola von Valencia*, 1862, überarbeitet nach 1867, Öl auf Leinwand, 123 × 92 cm, Paris, Musée d'Orsay. Inv. RF 1991.
Abb. 46 Benjamin Vautier, *Bauern im Museum*, 1867, Öl auf Leinwand, 84 × 104 cm, Lausanne, Musée cantonal des Beaux-Arts. Inv. 694.
Abb. 47 Edgar Degas, *Mary Cassatt im Louvre: die Etruskische Galerie*, um 1879, Radierung und Aquatinta, 26,8 × 23,7 cm, Williamstown, The Clark Art Institute. Acc. No. 1955.1407.
Abb. 48 Edouard Vuillard, *La Salle La Caze au Louvre*, 1921, Leimfarbe auf Leinwand, 170 × 140 cm, Basel, Villa Bauer.
Abb. 49 Gustav Theodor Fechner, *Aushang zur Publikumsbefragung in Dresden*, 1871, Dresden, Hochschule für Bildende Künste, Archiv.
Abb. 50 Adolph Menzel, *Holbein Ausstellung Dresden, Plebiszit-Tisch*, 1871, Bleistift, 14 × 16,6 cm, Staatliche Museen zu Berlin, Kupferstichkabinett. Inv. SZ Menzel Skb.36, pp. 59–60.
Abb. 51 Alfred Richard Diethe, *Publikum vor Holbeins Meyer-Madonnen in Dresden*, 1871, Bleistift und Aquarell, 14,1 × 9,6 cm, Dresden, Staatliche Kunstsammlungen, Kupferstichkabinett. Inv. C 1985–84.
Abb. 52 Ferdinand Brütt, *Freigesprochen*, Kupferstich, Reproduktion in: Die Kunst für Alle, 1, 1885, nach p. 16. Photo: Universitätsbibliothek Heidelberg.
Abb. 53 Giuseppe Pellizza da Volpedo, *Il Quarto Stato – Der Vierte Stand*, 1901, Öl auf Leinwand, 283 × 550 cm, Mailand, Museo del Novecento.
Abb. 54 *Pilgerschar vor Leonardos Mona Lisa*, Paris, Musée du Louvre, Aufnahme vom 29.06.2005. © Archiv OB.

Dank

Ich habe vielen Freunden, Kolleginnen und Kollegen zu danken für ihr Interesse und ihre fachkundigen Hinweise: Marieke von Bernstorff, Rom; Andreas Beyer, Basel; Bernhard U. Bischoff, Bern; Jan Blanc, Genf; Küngolt Bodmer, Bern; Birgitt Borkopp-Restle, Bern; Sebastian Buchmann, Stockholm; Teresa Ende, Dresden; Elena Filippi, Vicenza; Cecilia Hurley, Neuchâtel-Paris; Julia Gelshorn, Fribourg-Rom; Sandra Gianfreda, Zürich; Loa Haagen Pictet, Genf; Marcus Andrew Hurttig, Leipzig; Joseph Imorde, Köln-Siegen; Susanne Kubersky-Pirotta, Rom; Ulf Küster, Basel; Claus Lamm, Wien; Daria Lanzuolo, Rom; Johann Layer, Hamburg; Catherine Lepdor, Lausanne; Gudrun Swoboda, Wien; Christine Göttler, Bern; Eva-Lena Karlsson, Nationalmuseum Stockholm; Matthew Pelowski, Wien; Adrian Porikys, Berlin; Wolfgang Pross, München; Jennifer Rabe, Rom; Christoph Schäublin, Bern; Tabea Schindler, Zürich; Wilhelm Schlink †, ehemals Freiburg i.Br.; Peter Johannes Schneemann, Bern; Manuel Schmid, Zürich; Corinne Linda Sotzek, Zug; Gabriele Strobel, München; Thomas Struth, Berlin; Christine Tauber, München; Bernadette Walter, Biel-Bienne; Tristan Weddigen, Rom-Zürich; Christian Weiss, Zürich; Andreas Zeising, Dortmund.

Der Autor dankt der Ernst Göhner Stiftung, Zug, für die wichtige Unterstützung.

Impressum

Autor
Oskar Bätschmann

Projektmanagement
Fabian Reichel

Korrektorat
Nicola von Velsen, Fabian Reichel

Gestaltungskonzept und Cover
Neil Holt

Satz
Calibar Services, Bukarest

Schrift
Arnhem

Verlagsherstellung
Thomas Lemaître

Reproduktionen
DLG Graphic, Paris

Druck
Livonia Print, Riga

Papier
Munken Print White Vol. 1.5, 90 g/m²

The Art Public: A Short History von Oskar Bätschmann ist zuerst erschienen bei Reaktion Books, London 2023.

Erschienen im

Hatje Cantz Verlag GmbH
Mommsenstraße 27
10629 Berlin
www.hatjecantz.de
Ein Unternehmen der Ganske Verlagsgruppe

ISBN 978-3-7757-5527-6 (Print)
ISBN 978-3-7757-5528-3 (ePub)
ISBN 978-3-7757-5529-0 (ePDF)

Printed in Latvia